高等学校创业教育系列规划教材

大学生创业基础

（第3版）

李肖鸣　孙逸　宋柏红◎主编

清华大学出版社
北京

内 容 简 介

本教材根据教育部最新“创业基础”课程大纲要求编写而成，力求通过学习本书，使学生掌握创业的基础知识和基本理论，熟悉创业的基本流程和基本方法，了解创业的法律法规和相关政策，激发学生的创业意识，提高学生的社会责任感、创业精神和创业能力，促进学生创业和就业全面发展。

本教材由具有丰富创业经验的企业家和具有多年教学经历的高校教师联合编写，既有来自实践的经验、感悟，又有来自高校的教学提炼，既适合作为普通高等院校创业教育教学用书，也适合作为经济学和管理学相关专业，如创业管理、创业服务、工商管理、市场营销、经济贸易、电子商务、物流会展、商务管理等的教材，同时还可供有志于创业的青年和社会人士参考阅读。

图书在版编目（CIP）数据

大学生创业基础/李肖鸣，孙逸，宋柏红主编. —3版. —北京：清华大学出版社，2016
（高等学校创业教育系列规划教材）
ISBN 978-7-302-44992-8

I. ①大…　II. ①李…　②孙…　③宋…　III. ①大学生-创业-高等学校-教材　IV. ①G647.38

中国版本图书馆 CIP 数据核字（2016）第 216153 号

责任编辑：杜春杰
封面设计：刘　超
版式设计：魏　远
责任校对：王　云
责任印制：杨　艳

出版发行：清华大学出版社
　　网　　址：http://www.tup.com.cn，http://www.wqbook.com
　　地　　址：北京清华大学学研大厦 A 座　　**邮　　编**：100084
　　社 总 机：010-62770175　　**邮　　购**：010-62786544
　　投稿与读者服务：010-62776969，c-service@tup.tsinghua.edu.cn
　　质 量 反 馈：010-62772015，zhiliang@tup.tsinghua.edu.cn
　　课 件 下 载：http://www.tup.com.cn，010-62788903
印 刷 者：清华大学印刷厂
装 订 者：三河市新茂装订有限公司
经　　销：全国新华书店
开　　本：185mm×230mm　　**印　张**：21.5　　**字　　数**：456 千字
版　　次：2009 年 10 月第 1 版　　2016 年 9 月第 3 版　　**印　　次**：2016 年 9 月第 1 次印刷
印　　数：1～4500
定　　价：36.80 元

产品编号：063475-01

顾　问　雷家骕　清华大学教授，教育部高等学校创业教育指导委员会委员

主　编　李肖鸣　孙　逸　宋柏红

副主编　牛　旼　张　欢　袁雪峰

编　委　**（以姓氏笔画为序）**

牛　旼　教育部教育管理信息中心全国大学生创业培训项目办公室主任
孙　逸　北京创想天使投资基金管理有限公司投资经理
朱建新　上海科学技术职业学院
吕小亮　上海电机学院
李肖鸣　教育部教育管理信息中心全国大学生创业培训指导委员会专家委员
李朝阳　上海对外贸易学院
李玲玲　同济大学
纪　阳　北京邮电大学
刘永平　北京工业大学
宋柏红　上海科学技术职业学院
吴满琳　上海理工大学
易玉梅　湖南商学院
陈楚瑶　上海海事大学
张晓冬　东华大学
张　欢　上海工艺美术职业学院
夏伯平　上海海洋大学
徐龙海　上海大学
袁雪峰　上海理工大学
曹　欣　同济大学
程　华　上海体育学院
路　军　北京林业大学

第3版前言

创业教育不仅仅是教人怎样当老板

著名的教育家、耶鲁大学校长 James Angell 曾经说过：“教育最主要的目的不是教你如何挣得面包，而是让你每一口面包吃得更香甜。”应用在创业教育中，应该说，创业教育的目的不是教你如何开公司，而是为了让你拥有创业精神、创新意识和创业能力，使你可以乐观、积极地生活。

一、拥有创业精神和创新意识的个人，可以改变人生轨迹

正如我们看到的那样，人从一出生就是不平等的：有人生在城市，有人生在山村；有人生在富裕的人家，有人生在贫穷的家庭……这是我们不能选择的。但是在世界的各个角落，各行各业都有无数的杰出人士，他们有的开创了自己的公司，有的在企业担任高管，有的是发明家、科学家，这些我们眼里的成功人士，他们未必都出生在优越的地区或者家庭。正所谓“英雄不问出处”，是什么改写了他们的人生？

那些正直、诚实和坚守信誉的人，不论在工作中是白领还是蓝领，不论是在我们生活的社区边的小老板，还是带动了其他人就业的企业家，他们都独立而乐观地生存着，并为国家贡献着税收。是什么让他们找到了生存的快乐？

成功的标志不是财富和地位，而是内生的快乐和动力。这种精神动力来自于人们对自己的正确认识，来自于在多大程度上发挥了自己的潜能。而创业精神和创新意识，正是人们追求幸福和快乐的动力。一个人可以取得的成就大小，在一定程度上取决于他的创业能力和创业素质。

二、拥有创业能力和主动精神的企业，可以成就一番事业

创业不仅仅指开创属于自己的事业，能在工作岗位上独当一面、开拓进取，也是一种创业，我们称之为内创业。

不论是比尔·盖茨的微软，还是乔布斯的苹果，甚至马云的阿里巴巴等，这些新型科

技公司不仅创造了自身的辉煌，同时也改变了世界。正是创业精神和创新意识，使得它们从不满足现状，不断创新和探索新的生产方式、新的消费模式、新的盈利模式和经营模式，同时也带动了周边行业的转变和区域经济的发展。

这些企业之所以创造了了不起的业绩，会被人们深深地记住，是因为它们在创造就业和经济发展中运用了创业精神的伟大力量。还有更多拥有梦想的企业家，正在各行各业寻求着适当的时机，渴望着放大自身优势，参与民族复兴的实现，体现自身价值。

三、拥有创业精神和创新意识的国家，才有内生的繁荣和光明的前途

创业精神是和态度保守、自私迂腐相对立的。事实上，拥有创业精神的民族，会有更多敬业的企业家，他们坚持不懈地寻求更好的方式生产出优质的产品，改善人们的生活。而每一个国家都是由无数个家庭、企业和公民组成的。要想改善国家的面貌，首先应该改善每位公民的精神境界和追求。

那些被誉为拥有创业精神的学习者，对生活总是会饱含热情，他们的激情来自于他们的内心。那些发生在身边的创新带来的生动迹象，无一不是拥有创业精神的人们的杰作。越来越多的国家意识到，财富的创造靠的是拥有进取心、勇气和技能的人民。

所以我们说，创业精神可以带来个人成就、组织成功和国家的经济繁荣。

创业精神的要点就是使命感、责任心和自我激励，这是可以学习和改变的个人素质的一部分。所有的个人、企业和国家都会经历生命周期的不同阶段，如果我们的青年人都具有足够的创业精神，这种精神会鼓舞他们追求更高的目标、更好的生活，自我激励，永不懈怠。

因此，培养大学生的创业精神、创新意识和创业能力就是高校创业教育的目的所在。

如果说19世纪是工业时代、20世纪是管理时代的话，那么所有的迹象都表明21世纪将是创业时代。在这样一个世界，拥有创业精神、创新意识和创业能力是唯一能够保持不败的秘诀！

希望这本书可以给读者带来创业精神的思考，帮助读者认识到创新意识的巨大力量，并在培养和提升自身创业能力上有所启蒙。

时代呼唤创业精神！

李肖鸣

2016年5月

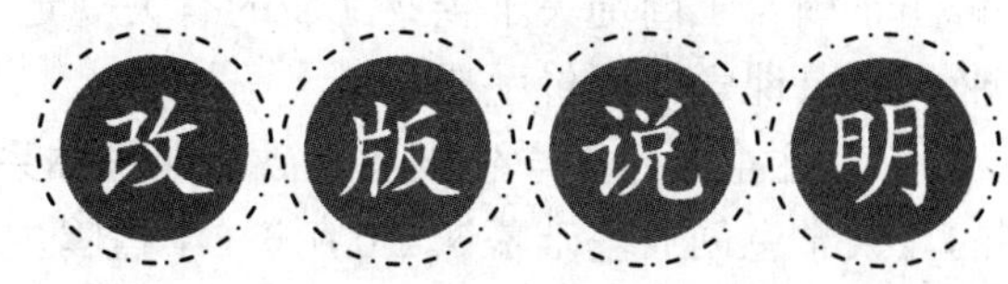

改版说明

第1版获得荣誉

2010年首都大学生读书节荣获“大学生最喜爱图书（文教类）”。

2011年上海市第十届教育科学优秀成果三等奖（教育改革试验奖）。

2011年上海市精品课程配套教材。

第2版修订说明

本教材第2版是根据教育部2012年8月1日颁发的《普通本科院校创业教育教学基本要求（试行）》和教学大纲重新编写的，为了帮助教学一线的教师教学，本书在延续第1版实用性风格的基础上，对内容作了较大调整，并增加了更多的教学辅助资源：

1．更加注重课堂教学和自学自测环节，在配套教学课件中增加了学期初的“创造力倾向测试”、学期末的“创业能力测试”。

2．为了有助于学生理解教材内容和便于教师组织教学，在每章中都添加了“学习目标”“本节要点”“案例学习”“拓展阅读”等教学互动环节。

3．更加注重强化教师课堂效果和检验读者的学习效果，在每章后都增加了“思考与训练”。

4．更新了部分创业案例，使案例更加鲜活。

5．在第六章关于企业法律形式部分中去掉了已经过时的政策法规和申报条件。

6．在第五章第二节和本书最后分别增加了“创业计划书常见误区及应对措施”和“附录商业计划书模板”，对创业计划书的撰写进行了说明。

第3版修订说明

本教材第3版依然延续了第2版的大纲（教育部厅2012[4]号文件颁布的《创业基础》

教学大纲），在内容上更加贴近了“互联网+”时代的市场特征，更新了部分案例，添加和修正了国家工商局关于企业注册的有关规定，并对实行慕课教学法的高校，配套编写了《创业基础慕课学习评价手册》。

1．注重了《大学生创业基础》课程体系的完整性，在教学资料上更新了与本教材配套的《大学生创业基础慕课 2.0 版》（李肖鸣主讲）。

2．在教学环节上，注重了创新、创业实践和实训部分，设计了翻转课堂师资培训班，能及时辅导选用教材的高校教师顺利完成教学任务。

3．去掉了过时的企业法律法规和部分案例。

4．新增了与本教材对应的实训安排和设计的教学辅助资料，可供选用教材的高校参考。

5．可为选用教材的高校免费提供课件、教学大纲、创业咨询。

教学支持

凡是选用本教材的院校及教师，请将您的姓名、所在学校及院系、联系电话、E-mail 等信息发送至清华大学出版社客服邮箱 thjdservice@126.com，将可以获得：

1．课程简介和教学大纲。

2．配套电子课件（教学演示 PPT）。

3．课后思考与训练题参考答案。

注意：邮件中请务必注明您所购买教材的书名和书号，谢谢！

课后辅导

新浪博客：李肖鸣的创业讲堂；新浪微博：创业导师李肖鸣。

最后，特别鸣谢本书副主编袁雪峰老师，他为本书的改版提供了大力支持，补充了部分生动鲜活的案例，在此对袁老师付出的辛勤劳动表示感谢！

李肖鸣

2016 年 6 月

目录

第一章

创业、创业精神与人生发展

学习目标

通过本章教学，使学生了解创业的概念、创业与创业精神的关系、创业与人生发展的关系以及创业和创业精神在当今时代背景下的意义和价值，正确认识并理性对待创业。

第一节　创业与创业精神

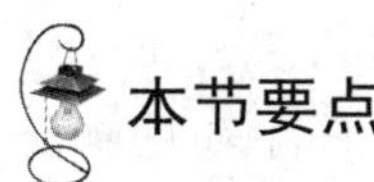

本节要点

使学生了解创业的概念、要点和类型，认识创业过程的特征，掌握创业与创业精神之间的辩证关系，强化学生对创业精神需要培育并可培育的理性认识。

任何一个社会的进步都有两个基础性的过程：一个是教育，另一个是创业。教育担负着开启年轻人心智、培养年轻人成长的重任；而创业就是把想法变成现实的过程。任何社会的变革和发展，都终将会通过这两个基础性的发展来带动周边领域的发展。因此，创业的创新意识和创业精神教育确实可以帮助很多人创造他们的未来。

一、创业的定义与功能

（一）创业的定义

创业，在《新华字典》里的定义是“开创事业”。创业学者们也从不同的方面进行了定义。但最确切的定义应该是：创业是不拘泥于当前资源约束，寻求机会、进行价值创造的行为过程。

人生充满了挑战和机遇，你时常需要面对进与退、得与失、强与弱、胜与败、兴与衰、取与舍……之间的抉择，在这些矛盾的交织中，你是选择直面而上，还是选择退而逃避？如果有一件事，别人都没做过，那么你敢不敢做？有一种生活，之前无人选择过，你是否会选择？

面对人生所做出的不同选择，就决定了我们每个人未来的不同结果，请看这几位同学的选择。

【案例学习 1-1】　　“饿了么”创始人张旭豪

2009 年，上海交通大学研一学生张旭豪，来到了上海市觉群创业基金的评审会上，给创业导师李肖鸣等三位评委递交了他的创业计划书。李老师接过张旭豪的创业计划书一看就笑了：“饿了么？怎么叫这个名字？”张旭豪说，他和同学几个人一起打游戏到了半夜时，突然感觉肚子饿了。他于是就问大家：“你饿了吗？”大家你看看我，我看看你，都说“是啊！”确实肚子饿了。

于是大家开始翻出口袋里那些餐馆的名片，开始打电话，想看看哪家餐馆还在营业。奇怪的是一个电话也打不通。这时张旭豪头脑里开始萌生了一个创业想法：我们能不能做个送外卖的工具？这个想法一说出口，大家顿时不感觉饿了，一起讨论到了凌晨五点。经过一段时间的市场调研，他发现“送餐软件”还是个空白市场，他们很快写出了创业计划书，并且得到了上海市学生事务中心主管的“上海觉群创业基金”的资助，终于如愿以偿开办了自己的公司。

接下来的创业并没有他想象中那么容易，为了让创业计划尽快变成现实，团队中一位学习计算机专业的大四学生，不得不休学一年，来完成这个点餐平台的产品设计。目前，饿了么订餐平台已经完成 E 轮 10 亿人民币的融资，张旭豪的公司已经发展到 10 000 多人，他也成了名副其实的创业成功的企业家了。

还有另一个真实的故事。

【案例学习 1-2】　　只开了 20 天的火锅店

上海某大学一个宿舍的四名女生，在毕业时突然决定：她们也要创业。创什么业呢？她们四位有一个共同的爱好，就是吃火锅。于是她们决定开一家火锅店。

说干就干！她们四位分别向家长借款 5 万元，凑齐了 20 万元的启动资金。开始选门面、装修，在办理各种手续时，由于不懂如何办理，还托了亲戚和家长的朋友帮忙。办好了所有工商、税务、环保、卫生等证件和手续，经过了一个多月的辛苦，总算可以风风光光地

开张了。

可是火锅店刚刚开张20天，四位小姑娘就一个都不见了！家长忙问她们为什么不去店里了？她们几个的回答出奇得一致：开火锅店原来这么脏哦！

……

如今我们所处的时代，是一个优胜劣汰、适者生存的年代，等待别人的帮助或是祈求上天神灵的恩赐都是不现实的想法，就像《国际歌》歌词里写的那样："从来就没有什么救世主，要靠我们自己。"只有知难而进，在战胜困难中学会成长，才有机会抓住属于自己的机会。

上面实例中的张旭豪和四位女生面前摆着的是同样的人生机会，那为什么张旭豪创业成功了，而四位女孩创业失败了呢？直面人生是每一位渴望成功的人必须接受的挑战，也是抓住机遇的首要前提，没有这个前提，成功就没有基础。

英国剑桥大学驻校企业家、著名创业学者艾伦·白睿教授曾经说过："再高的苍天大树也是从一粒种子长起来的。"老子在《道德经》里也这样说过："合抱之木，生于毫末；九层之台，始于垒土；千里之行，始于足下。"他们告诉我们的道理都是一样的：任何事情都是从小处萌芽，都是从头开始的，只有知难而进、不断努力才能获得成功。

创业，就是挖掘自身潜力、整合周围资源、体现自身价值的一个过程。在创业的过程中考验的是大学生的综合素质和创业精神。

（二）创业的功能

其实，创业的本质是一种生活方式，创业就是某一个人或团队通过寻求机会、整合资源，可以创造价值、体现价值的过程，因此创业可以挖掘个人潜力，把自身优势发挥得淋漓尽致，从而体现自身价值。

从马斯洛的需求理论来看，处于不同层次的创业者都有自己不同的追求。

美国人本主义心理学家马斯洛在1945年提出了一个"人类需求层次理论"，就在这个理论中，他把人的需求分成了五个从低到高的层次（见图1-1）。

在这个理论中，马斯洛把"自我实现需求"看作是区别于其他四种需求的最高级别。自我实现，也可以叫做"实现自身价值"，是人类充分利用外在和内在条件，发挥自身潜力的心理需求，是一种要把人的潜力发挥到极致的根本欲望。而人们追求成功的动机，正是来源于"自我实现"的需求。

恰恰是追求出类拔萃，追求自我实现的心理需求才变成一种内生的动力，不断激励创业者战胜困难、超越自我、冲破逆境，进而体现自身的价值。成功是一种心灵的力量。但为什么有人成功有人失败呢？

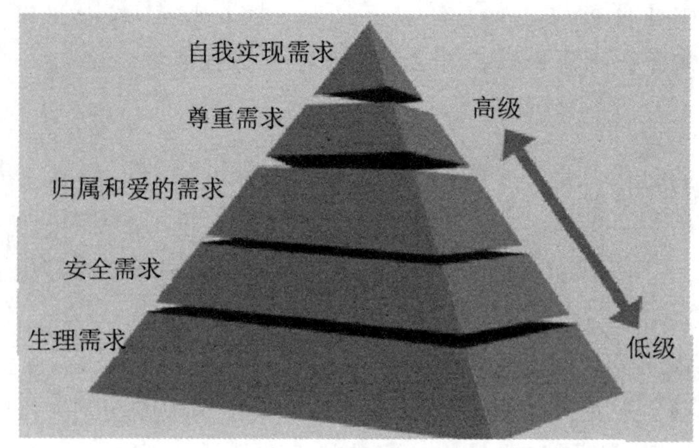

图1-1　人类需求层次理论

这是因为失败的人缺乏“目标忠诚”。就是说没有把自己的精力专注于某个目标。好些人不乏目标，但是却常常不能专注于自己确定的目标，三心二意，这山望着那山高，心猿意马，这样下去，目标何时才能实现呢？就算有再多的聪明才智，也会与成功无缘。专注、心无旁骛，才可以把所有的力量集中在一个目标上。就像马云说过的：“我面前有十只羊，而我只能追其中的一只，如果我想十只都追，那最后的结果就是一只也追不到。”

【案例学习 1-3】　从记者到创业家

徐君龙原本是某知名报社的副主编，负责报社人物专访的栏目，因此得以有机会走访了大量的企业家，在与企业家们近距离接触的过程中，创业家们的励志经历一次次激发了徐君龙强烈的自我实现的冲动。于是2005年徐君龙开始辞职创业，多年的记者生涯让他察觉到节能领域将会是非常有前途的方向，于是选择了专注在该领域开始创业。一开始并不顺利，第一家公司几经努力业务总算有了起色，然而他的合伙人在专注单一领域还是多元化发展战略上与他形成明显分歧，并在争夺公司的权利和利益上形成了巨大的内耗，他反复思量后决定放弃公司股权从头开始。

徐君龙在第一家公司的管理上遭遇了挫折和困局，但是验证了他对市场的判断，反而更加坚定了他再次创业的信心。2007年徐君龙成立上海君能能源科技有限公司，我们在他的项目早期帮助他一起策划了“微能”品牌，专注于大功率节能照明领域，先从代理其他品牌的业务开始求得基本生存，同时潜心研发自己的核心产品，刚开始的时候资金严重匮乏，最困难的时候甚至连办公室租金和员工工资都无法按时交付，他狠心抵押了家里的房

产来渡过难关。

徐君龙坚定地相信自己的努力方向，他的坚持终于有了回报，他所专注的大功率 LED 路灯研发有了关键性的突破，有效解决了大功率 LED 路灯的发热和寿命的行业难题，将路灯寿命提高了 1 倍，亮度提高了 50%，顺利申请到了多个国家发明专利。

10 年磨一剑，如今他已经是国家住建部的推荐品牌，年销售额过亿元，他也从一名记者成长为一名出色的企业家，实现了自己的梦想。

二、创业的要素与类型

（一）创业要素

通常来说，创业的关键要素包括机会、团队和资源。

1．创业机会

创业机会往往是一个新的市场需求，或者是一个需求大于供给的市场需求，或者是一个可以开辟新产品的市场需求，这样的市场需求并非只有创业者认识到了，其他的竞争者也许会很快加入竞争的行列。因此，并不是每一个创业机会都需要付出行动去满足它。

2．创业团队

创业团队并不是一群人的简单组合，而是一个特殊的群体。它要求团队成员能力互补，拥有共同的愿景和价值观，通过相互信任、自觉合作、积极努力而凝聚在一起，并且团队成员愿意为共同的目标奉献自己，发挥自己最大的潜能。

3．创业资源

创业资源是指新创企业在创造价值的过程中需要的特定的资产，包括有形与无形的资产，它是新创企业创立和运营的必要条件，主要表现形式为创业人才、创业资本、创业机会、创业技术和创业管理等。

（二）创业的类型

1．按照创业主体分

- 勤奋型：这类创业者依靠自身的勤劳而自食其力，如便利店、馒头店、网店等雇员基本为自己或家人的小型创业。
- 智慧型：这类创业者依靠自身的知识和技能创业，如维修、诊所、科技类公司等利用自身专业或专利技术创业。
- 关系型：这类创业者依靠家族或者自己的自身关系，做大企业的小伙伴，如配件、包装、新品试制等经营业务单一而用户群体稳定的创业。

- 机会型：这类创业者是发现了某个商业机会，为了体现自身价值而创业的，有时甚至舍弃原来优越的职业或职务而创业。
- 冒险型：冒险创业大有背水一战的气势，这类创业者勇于承担风险，为了实现梦想，可以义无反顾地投身到某个具有不确定因素的项目中的创业活动。

2．按照创业动机分

- 生存型：这类创业者以生产某种产品来满足顾客的需求。
- 机会型：这类创业者以体现自身价值为目标而创业。
- 主动型：这类创业者大都崇尚自由，自信独立，不愿受人约束，把创业视为一种生活方式。
- 被动型：这类创业者大都出自外界条件的逼迫，不得已选择创业。但是由于没有退路，只能前进，往往可以取得很大成功。
- 赚钱型：这类创业者的目标就是赚钱，同时喜欢做老板的感觉。
- 变现型：这类创业者自身在某一领域拥有某种资源，通过利用这部分资源而创立企业，使其变成自己赚钱的生意。

3．中美创业者的区别

中国的创业者 80%是生存型创业者，因为他们没有更好的职业选择；而美国 90%为机会型创业者，他们创业是因为洞察到巨大的市场需求和高额的市场回报。中国的创业者总是在寻求一种改善现状的方式，而美国的创业者更具有冒险精神[①]。

三、创业过程与阶段划分

（一）创业过程和创业阶段

创业过程包括创业者产生创业想法—创建新企业或开创新事业—获取回报，整个过程涉及机会识别、组建团队、寻求融资等活动。

从创业阶段来说，可大致划分为机会识别、资源整合及创办新企业、新企业生存和企业成长四个主要阶段。具体操作起来还有很多工作要做。

第一阶段：机会识别。包括建立创业设想、进行市场调研和分析、制订初步的经营方案等。

第二阶段：资源整合及创办新企业。包括团队组建、财务融资、企业筹建等。

第三阶段：新企业生存。包括创业初期的市场营销、产品设计和规划、财务和售后服

---

① 数据源自 KAB 创业教育资料。

务体系建立等。

第四阶段： 企业成长。包括市场拓展、制度完善、股权融资、企业上市等。

（二）初创期创业建立必经的六个步骤

每一个企业的建立，从初创期来说，其过程可分成以下六个步骤，而每一部分又有各自的目标和要求，如图 1-2 所示。

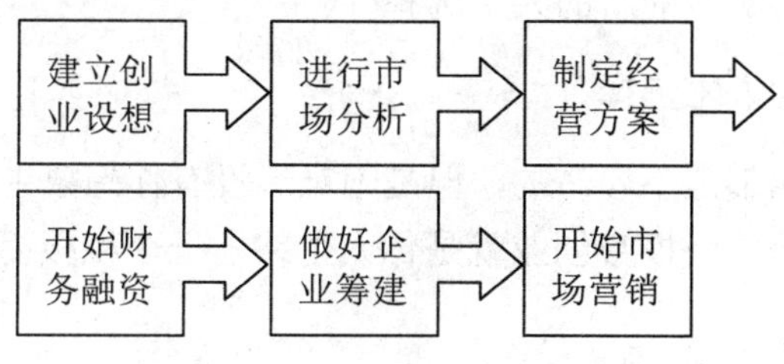

图 1-2　企业建立过程必经的六个步骤

四、创业前需要知道的定律

（一）人都是学而知之

一出生就具备企业家天赋的人是极少的，我们在多年的创业辅导中发现，进行一次完整的创业培训对创业者来说是十分有价值的，甚至是不可或缺的。

（二）创业需要有强烈的愿望

翻开历史的长卷，古今中外，那些出人头地的企业家大多都是怀着强烈的创业愿望，从自主创业开始的。也许他们开始并没有什么经营经验，但是因为坚信“创业是致富的唯一途径”[①]，因此虽然历尽辛苦，依然矢志不渝地迈向自己的人生目标，最后走出了不平凡的人生。

（三）独立是成年的标志

独立和自立的能力，是人生最重要的能力之一，其实也是任何一个成年人都应具备的能力；是我们自信的源泉，也是创业的基石。古人云：恃人不如自恃[②]。当一个人成年以后，就应该立志不再依靠别人，而是依靠自己去面对生活给予我们的一切，这就是独立。只有这样才可以担当起一个成年人的责任。这个责任，包括对社会的责任以及对家庭的责任。

---

① 格林伯格，赛克斯顿（Greenberg & Sexton）. 创业者的创业动机（第六条），1988.

② 《韩非子》，意思是：依靠别人不如依靠自己。

（四）抓住机遇，才会成就人生

马克·吐温曾经这样抱怨过："我往往是在机会离去时，才明白这是机会。"事实上，这也是很多人的命运。从市场经济的原理来看，只有在有市场需求时，你的准备才有意义。市场需要什么，你就准备什么，这样成功的机会将会多很多。时代为我们提供了施展才华的舞台，社会的需要为我们提供了机遇。如今，自主创业已经成为新一代莘莘学子实现自我价值、敢于梦想、敢于实践的新的人生选择。

（五）创业是积极的人生选择

任何从零开始的创业都是不容易的，但是困难远没有你想象中的那么可怕！读过本书，你就会相信，经过深思熟虑而投身创业就是你人生路上一个积极而正确的抉择！

五、创业精神的本质与来源

（一）创业精神的本质

创业精神是创业者在创业过程中的重要行为特征的高度凝练，主要表现为勇于创新、敢当风险、团结合作、坚持不懈等。创业精神的本质是创新意识和主动精神。

（二）创业精神的概念

如果从概念上说，创业精神（Entrepreneurship）是指在创业者的主观世界中，那些具有开创性的思想、观念、个性、意志、作风和品质等。

（三）创业精神的内涵

如果从理论上说，创业精神有三个层面的内涵：一是哲学层次的创业思想和创业观念，是人们对于创业的理性认识；二是心理学层次的创业个性和创业意志，是人们创业的心理基础；三是行为学层次的创业作风和创业品质，是人们创业的行为模式。

（四）创业精神的相关因素

1．创业精神与学历无关

创业精神与一个人的学历高低无关：不管是小学生、中学生、本科生还是博士生，只要拥有创业精神，这种精神就不会因为学历的偏差而有丝毫的不同。

2．创业精神与企业大小无关

同时还要说明的一点是，创业精神与企业大小无关：不论是上市公司的老板还是理发店的老板，在开创事业和开办企业时，所需要拥有的创业精神都是一样的，不会因为其所

创企业的大小不同，而使创业精神的本质有任何的区别。

（五）创业精神的来源

创业精神，就是在创业过程中激发出来的一种潜能。创业的动机来自于要达到某个目标的愿望。这种强烈的愿望是所有成就的起点。在每个人身上都具备一种成功的潜在品质，只是有些人没有发现和激发这种潜能，因此只能把人生停留在平庸和失败之中。但凡创业成功的人，都是先有创业的动机，而后才慢慢具备了创业的技能。而创业精神将在新时期发挥更大的作用，有利于加快转变经济发展方式，促进经济社会又好又快发展。

【案例学习 1-4】　　上大学期间就开始“折腾”的潜在创业者

范志平是上海海洋大学的计算机技术专业硕士毕业生。在读大学期间他就是一个不愿意“循规蹈矩”的人，他在课余时间卖过电话卡，在新生入学时卖过日用品，还开过餐馆……虽然每次的业务坚持的时间都不长，但是不仅让他赚了钱，还让他对创业上了“瘾”。他一直有一个强烈的愿望，就是自己开公司，自己当老板。

在他眼里，创业就是最神圣的就业，除了可以养活自己以外，还能以提供工作岗位的方式为社会作贡献。这让他感觉更能体现自身的价值。

读研期间，范志平一边学习、一边四处寻觅合适的创业方向。2007 年的一天，他在图书馆的报刊阅览室偶然翻到一张报纸，上边写着：农业部正在全国范围内，推进实施“无公害食品行动计划”。他顿时眼前一亮，农业在上海的比重不大，相对来说，竞争不会很激烈；而服务业又是上海重点发展的领域。多年磨炼出来的“商业直觉”告诉他，如果走“农业服务”路线，很可能有戏。

通过沟通，导师和校方领导都很支持他的想法：成立一个帮助农民实现无公害生产的农业技术服务公司，帮农民增收，又确保消费者吃着放心。接下来的一年，他走访了 50 家无公害农业生产企业，参加了 3 次农业展览会、4 次食品安全学术会议，发放了 2 000 份市场调研表，结果证明计划可行。

在上海市大学生科技创业基金会的基金扶持下，他的公司——上海齐民信息科技有限公司，在 2008 年初正式注册成立。公司主要从事农产品品牌策划和推广、食品安全追溯、农业区域性电子商务等服务。

【案例学习 1-5】　　王晨，天生的创业者

王晨是复旦大学的在校生，受他经商的哥哥的影响，大二就开始不安于读书，他选择了月饼行业开始他的销售实践。在大学就非常活跃的他很快适应了销售工作，每天刻苦勤奋，边学习边工作，销售工作很快有了起色，结果当年个人完成了 700 万元业绩，成为了那家公司的销售冠军，第二年该厂的老板就盛邀他成为合伙人，在非中秋期间销售其他预制食品，他的勤奋给了他巨大的收获，当他毕业的时候，已是几家公司的合伙人，并开创了自己的连锁店品牌。

人生的路很漫长，我们谁也无法预料到未来会发生什么，但是我们必须知道一个事实，那就是一个心理学的结论：一个成功的人，他的能力仅仅发挥了自身潜能的 6%。也就是说，还有 90%以上的潜能被埋没了。在人的大脑里有 150 亿～200 亿个智能细胞，它们具有巨大的潜能，是你威力无比的宝藏，只要你肯付出努力去学习，你就会发现好些以前想不到的事情——你竟然可以做到！因为人大多数情况下，都是边干边学、在实践中激发自己的潜能的，因此可以说创业实践就是创业精神的来源。

六、创业精神的作用与培育

建立一个企业如此繁琐，而维持一个企业的生存更是一个漫长的历程。作为一个初次创业者，到底应该从哪里入手，怎样才可以把一个企业建立起来并且经营成功呢？这是每一个将要开始创业之旅的人面临的共同问题。

创业既是一种能力，也是一种精神。如果说资金和项目对创业者非常重要的话，那是否具有一种创业精神，才是更重要的大问题。创业者的自身素质是创业成败的关键，而创业精神需要在创业过程中慢慢培养，创业者的素质和能力，包括创业者的创业精神，都是可以培养和提高的。

其实，每一位成功的企业家，在他开始创业之前，都是和你我一样的普通人。

（一）成功企业家对创业精神有示范作用

1．创业者是可以培养的

上海第一财经频道主持人崔艳在 2009 年 4 月 5 日采访“德丰杰全球创业投资基金”创始人汤姆·威尔斯时，她提问：您认为创业者可以培养吗？汤姆·威尔斯立刻给予肯定的答复：当然。毋庸置疑，创业是可以学习的。

每一个创业者在创业初期，都应该对已经创业成功或没有创业成功的人做尽可能多的了解，当然，这种学习不要对自己的创业形成束缚。因为人们所学会的每一件事都是实践的结果，而每一个创业者在创业历程中，都不可避免地犯过错误，任何一位企业家都会牢

记自己和其他创业者经历了怎样的磨难才取得了今天的成功，其中最典型的就是汽车大王亨利·福特曾经破产过四次！

但是，创业实践证明：学习别人成功的经验，可以使人更快成功；汲取别人失败的教训，可以使人不复制失败。就像家长从小就告诫孩子不要用手去摸太热的东西一样，实际上如果没有家长的教诲，这个世界上不知要多出多少被烫伤的故事。

2．向成功者学习成功的经验

学习就是获得经验的捷径。没有谁天生就有丰富的经验，所有的经验都是人们经历之后才获得的，"实践出真知"，只有在挫折中"吃一堑长一智"，才可以积累有用的经验。假如想拥有经验，梦想创业成功，最好的办法就是向创业经验丰富的人讨教，分析成功企业家的案例，然后注意借鉴他们的经验，行动起来。

不要在山底下跟没有登过山的人请教攀登到山顶的经验，而是要跟那些已经成功攀到顶峰的人请教。一个没有登过山的人，怎么可能教会别人登山的技巧呢？

3．学会独立观察和思考问题

学习那些成功的案例，不难发现，在那些成功企业家的眼里到处都是机会。他们很少抱怨，而总是用一双善于发现的眼去看到别人看不到的商机。他们总是具有独特的思路和见解，而且行为也通常异于常人。有时甚至是不为大多数人接受，但是却从来不人云亦云，所以才成为人群中的佼佼者。具有不同于常人的思维方式和不盲目追随"羊群效应"的行为方式，是成功企业家的普遍特点。

4．创业者都是英雄

敢冒风险是成功人士的另一特点。风险和机遇是一对孪生兄弟，如果只选那些别人尝试过的、四平八稳而又无风险的事去做，那必将与很多机会擦肩而过。都说机会只光顾那些有准备的头脑，事实上，机遇在很多时候都给了那些敢于承担风险的人。

汤姆·威尔斯说："创业者都是英雄。"因为，在创业者决定迈出创业这一步的时候，就不管前路是成功还是失败，都做好了迎接挑战的准备。

⊙ 企业家提示

成功者虽然是少数，但是那些失败的创业者虽败犹荣。在与成功创业者的交往中，不知不觉你就会被他们的勇气感染，从而学到他们身上那些闪光的优点。学习创业者成功的故事，确实会让你热血沸腾，充满激情；但是，聆听创业者失败的教训，则是在提示你如何规避风险，会使你在创业中更具理性。

（二）在实践中进行创业精神的培育

我们在大学和社区的创业培训实践中发现，真正去创建一个公司毫无疑问是学习创业、培养学生创业精神无可替代的、最好的学习方法，但是，在学校里如果让学生真的去开公司，则需要具备一定的客观条件。因此，我们不妨把创业者身上最重要的创业精神、创新意识等品质提炼出来，用案例教学法、模拟情境教学法、项目教学法去给学生创造学习的环境，同时还要创造机会让他们去实践。

【案例学习 1-6】　创业者是可以培养的

在上海海洋大学和上海科技学院的《大学生创业基础》这门课的教学中，都有一个市场实训的环节。就是在指定的时间，在校园内搞一个"校园市场"，市场内的卖方是创业班的学生，而买方就是学校的同学。每次校园市场都非常热闹，为了烘托气氛，学生们都自己策划成"许愿节""风筝节"等主题内容，然后自己制作广告，在学生宿舍挨门挨户地去宣传，到了开张那天，就看到一个个平时文绉绉的大学生都变成了大声吆喝叫卖的小老板了。

事后他们都要按照创业导师的要求来写一份总结，内容就是：

（1）你在校园市场中推销成功的原因是什么？推销失败的原因是什么？

（2）你的第一位顾客是谁？你是如何说服他（她）的？

（3）你是如何决定进货品种和数量的？

（4）本次校园市场实训你是挣了还是赔了？分析原因。

（5）经过这次实训，谈谈你对创业的理解。

在这样的思考和实践中，他们就会发现创业者是怎样做的，都经历了什么样的辛苦。同学们在总结中写到，他们在思考中明白了如何捕捉商机，如何取悦客户，如何与人沟通，以及在什么时候、什么环境下沟通容易实现，什么情况下沟通容易失败，如何克服困难等，可见，创业精神和良好的品质习惯是可以通过实践体验来发现和培养的。

人生何处不营销。因此营销实践应该是培养学生创业精神的第一课。如果在营销训练中学会了取悦客户，那今后无论是对父母、对老师还是对同学，都应该明白怎样才能叫别人喜欢，这既是营销的"取悦客户"的锻炼，也是"如何做一个受大家欢迎的人"的训练。

一个人，如果可以在家取悦父母（孝顺、多做家务、体贴父母），在校取悦老师（认真学习、积极发言、懂事、会体谅别人）、取悦同学（同学有事要相助，互相关心、友爱，对人和善），当别人都说你好时，谁能说这不是成功？ 一旦在生活和实践中培育了创业精神，就不会再惧怕困难；一旦养成了优良的习惯，形成了优秀的性格和品质，就会是一个无论到哪里都会发光的金子。一个优秀的人会习惯于优秀，一个有创业精神的人不论将来是就

业还是创业，都会是一个不断进取、不断创新、对社会有用的人才。

⊙ 企业家提示

创业教育不只是创办企业的教育，大学生的创业精神是可以在营销活动中培养的。正如好多成功的企业家是在实践中成长起来的一样，这种感悟式、体验式的教学方式，有助于学生更好地理解创业精神的内涵。

正如我们小时候经常被父母告诫不要碰烫的东西会记不住，反而是碰了一下烫的东西就记住了的道理一样。听过不如做过，做过不如错过、改过记得更清楚，更明白其中的利害关系。

第二节　知识经济发展与创业

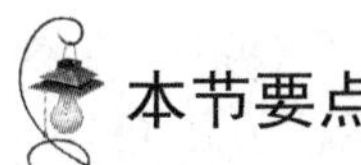

本节要点

通过对知识经济发展的分析，使学生了解创业热潮形成的深层次原因，认识经济转型与创业热潮的内在联系，明确创业活动对经济社会发展的贡献。

当今，全球创业活动比以往任何时候都更为活跃，国家和地区之间的竞争日益聚焦在他们的创业水平和创业成果上，创新和创业已经成为科学技术转化为现实生产力的桥梁，成为经济发展和社会进步日益重要的推动力。

创业不是天才的独创，也不是普通人的妄想，而是每个社会成员改变命运、追求卓越的一种途径，是每个企业不断成长的方式，是一个国家取得核心竞争力的关键。

一、经济转型与创业热潮的关系

当今时代的一个显著特征就是知识成为比土地、劳动、资金更有意义的关键性生产要素，同时物质资本的地位相对下降，人力资本的地位相对上升，而创业家则是稀缺的知识和人力资本的杰出拥有者和创造者。因此经济转型是创业热潮兴起的深层次原因。中国的经济发展，需要更多的创业英雄，需要越来越多的创业型组织，需要营造创业型经济环境。每一个大学生都应该了解创业，并且至少可以将其视为一种职业、一种生活方式的选择。

从 1984 年算起，中国至少有五次创业大潮，每一次大潮都有一个从上而下的过程，离不开政府和政策的引导，更是与中国经济结构的调整息息相关，早年的创业潮更是带有中国从计划经济走向市场经济的转型烙印。

（一）1984 年邓小平初次南巡

1984 年春天，邓小平南巡视察深圳、珠海等特区以及《中共中央关于经济体制改革的决定》的酝酿出台，为这股创业浪潮注入了催化剂。

【案例学习 1-7】　　第一波创业的弄潮儿

从 1984 年开始的这一轮创业潮的代表人物有步鑫生、张瑞敏、柳传志、王石等，这些在当年站在创业和改革大潮潮头的弄潮儿，今天有的已经销声匿迹，有的已经成为了业界大亨，在自己所在领域里占据着举足轻重的地位。

1984 年的新闻人物步鑫生，就是以对浙江海盐县衬衫总厂做的“三新（款式新、衣型新、装潢新）”“一快（周转得快）”以及对员工薪酬的“按劳分配”而闻名全国。

张瑞敏给中国商界的贡献主要在管理上。“不准在车间随地大小便”和“76 台不合格冰箱被砸成废铁”这些广为流传的段子恰恰是那个时候中国企业管理改革的写照，也成了“中国制造”的缩影。

年届四十下海的柳传志则从代理进口计算机等起家，在北京中关村摸索出一条“贸工技”的发展道路。其他从中科院下海的同仁则在中关村创立了声名显赫一时的“两通两海（信通、四通、京海、科海）”，那时候，名气都比联想大。

后来创立万科地产的王石，最初也是以贸易发家的。“外汇”和“进口商品”曾让很多活跃在香港、北京两地的商人在中国对外开放的初期淘到第一桶金。

（二）1992 年邓小平再次南巡

1992 年的创业土壤和气候，同样与中国改革开放总设计师邓小平息息相关。1992 年春天，邓小平再次南巡，与 1984 年的低调慎言不同，这一次，邓小平发表了著名的南方谈话。同年 2 月 28 日，中共中央将此次谈话以中央第二号文件的形式向全国传达。国务院还修改和废止了 400 多份约束经商的文件，《人民日报》甚至还发表了《要发财，忙起来》的文章鼓励人们下海经商。

【案例学习 1-8】　　第二波“下海”的创业者

20 世纪 90 年代的创业潮在当时依然被称作“下海”。不过，他们在市场经济的大海畅游时，比前辈幸运，可以选择非体制下的创业。1992 年 5 月，中国的《有限责任公司暂行条例》《股份有限公司暂行条例》相继出台。在此大气候下，全国兴起办公司热。同年 8 月，

北京市工商局的库存营业执照发放完毕，不得不从外地紧急调运。还有报道说，在深圳的国际贸易中心大厦里，“一层25个房间，最多的拥挤着20多家公司，有的一张写字台就是一家公司”。在复旦大学做老师的郭广昌也在这一年在上海注册了一家公司。

1992年全国房地产完成开发投资732亿元，比1991年猛增117%。“92派”代表人物冯仑、潘石屹等如今都成了房地产大佬。还有的是在金融服务领域开疆辟土，例如陈东升（嘉德拍卖公司创始人、泰康人寿董事长兼CEO）、田源（创办了第一家期货公司）、毛振华（创办中诚信，中国信用评估第一人）等。除此以外，“92派”中也有部分体育文化界精英，例如李宁、那英、王朔等。李宁创立的运动服装品牌至今依然在市场上很有号召力。

（三）1997年启动的“春晖计划”

1997年，江泽民在中共十五大报告中指出，鼓励留学人员回国工作或以适当方式为祖国服务。同年，国家教委全面启动鼓励和支持留学生短期回国服务的“春晖计划”。1999年国庆，“春晖计划”支持了25名留学生参加中国建国50周年的阅兵仪式。25人名单中就包括李彦宏、邓中翰，此后他们回国创立了百度和中星微。

【案例学习1-9】　　第三波创业的“海龟”们

这些先行的海归，在回国创业前，大多学的是工科专业，在美国获得过博士学位，目睹或亲历过美国硅谷高科技产业发展的奇迹。他们回国，带来的不仅仅是创业项目，还有美国的风险投资资本。模仿硅谷的创业项目加上来自硅谷的早期资本的支持，成了这一轮海归创业潮最鲜明的特征。他们成为中国新经济的代表，还开拓了中国企业奔赴纳斯达克IPO的时代。他们在纳斯达克的成功上市又激励了更多的“海归+风投资本”的组合式创业。在财富的效应下，潜藏在人们内心的创业激情迸发出来。2000年前后，汪潮涌、王冉这些跨国投行的高管也加入到创业大潮中来，创立精品投行，主要服务于创业群体。2005年前后，加入创业大潮的风投也越来越多，甚至有些是硅谷实业家转身风投，著名的有邓锋、朱敏。

1999年，当著名搜索引擎谷歌在网络世界如日中天的时候，李彦宏回到中国创立了百度。2000年互联网寒冬，李彦宏第二轮融资100万美元成功。

（四）2008年的全球经济危机

2008年的全球经济危机，让新一轮海归创业潮和全民创业潮出现了叠加。新一轮海归创业潮以中组部部长李源潮倡导的“千人计划”为标志，在全国各地引进海外高层次人才

回国创业。创业范围不再以互联网为主，而是涵盖新能源、新材料、生物医药、汽车制造、文化创意等多领域。全民创业潮的新推动者则包括各级地方政府，他们倡导“回乡创业”和“大学生创业”，并出台了一系列扶持政策。

（五）2015年的“互联网+”浪潮

自建国以来，创业从没有像现在这样，成为了国家战略。

2014年11月，李克强出席首届世界互联网大会时指出，互联网是大众创业、万众创新的新工具，其中“**大众创业、万众创新**”正是此次政府工作报告中的重要主题，被称作中国经济提质增效升级的“新引擎”。

紧接着在2015年3月召开的全国“两会”上，马化腾提交了《关于以“互联网+”为驱动，推进我国经济社会创新发展的建议》的议案，**国家战略层面推动**以“互联网+”为驱动，鼓励产业创新，促进跨界融合，惠及社会民生。

政府层面很快响应，同月十二届全国人大三次会议，李克强总理在政府工作报告中**首次提出“互联网+”行动计划**，在政府工作报告中提出，“制定‘互联网+’行动计划，推动移动互联网、云计算、大数据、物联网等与现代制造业结合，促进电子商务、工业互联网和互联网金融健康发展，引导互联网企业拓展国际市场。”

该报告的发布标志着以“互联网+”为核心驱动的第五轮创业浪潮在全国范围快速推进开来。

⊙ 企业家提示

随着本土风投的壮大和国内创业板、新三版的开通，创业者获得资本和整合各项资源变得更加容易。有中外风投做推手的创业潮开始从海归向本土创业者扩展，创业的领域也从互联网向生物医药、太阳能、清洁技术、教育、消费等诸多领域扩张，出现了大规模的全民创业潮。

2014年9月20日，阿里巴巴在美国纽约证券交易所挂牌上市，首日报收于93.89美元，较发行价上涨38.07%，以收盘价计算，其市值破2 300亿美元。阿里巴巴用了15年从50万元人民币初创到上市市值达到2 300亿美元，创造了中国互联网的神话。

二、创业活动的功能属性

经济社会发展不同阶段创业活动的特征不同，相同的是，创业者每一次的创业活动都是与社会经济发展、祖国命运紧密相连的。

（一）第一次创业热潮

新中国的第一波创业潮，发生在20世纪的1984年，那时人们把创业称为“下海”。柳传志曾这么评价他的创业时代：“下海确实很被人看不起，这是那些勇敢者做的事情，这些勇敢者在过去就是在社会上没有地位的人。”那个年代，主流的创业者以个体户为多，大多是城镇待业人员被逼无奈自谋生计，算是被动创业者。这一轮创业潮是以打破计划经济下的平均主义、解放思想、搞活商品经济为主旨的，也可以说是体制内的创业。1984年的创业应该说是一次勇敢者玩的拓荒游戏。

（二）第二次创业浪潮

第二次的创业浪潮发生在1992年。这次的创业潮则更像一个社会精英的掘金潮。据《中华工商时报》的统计，当年全国至少有10万党政干部主动下海经商，这年的创业者被冠以“92派”之称。“92派”的代表人物有陈东升（也是“92派”一词的发明者）、田源、毛振华、郭凡生、冯仑、王功权、潘石屹、易小迪等，他们原本是政府机构、科研院所、大专院校的知识分子。1992年全国房地产完成开发投资732亿元，比1991年猛增117%。第二次的创业热潮是以官员下海为特征、以席卷全国的“圈地运动”为契机的。

这一批人是中国的现代企业制度的试水者，和之前的创业者相比，他们是中国改革开放以来，最早具有清晰、明确的股东意识的企业家代表。他们普遍具有企业现代管理意识，具有较强的资源整合能力，尤其是懂得资本运作，对宏观环境变化有灵敏的嗅觉。郭广昌创立的复星可谓是“92派”企业的一个代表。

（三）第三次创业浪潮

第三次的创业浪潮发生在20世纪90年代中后期，是以海归创业形成的一股潮流。典型人物是以张朝阳、李彦宏等为代表的在互联网领域创业的海归留学生。他们创业成功后，被称为互联网时代的英雄。同前两波创业潮一样，他们回国创业也有一个政策大环境。

在海归群体的示范下，本土的创业者也越来越多，也有不少人在互联网领域取得过辉煌成功，例如创立盛大的陈天桥、创立网易的丁磊以及创立阿里巴巴的马云等。这些互联网的创富英雄被称为阳光富豪，他们的出现首次打破了此前存在于中国企业家群体的“原罪”魔咒。

（四）第四次创业浪潮

第四次创业浪潮发生在2008年，也被称为“全民创业潮”。这新一轮海归创业潮和全民创业潮也是中国经济转型和升级的发动机，其主题词是创新、创意。正如温家宝2010年8月21日考察深圳时所言：“年轻人富有朝气，没有框框，敢想别人不敢想的事，敢做别人不敢做的事，反映在工作上就是勇于创新，打破框框。”[①]

（五）第五次创业浪潮

第五次创业浪潮起点在2015年，国家层面全面推进了以“互联网+”为核心驱动的“大众创业 万众创新”创业浪潮，对中国的政治、经济等各个领域影响深远。

全国各地的创业园区、创业孵化器、众创空间如雨后春笋般涌现，大量在世界范围内有影响力的新兴科技公司成批涌现，与历次浪潮相比，这次的创业浪潮无论在规模、数量和政府推进力度上都是空前的，对中国在世界范围内的和平崛起和中华民族的全面复兴具有极其重要的时代意义。图1-3为参加第八届中美互联网论坛的知名企业代表。

图1-3　第八届中美互联网论坛企业代表

三、知识经济时代赋予创业的重要意义

（一）知识经济时代的定义

知识经济时代就是以知识运营为经济增长方式、知识产业成为龙头产业、知识经济成为新的经济形态的时代。作为新的经济形态的知识经济，中国著名学者陈世清先生在其所著的《经济领域的哥白尼革命》和《对称经济学丛书》中第一次提出并加以系统地阐述。只有运用对称的、五度空间的、复杂系统论方法的对称经济学才有可能真正揭示知识经济的本质、结构、意义和功能，才有可能建立真正科学的知识经济学，知识经济才有可能成为严格意义上的经济学概念，才能合理定位知识经济时代。

① 全民创业潮是中国经济转型和升级的发动机[J]. 中国企业家，2010（9）.

（二）知识经济的概念

知识经济就是以知识运营为经济增长方式、知识产业成为龙头产业、知识经济成为新的经济形态的人类社会经济增长方式与经济发展模式。

知识经济，亦称智能经济，是指建立在知识和信息的生产、分配和使用基础上的经济。它是和农业经济、工业经济相对应的一个概念。

这里的以知识为基础，是相对于现行的“以物质为基础的经济”而言的。现行的工业经济和农业经济虽然也离不开知识，但总的来说，经济的增长取决于能源、原材料和劳动力，是以物质为基础的。

知识经济是人类知识，特别是科学技术方面的知识积累到一定程度，以及知识在经济发展中的作用增加到一定阶段的历史产物。同时又是新的信息革命导致知识共享以高效率产生新知识的时代产物。

（三）创业与知识经济

1．人类第一次发展是以石器为代表的农耕时代

当人类虽然有知识，但知识还相当贫乏，贫乏到需要80%的劳动力从事农业——解决人类的吃、穿问题的时候，这个时代我们称之为农业经济时代。

2．人类第二次发展是以蒸汽机为代表的工业时代

随着科学技术的发展，当人类把 80%的劳动力转向工业——解决人类的用、住、行等问题，也就是只需要 20%的劳动力就可以解决人类的吃饭问题的时候，我们说人类进入了工业经济时代。

3．人类第三次发展是以创意为代表的知识时代（亦称智脑时代）

随着科学技术的进一步发展，当人类又把80%的劳动力转向以知识为中心的服务产业，也就是只需要20%的劳动力就足以生产出人类所需要的工业和农业等物质产品的时候，人类便进入了知识经济时代。

可见，知识经济不仅仅是一个新兴的产业，而且是一个经济时代的标志。同时我们也看到，知识经济是工业经济高度发达时代的产物。而所谓的智脑时代，是以创意产业和高科技为代表的。

4．人类第四次发展是以智能科技为代表的智能时代

科技的进步正以指数方式加速进化，著名的“摩尔”定律[①]推测，当价格不变时，集成电路上可容纳的元器件的数目，约每隔18～24个月便会增加一倍，性能也将提升一倍。摩尔定律在过去30年相当有效，未来的很长时间内将依然适用。

[①] 摩尔定律是由英特尔（Intel）创始人之一戈登•摩尔（Gordon Moore）提出来的。

2014年5月28日谷歌发布了无人驾驶汽车，2016年3月10日，人机围棋大战AlphaGo全面打败人类，大量的智能硬件开始涌现，深刻影响并快速变革了人类社会。

未来的世界万物互联，移动互联网和智能科技正深刻地改变着世界，人类正在进入全面的智能时代，从而有着无穷无尽的创新机遇和创业机会。

拓展阅读　　知识经济是信息革命的产物

知识经济是信息革命导致知识共享以高效率产生新知识的时代产物。正如种植和养殖技术革命推动人类进入农业经济时代，蒸汽机和电气技术革命推动人类进入工业经济时代，信息技术革命推动人类进入知识经济时代。

新的信息革命——数字化、网络化、信息化——为人类信息共享，高效率地产生新的知识，或者说提高知识生产率，提供了坚实的技术条件，并最终推动人类社会进入知识经济时代。

知识经济与信息经济有着密切的联系，也有一定的区别。知识经济的基础是信息技术。知识经济的关键是知识生产率，即创新能力。只有信息共享，并与人的认知能力——智能相结合，才能高效率地产生新的知识。所以，知识经济的概念，更突出人的大脑、人的智能。反过来，人的智能，只有在信息共享的条件下，才能有效地产生新的知识。所以，信息革命为信息共享、高效率地产生新的知识打下了坚实的技术基础。这就是说，信息革命、信息化与知识经济有着密不可分的关系。甚至直到目前，在国际上，知识经济、信息经济、智能经济往往还同时使用。

在知识经济时代，不是不要“物质”，而是获得“物质”的方式发生了根本的变化，变得更容易、更方便、更便宜、更好。发展知识经济，更不是轻视或削弱工业和农业经济。知识经济一方面是一个继工业、农业之后的新兴的主产业，另一方面又深刻地影响着传统的工业和农业，促进工业和农业进一步现代化、知识化。

在知识经济时代，创办企业成为经济发展的重要基础，创业在经济发展中的地位和作用更加突出，日益成为经济发展的主要动力。创意产业正是在知识经济时代新崛起的产业，创意和创新从来都是和创业分不开的。创意一般都具有创新的特征，而任何创新都需要经过创业来实现。而任何一个新企业的诞生，无疑都会带来新的就业岗位和创造新的价值。

在最近十年间的企业排名中，创意产业、互联网等高科技产业带来的经济效益一直名列前茅。从迪士尼王国的产业链，到少林禅宗的创意旅游；从丰庄新型农业，到宜家的创意营销，不论是在欧盟，还是在中国，创意产业带来的巨大财富和经济增长，让世人有目共睹。

在企业管理领域，著名的创业学家拉里·法拉尔曾经在《创业时代》一书中指出：“无数企业的兴衰告诉我们，现行的管理经验并非是企业早年得以增长的要素，而恰恰是导致他们衰败的原因，企业成功的真正基础正是所谓的创业精神。”“是创业精神，而非管理技

术，驱动着所有公司的成功和高增长。”

因此，创业具有增加就业、促进创新、创造价值等功能，同时也是解决社会问题的有效途径之一。

第三节　创业与职业生涯发展

本节要点

使学生了解创业与职业生涯发展的关系，认识创业能力提升对个人职业生涯发展的积极作用。

一、广义和狭义的创业概念

（一）创业的含义

广义的创业，顾名思义，就是开创或者创建自己的事业，而人们通常狭义地认为创业就是开办一家企业，其实，创业并不只是开办一家企业。

（二）创业者的特征

- 敢于冒险，敢于尝试新鲜事物。
- 能够在逆境中坚持不懈，有极大的韧性，能承受较大的压力。
- 善于学习，悟性极高，有方法、有思路、有创意。
- 对项目有极高的敏感性，善于辨识并快速抓住机会。
- 有优秀的领导力，能够吸引和留住人才与之一起艰苦奋斗。
- 责任心极强，在打工时就具有老板心态，将老板的事当成自己的事。
- 坚定、执著、专注，认准的事就会坚持到底，遇到困难绝不轻易回头。
- 思想积极正面，懂得欣赏别人；广结人脉，社会资源丰富。
- 有极强的团队合作精神，能够高瞻远瞩，凡事从大局出发。
- 重视经验曲线的积累，不断修正错误，有优秀的管理能力。

二、创新型人才的素质要求

（一）创业与创新

在创业中，往往是风险与机会并存。通常创业者都是在开始创业之后，不断根据市场调整计划，边干边学而走向成功的。创业的价值就在于创新出自己独特的东西，敢于走前人和别人没有走过的路。马云说："电子商务是一个新的领域，我们最重要的是永远为你所激情的事情激情下去，做电子商务不容易。"从事网络的人，尤其是这几年活下来的人，经历的事情太多了。但是，在这个世界上永远是"胜者官兵败者贼"。乔布斯带领的苹果公司之所以在激烈的竞争中不断打败对手，就是源于他们孜孜不倦的创新。

（二）产品创新的特征

- 完全是一个新的想法。
- 是现有产品或服务的升级版本。
- 找到了更好的盈利模式。
- 有更好的销售渠道或售后服务。
- 更便于顾客消费。
- 更适合网络销售。

（三）创业能力具有普遍性与时代适应性

创业能力是一种多方面综合的能力，与创业的成败直接相关。在当今的知识经济时代，要适应时代的发展，跟上时代的节奏，大学生的创业能力要着力从以下四个方面培养。

1. 提高诚信力和守时意识

一个成功的创业者，不仅要有良好的运营机制，还要明确自己的社会责任，以德为本，诚信创业，才能谋求企业长远的发展和生存。诚信是企业立业之本，人无信不立，没有诚信就没有一切。而守信是从守时开始的。

⊙ 企业家提示

"人无信不立"，这句古话大学生们都知道，但是"守信从守时开始"却没有第一句那么普遍，有时也许是知道但是没做到。例如，约会迟到是不守时，上课迟到同样也是不守时；约好的合同交付要准时，而作业也要准时交。

守时的好习惯，就是从年轻时的日常小事开始养成的。

2. 提高开拓创新能力

开拓创新能力是成功创业者最重要的能力之一。开拓创新是创业的灵魂和赢得竞争优势的关键。一个优秀的创业者，必须敢于创新、长于创新、乐于创新。

3. 提高组织管理能力

在市场经济条件下，市场充满了竞争和风险，创业者要使自己的创业实践活动获得成功，必须重视经营管理。经营管理能力是创业者在管理上的体现。管理活动贯穿于组织运

行过程的每一个环节，不仅是组织正常运行的前提，也是组织生存与发展的基本条件。

4．提高人际协调能力

要想创业成功，大学生还需要培养自己的人际协调能力。因为包括创业在内的任何活动都离不开人与人之间的交往和协作。因此，大学生在校期间有意识地培养与他人的协作能力是获得他人和社会支持的重要前提条件，对大学生创业者创业成功具有重要的作用。[①]

三、创业能力对个人职业生涯发展的意义和作用

创业成功是可以规划的，创业能力对个人职业生涯发展起着积极作用。

（一）职业生涯规划的定义

职业生涯规划是指个人和组织相结合，在对一个人职业生涯的主客观条件进行测定、分析、总结研究的基础上，对自己的兴趣、爱好、能力、特长、经历及不足等各方面进行综合分析与权衡，结合时代特点，根据自己的职业倾向，确定其最佳的职业奋斗目标，并为实现这一目标做出行之有效的安排。

（二）创业能力对个人职业发展的意义

对年轻人而言，职业选择是否适当，将影响其将来事业的成败以及一生的幸福；对社会而言，个人择业是否适当，能决定社会人力供需是否平衡。如果每个人都适才适所，那么，不仅每个人都有发展的前途，而且社会亦会欣欣向荣；相反，则个人贫困，社会问题丛生。因此，职业选择对一个人及社会都有极重大的关系。

如今，创业已经成为了大学生职业选择的一种。但是，创业是一个实践性很强的过程，要求创业者不仅要拥有创业精神、创新意识，同时还要具备足够的创业能力。创业能力与新创企业成败直接相关，创业能力强，则创业成功率高，反之亦然。

当大学生选择了创业这个没有上司的职业之后，就成为了一名真正的创业者，这时就需要自我管理、自我决策、自我规划。因此，在选择创业前，应该进行创业实践训练，向成功的企业家学习，在实践中提升和练就自己发现问题、解决问题的创业能力，然后再去创业，这样无疑可以大大提高创业的成功率和成就感。

（三）创业能力对个人职业生涯发展的作用

创业的内涵不仅仅是开办一家企业，因此，不论是就业还是创业，都需要自身具有创

① 大学生创业能力的培养[N]．红网，2009-12-24．

业能力。

1．创业能力的体现之一就是具有执行力

无论拥有怎样的梦想，只有行动才能拉近现实和目标的距离。再好的计划，如果没有行动来执行，也将是一纸空谈，正如周恩来说的那样："坐着谈，何如起来行。"

2．创业能力的体现之二是具有决策力

职业生涯发展的过程中经常会面临各种选择，需要做出正确的决策。结合主客观条件来确定职业的方向、目标、战略以及实施，都需要决策力。

任何一个职场上的成功人士，在成功之前都是普通人，与常人不同的是，他们拥有创业能力。创业能力是可以在实践中提升和培养的，而提升创业能力的途径就是学习和实践。

（四）大学生职业生涯规划现状

通过对大四学生进行的职业准备情况的调查研究，以及对刚工作不久的毕业生进行的回访调查，发现学生在职业准备方面呈现出以下几个明显倾向。

（1）在职业能力的自我评估上，许多大学生存在高估或低估的倾向，呈现出明显偏差。

（2）在职业信息的了解上，大学生们过于关注职业是否符合自身需要，却忽略了职业要求与自身素质的匹配程度。

（3）在职业准备的投入上，大多数学生比较被动。

（4）在创业前普遍没有接受创业培训或实践训练。

（五）创业成功是可以预先规划的

创业也是职业生涯中的一种选择。因此，创业者在创业前必须设立一个创业规划，最好是一个具体的计划或时间表，把每个阶段的大目标分解成为几个小目标，一个一个地去实现，循序渐进地迈向成功。

【案例学习 1-10】　一个园林绿化工程公司老板的创业成功规划（见图 1-4）

现实基础：徐良是一名职业院校毕业的学生，在校学习了两年，具有与园林绿化相关知识的基础。

第一阶段目标：通过拜师学艺的方法，在实践中边干边学积累了实践操作经验。

第二阶段目标：在了解掌握了园林栽培技术后，调查了解到花木市场前景较好，他就建立了一个花木场。

第三阶段目标：花木场运营后，又组建了园林绿化工程队，加长了产业链。

远期目标：已经完全掌握了园林绿化的全套技术，具备了独立开办园林工程公司的经验和能力。

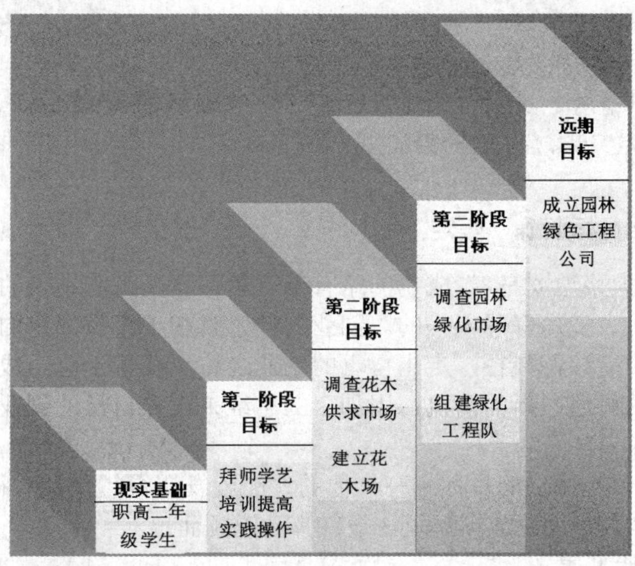

图 1-4　园林绿化工程公司创业规划

> ⊙ 企业家提示
>
> 创业能力与学历不是正相关的。现实中很多成功的企业家学历都不是很高，但是在商场上却能很敏锐地洞察商机、灵活应变，这是与他们自身的创业精神和创新意识相关的。有人说创业者是天生的，是指他们在潜意识里存在着创业的因子，但是成功的企业家一定是学习出来的，只不过学习的形式不局限于在教室里，更好的学习形式是在实践中增长和强化了他们的创业能力。

为什么同样是一个时代的人，创业的结果却又那么不同呢？有没有一些方法和规则，可以让后来者也步入成功的殿堂呢？这个答案是肯定的。因为人生需要理想和目标，创业也需要提前规划，古人常说的所谓“立志要早”，用今天的语言来诠释，就是职业生涯规划。也就是说，在二十岁时就要明确自己到三十岁时要成为一位企业家，并且在十年间矢志不渝，这样就会因为目标明确而成为创业的成功者。图 1-5 为成功人生的策划阶段。

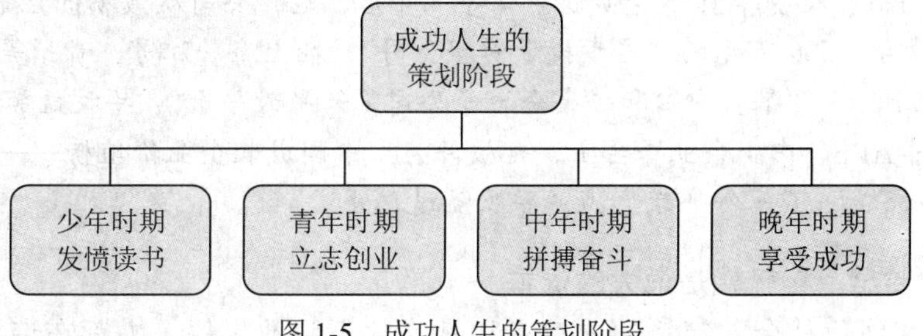

图 1-5　成功人生的策划阶段

⊙ 企业家提示

一个人的人生规划和计划不管多么好，多么严密，但是，只要没有跟上行动，就依然是一张废纸。立即行动，是实现梦想的唯一途径。

（六）创业需要目标明确、坚定

俗话说："条条大路通罗马。"成功的路有千万条，总是踩着别人的脚印前进，不敢越雷池一步的人，一生大多是碌碌无为的。创业的魅力就在于没有固定的模式，只有敢走别人从未走过的路，才能独辟蹊径，走出自己的创业之路。要善于总结成功企业家的经验，善于观察和发现新的机遇、新的商机，用创新的思维来设计自己的创业思路，站在成功创业者的经验之上，确立自己的目标。

高尔基说："一个人追求的目标越高，他的才能就发挥得越快，对社会就越有益。"是金子总会发光的，是人才无论放在哪里，最终都会脱颖而出。

1．创业者都是野心家

就像拿破仑说的："不想当将军的士兵，不是好士兵。"一个根本没想过要出类拔萃的人，最后注定就是一个平庸的人。具有强烈的成才欲望、一心致富的愿望、怀着美好的梦想、坚信"天生我才必有用"的创业者，才可以获得创业的成功。

【案例学习 1-11】　　让早教的梦想在心中发芽

马梅对早教感兴趣是从她在读研究生时，遇到了被誉为"中国早教之母"的蒋迪仙教授开始的。那时蒋迪仙教授是马梅的研究生导师，马梅也成了蒋教授的关门弟子。

马梅在上海师范大学在职研究生毕业两年以后，她萌生了创业的梦想，她想用自己的努力去普及0～3岁早教的理念。为此，她辞去了上海市科学育儿办公室副主任的职务，开办了自己的"上海启步教育咨询有限公司"，创办了《母婴健康》杂志。在创业导师李肖鸣的帮助下，2011年马梅的《母婴健康》年销量已经超过了300万册。她本人也成为了国家计生委聘请的"青年早教专家"。

2012年，马梅在接受李肖鸣老师创业辅导三年后，她的公司从最初的注册资金10万元发展成了注册资金1 500万元的"启步投资管理公司"，在上海、江苏、贵州等地成立了两所中学、两所幼儿园、3个早教中心和一个全资子公司（云早教平台），年收益额近2 000万元。在2012年12月APEC中小企业峰会上，她被评为"中国成长企业价值榜——年度青年创业奖"。目前，马梅成立了一个早教集团，年收益过亿元。

2．创业要趁早，年轻就是最大的资本

纵观历史和现代社会，年轻的成功者和富翁数不胜数。每个人都在追求着自身的进

步和成长，只有在年轻时就确立自己的创业目标，选定自己的发展方向，成功创业才有了前提。

3．自古英雄出少年

人，最大的财富是青春。人在年轻时开始创业，也许成功率最高。“年轻人如果犯了错误，连上帝都会原谅”，即使做错了，还有改过的机会；即使失败了，也还有东山再起的时间。“自古英雄出少年”，年轻时的勇气、胆识和魄力，也是其他年龄段不可比拟的。

4．少而好学，如日出之阳[①]

“六月里开的花，不是四月里撒的种吗？”一个人如果在青年时代就播下创业的种子，在中年时就会收获成功，在晚年时才能享受成功的果实。从来就没有什么救世主，就像浮士德说的“凡是自强不息者，终能得救”，每个人的命运都始终是握在自己手里的。

【案例学习 1-12】　　薛磊和他的瑞一科技

薛磊是上海交通大学的研究生二年级的肄业生。大四那年，他参加全国大学生第四届“挑战杯”创业大赛获得银奖。研二那年，父亲生病去世，母亲一病不起，为了承担起家庭的责任，他毅然辍学创业。

薛磊凭着扎实的专业能力和执著的精神，从一个几个人开始的“瑞一科技公司”，克服重重困难，如今已经发展成为“瑞一·中国”——一个业界小有名气的科技公司。

第四节　创业与自我认识

本节要点

使学生明白并不是每个人都适合创业，知道创业前的准备包括正确地认识自己，明白认识自我的意义，理解只有正确地认识自己、找到自身优势，才能找到正确的职业方向。

孔子曰：“凡事预则立，不预则废。”自从创业者决定要开始创业那一刻起，就应该为创业做准备了。首先必须静下心来，认真思考一下如何去做？从哪里开始做？也许此前从未想过，但是在决心创业时必须认真思考下面的几个问题，为今后的创业历程做好心理和思想上的准备。

---

① 汉·刘向《说苑·建本》，全句为：“少而好学，如日出之阳；壮而好学，如日中之光；老而好学，如炳烛之明。”意思是少年好学如同初升的太阳那么鲜亮；壮年好学如同中午的阳光光芒四射；老年好学如同燃烛照明。

一、你是谁

开始创业前，创业者首先必须确定自己目前的实际状况：我的处境如何？我的缺点在什么地方？我的优点在哪里？总之，必须“认识自己”。给自己画一张自画像：你了解你自己吗？你知道你的处境如何吗？

（一）人贵有自知之明

古人云：知人者智，知己者明。每个人都应该正确认识自己，每个人都有自己的长处和短处，人无完人。尺有所短，寸有所长，只有真正了解自己的优点和缺点，知道自己适合做什么，才能扬长避短，充分发挥自己的潜能。

（二）扬长避短是成功的捷径

每个人都有其优势所在，而自己最大的成长空间就在其最强的领域。只要善于发现、发挥优势，必能技压群雄、脱颖而出。

【案例学习 1-13】　　从“偏科少年”到作家的韩寒

韩寒现在已经是一名作家了，但是在学生时代，有一次他的成绩单上竟然有 7 门功课不及格，在老师眼里他可真是一位“偏科少年”，唯独其写作能力非常突出，初中时韩寒的短篇小说《弯弯的月亮》《书店》等多部作品被《少年文艺》选用。

如果当时他想方设法提高自己的薄弱学科以求平衡的话，也许最后也会平衡发展。但他却在自己最有优势的科目上下足了工夫，发挥自己的最大优势，在 2000 年由作家出版社出版了他的 21 万字的长篇小说《三重门》，并由北京大学中文系教授曹文轩作序，引起了极大轰动，该书刚发行就销售一空。

⊙ 企业家提示

世界上没有人是因为减少了缺点而变得成功，而通常是发挥了长处才走向了成功。

（三）人无完人，认识自己的长处

世界上每个行业都有其自身的规律和特点，而任何人也不可能是万事俱能的完人。创业者面对形形色色的行业选择，有擅长的，也有不擅长的，但是总会有最适合自己的。认识自己，就是为了清醒地找到自己的长处和短处。

（四）有自信才会有成功

人的一生所达到的高度，不会超过自己自信可以达到的高度。如果拿破仑认为他的部队攀不过阿尔卑斯山，那么他的部队就永远也不可能攀得过阿尔卑斯山。创业者必须有坚定的信心，才可以达到梦想的目标。

自信是创业者走向成功必备的心态。“自信者不疑人，人亦信之；自疑者不信人，人亦疑之。”对自己创业的能力和企业的未来充满信心，别人也会相信你，愿意和你走到一起，共同奋斗。一个不自信的创业者，是不会给别人带来信心的。

（五）找到优势就找到了信心

美国盖洛普公司前董事长唐纳德·克里夫顿博士说过：“在成功心理学看来，判断一个人是否成功，最主要看他能否最大限度地发挥自己的优势。”每个人自我价值的实现都来源于对自身价值的认定，而人的自信来源于自己的优势。可见，正确地认识自己，在人的一生中有多么重要。找到了自己的优势，就找到了自己的信心。

⊙ 企业家提示

在创业前问问自己：我是谁？我想干什么、能干什么？我喜欢什么、擅长什么？我哪些方面是弱项？找准自己的定位，客观冷静地分析自己，深刻清醒地认识自己，对创业者非常重要。

盖洛普倾其一生的研究，发现了人才成功的定律，他的“成功定律”就是：“找到你的优势，然后再放大你的优势。”几乎每一个成功的人，都是在自己喜欢或擅长的领域里，把自己的优势发挥得淋漓尽致。

二、你要成为谁

第二步是规划“未来的自己”——未来自我发展的理想状态。未来的我应该是怎样的？作为企业家我应该具备哪些素质？我发展了哪些品格？除此之外，创业者需要确定自己的发展目标，确定创业者在未来应该具备的能力。

（一）找出你的偶像

一个人能够成为什么人，是因为他相信自己能成为什么人。如果相信自己能行，那就一定能行。《诗经》里有这样几句诗：“高山仰止，景行行止。虽不能至，心向往之。”应该说，在每个人的心里都有自己所向往的东西和自己所崇拜的人，那么，你自问：你最崇拜谁？你将来要成为谁？人们说：榜样的力量是无穷的。你崇拜谁，喜欢谁，就会自然而然地去学习他的一切，关注他的一切。榜样可以给你一种激情，而模仿和学习，就是你成为

他的开始。就像学习书法和绘画一样，都是从描红临摹开始最初的学习。

（二）创业需要对成功有饥饿感

成功还需要一点饥饿感、一点渴望。就像一群人中第一个闻到饭香的，一定是最饿的那个人；一群人中最成功的，一定是最想改变自己命运的那个人。因此，只有当人渴望成功时，才可以得到成功。

⊙ 企业家提示

一个创业者，最大的忌讳就是没有激情。没有激情的人，也很难有进取心和创造力；没有激情的人，是与成功无缘的。有没有明确的目标和方向，对创业者来说是至关重要的。

（三）激情成就梦想

创业者唯有找到自己的人生目标，找到自己最希望成为的人，并且由内心深处生发一种要成为偶像的激情，才会焕发出自身的活力。唯有渴望创业成功的激情不绝，在变幻莫测的创业历程中保持清晰的方向，才会充满活力地成就创业梦想。

【案例学习 1-14】　　成功的学长成了他的偶像

德迈克1981年毕业于波士顿学院并获得金融学士学位，他最初创办华尔街游戏公司，主要是因为深受母校培养的商业巨子的影响，看到他们被母校的杰出企业家协会吸收为会员。德迈克在自己的公司开办时说：“我想跟他们一样涉足商界，当我刚从学校毕业时，没有足够的钱来开办自己的公司，所以我选择了经纪人行业；六年后，我意识到是时候了。但是做什么呢？我注意到绝大多数的企业家都不会做他们不了解的事情。这样，就选择了我最熟悉的金融市场。”

1987年，他当时看到学校里大多数学生都在学习理论课程，他们学的跟实践毫不相干，而这些学生又确实需要进行实践锻炼。于是他设想设计一个软件系统，可以让学生发挥潜能，在虚拟的环境下接受财务报告，与经纪人洽谈，订购股票，和现实的操作一样，但是都不使用真钱。他把这个想法付诸实践，于是生产了一种典型的类似计算机游戏包的盒子。他认为这种模拟股票交易的产品，一旦价格合适，就一定会有市场。到1990年，公司已经盈利了720万美元。

华尔街游戏公司最初的市场构想就是向零售店或者大学推销模拟的证券交易游戏，现在又推出了全国性的“扩大你的投资”联赛。公司创办者，也就是德迈克董事长正在不断开拓新的业务。

（四）物以类聚，人以群分

和什么人聚在一起，就会成为什么人。创业者如果想要创业成功，那就要多与成功的企业家为伍，而不要与失败者、悲观者为伍。如果身边没有成功企业家或者创业导师，那可以多去阅读成功企业家写的书，在书中与他们的灵魂相交，他们那平和的心态和世界观、价值观，以及对待失败和挫折的乐观淡定，都会在潜移默化中影响你、感染你。

（五）近朱者赤，近墨者黑[①]

"近朱者赤，近墨者黑。"这句话常常被人们用来比喻接近好人可以使人变好，接近坏人可以使人变坏。创业者要成为谁，就要向谁靠近。久而久之，在潜移默化之中，就会被同化。

> ⊙ 企业家提示
>
> 虽然目前大学生创业失败有缺乏职业经验的原因，但是，创业需要的职业积累不仅仅有职业技能、学识、意识，还包括相应的资源、人脉、经验和渠道的积累。

三、如何拉近你与心中目标的距离

图 1-6 为拉近与心中目标距离的过程。

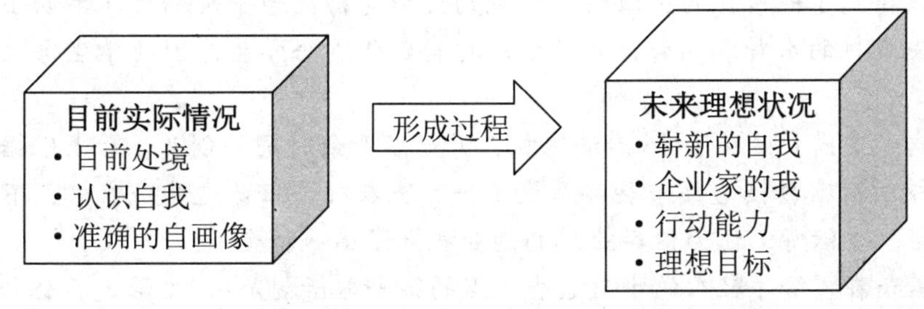

图 1-6　拉近与心中目标距离的过程

（一）用成功者的心态处事

如果一个创业者立志要成为一个优秀的企业家，那么从今天开始，就要用一个企业家的心态、思维模式和眼光来学习、观察、分析处理身边的人和事，并且要用企业家的标准要求自己，从思维方式到心态，都要向他们学习，就好像已经成为了成功的企业家一样。

---

① 晋·傅玄《太子少傅箴》："故近朱者赤，近墨者黑；声和则响清，形正则影直。"意思是靠近朱砂的变红，靠近墨的变黑，指客观环境对人有很大影响。

（二）做好迎接挑战的准备

成功从来就不会是一蹴而就的。创业者一旦已经明确了创业的目标是什么，那么不管这个目标多么难以达到，也要认为自己已经拥有了，只不过正在取得的路上。如果拥有了这样的心态，就会进入一个可以最有效帮助创业者实现愿望的状态，从而逐步接近目标。

（三）机会永远靠自己创造

从来就没有救世主，一切都要靠自己的努力。创业者只有把现在的自己和目标的自己比较一下，看看距离在哪里？差距有多大？把这些差距变成动力，一天天、一点点地缩短与目标的距离，最终就能实现创业的愿望，只要坚持不懈地努力，就一定可以成为成功的企业家。

【案例学习 1-15】　　廖文辉和他的刷卡洗衣机

廖文辉生长在一个单亲家庭里，从小跟奶奶生活在一起。2009 年考上大学以后，因为家里条件困难，生活费和学费都没有着落。

廖文辉入学后，发现学校的宿舍里没有洗衣机，而同学们在遇到冬天和大件的衣物时，很希望能有可以洗衣服的设备或者服务机构。于是，他找到学院辅导员，申请自己来购买洗衣机，并实行用刷卡洗衣机来解决收费问题。

这个提议得到了他所在的上海科技学院的大力支持，为了鼓励大学生创业实践，学院特意免除了洗衣机的水费和电费，只是要求把补贴优惠给学生，因此学生每次洗衣只需要三元钱。

廖文辉向亲友借款购买了 15 台洗衣机，开始了业余时间的创业。后来根据洗衣机的发展，他在全校所有宿舍楼的每一层都添置了一台洗衣机。正是这些洗衣机，不仅帮助廖文辉赚来了学费、生活费，还为他毕业后的创业积累了第一桶金。

比尔·盖茨在《给年轻人的十句忠告》里的第一句话就是："生活是不公平的，我们必须去适应它。"可见，机会永远需要自己来创造，天上是不会掉馅饼的。

四、清理你的通讯录

已故的管理学大师德鲁克有一句名言："清理你的人脉就像清理你的衣柜一样，将不合适的衣服清出衣柜，才能将更多的新衣服放入衣柜。"

（一）交友要有取舍

俗话说：一个好汉三个帮。意思是说，有本事的人也需要别人的帮助才可以把事业做

好。现实中大多数人都是“在家靠父母，出门靠朋友”，在社会上、在人生的每个阶段、在每个人的身边，都会有朋友的身影。但是，“近朱者赤，近墨者黑”是说跟红色靠近会变红，靠近黑色会变黑，因此，有选择、有取舍地交友，对一个人的成长很重要。

人的一生中，不断面临着取舍的问题，孟子曰：“鱼，我所欲也；熊掌，亦我所欲也，二者不可得兼，舍鱼而取熊掌者也。”为了实现创业目标，就必须舍去一些朋友，多腾出时间来为自己的创业梦想而努力奋斗。

（二）交友须胜己

当创业目标确定以后，就要分清哪些人是与目标一致的，哪些人是与目标相悖的，必须做到“道不同不相为谋”，不要浪费宝贵的青春，要惜时如金。一个人的精力是有限的，只有把有限的光阴专注在自己的创业目标上，才可以实现创业成功。孔子曰：“交友须胜己，似己不如无”，多与成功的企业家接触，时间长了，你也会是一个企业家。

（三）密切联系你的客户

在创业者决定创业以后，就要时时关注市场的发展变化，与目标顾客保持密切的联系，竭尽全力地工作，创出令人信服的业绩，致力于维护好稳定的客户群体。

> ⊙ 企业家提示
>
> 创建公司时必须投入全部的精力，任何人都不可能只拿出一部分时间就可以把企业做好。在创业的初期，时间永远是最稀缺的资源。即使是周末，你也无法与家人和朋友分享快乐，甚至还要放弃你喜欢的娱乐活动。

（四）靠近你的目标市场

开始创业以后，创业者就要把全部精力都放在市场和顾客身上，只有靠近市场，才可以找到市场的需求；针对市场需求而生产的产品和服务，才会有人购买；有了顾客的购买，才有可以维持企业生存下去的利润，点点利润的积累，就是未来的财富。这就是为什么企业家都要把顾客看成是企业的上帝的原因。

（五）立身成败在于所染[①]

同市场有关的、同信息有关的、同业务拓展有关的人会成为创业者的新朋友，因为开始了创业的新生活，也会有一群同样创业的人加入到创业者的朋友群体里，这也是“物以

① 立身成败在于所染：意思是说一个人的人生成败跟他周围的环境息息相关。语出唐朝名相魏征谏太宗《十渐不克终疏》：“立身成败，在于所染，兰芷鲍鱼，与之俱化，慎乎所习，不可不思。”

类聚，人以群分”的道理。有共同语言的人，会自然而然地走到一起来。

（六）一寸光阴一寸金

从创业者立志要成为企业家开始，要没有节假日和业余时间的概念。创业者 365 天都在工作，这是常有的事，因为创业是在为自己工作！创业就是快乐并忙碌着。

⊙ 企业家提示

西班牙著名作家塞万提斯说过：“重要的不在于你是谁生的，而在于你跟谁交朋友。”多跟成功的企业家在一起，或者多读成功者亲自写的成功历程、创业指导、自传等，相信在不久的将来，你就会和他一样获得成功。每个人的内心都蕴藏着巨大的能量，都有可能成就一番了不起的事业，关键在于他是否相信自己可以做到、是否采取了行动。

五、创业前的心理准备

（一）创业过程需要忍耐

生物学家巴斯德说过：“告诉你使我达到目标的奥秘吧，我唯一的力量就是我的坚持精神。”没有人可以随随便便成功，没有一个人的成功是一帆风顺的。创业初期的独立和自由，是和寂寞紧密相连的，但是当创业成功者遇到挫折时，总是充满信心地忍耐和等待事业光明的到来。

（二）遇到挫折需要信心

创业历程也与四季一样，既有高峰低谷，也有暖春寒冬。记得一位诗人说过：“冬天到了，春天还会远吗？”成功的创业者在战胜各种困难和坎坷的过程中，总是用“天将降大任于斯人也，必先苦其心志，劳其筋骨”来鼓励自己坚持下去，于是，心智得到了提高，品格受到了考验，意志也更加坚定，在克服和战胜困难的过程中成就了完美而成功的事业。

（三）成功需要毅力和坚持

如果立志命运从创业开始改变，就要咬定目标不放松，矢志不渝地付出努力，这样就一定会得到回报。有思路才会有出路，有作为才会有地位。人首先必须敢想，其次必须敢做，人生才会改变，理想才会实现。如果没有播种，就永远也不会有收获的果实。

【案例学习 1-16】　创业初期的心理挑战

蒂姆·德莫罗在27岁时，辞掉了年薪17.5万美金的工作，投入100万美金，开办了华尔街游戏公司，数年后他取得了成功，净资产比率[①]达到40%，但是，当他回忆起创业的历程时，他感觉到经历了每一个公司创始人刚开始都要经历的过程——极度的孤独。

他说："创业是一种生活方式，它不是工作，也不是职业，而是一种生活方式，我是为一种成就感而创业的。"最现实的困境是，成就感的实现是需要时间的，而好多创业者就是在这个缺乏成就感的时期失败的。新建企业的种种问题（如营销、会计核算、广告等），对于创业者的自信来说，都是挑战。这段时期就像一个人在暗夜里独行，没有外界的肯定，没有别人的帮助，感情世界很难平衡。可以说，在创业初期，是创业者感到最孤独的时候。

为了保持心理平衡，德莫罗说他总是一遍又一遍地琢磨以后的构想，很少去回顾以前的事情。对未来的构想给了他信心，告诉他自己应该继续下去。

他成功了，但他说，创业初期是一生中最孤独的一段时光，那时的孤独确实是一段不平凡的企业家的心理经历，但他坚持下来了。

（四）成功需要胆识和魄力

所有成功的企业家，并不是因为具有天生的才能而成功，而是因为具有过人的勇气、坚定的信念、执著的精神、不屈不挠的意志，才会在历经风雨之后，取得创业的成功。一个创业者想要成功，应该具备胆识和魄力。

⊙ 企业家提示

通常人们认为新办企业要么是大多数失败，要么是少数人迅速壮大。通过对创业者成长历程的调研结果显示，这个观点是不全面的。事实上，企业的成长是缓慢的，在竞争中站稳脚跟所需要的时间更多的是十年，而不是两年。

这意味着每个企业在成功的历程中，几乎都经历过失败，但是一次失利并不代表最后的失败，一旦这些创业者可以克服这些困难就还有东山再起的可能，在这个时候放弃，就会直接导致创业失败。

---

① 净资产比率=净资产/总资产=股东权益总额/总资产，一般情况下，在企业开办初期，净资产等于实收资本，总资产由净资产和负债构成，可直接从企业利润及利润分配表中取得，净资产比率的高低与企业资金实力成正比。

第五节　创业与目标管理

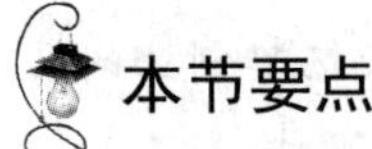

本节要点

使学生明白聚焦一个方向努力的重要性，通过反复的实践获得真知，尤其是创业，更需长期的付出和坚持才有可能获得成功。

目标能创造神奇的力量，很多同学大学时代碌碌无为，就业后的数年频繁跳槽迷失方向，最核心的原因是缺失目标。

作家格拉德威尔在《异数》一书中指出："人们眼中的天才之所以卓越非凡，并非天资超人一等，而是付出了持续不断的努力。1 万小时的锤炼是任何人从平凡变成超凡的必要条件。"这就是著名的"一万小时定律"。英国神经学家 Daniel Levitin 也认为，人类脑部确实需要这么长的时间，去理解和吸收一种知识或者技能，然后才能达到大师级水平。顶尖的运动员、音乐家、棋手，皆是需要花一万小时，才能让一项技艺至臻完美。

沿着一个方向努力，1 年可以入门，3 年可以精通，5 年可以成为专家，10 年可修成大师。

一、目标创造奇迹

一旦有了目标驱动，年龄、性别、专业这些常规的条件约束都将不再是成功的障碍。大学时代学习的目的大多是为了学分和应对考试，知识始终不能被有效组织起来，并得以有效运用转化为成果。而且，如今知识更替的速度越来越快，大学课堂的知识更多的是一种入门和启发，大量的实用知识和当下的主流技术更需要同学们借助互联网自学获得，或者在企业与社会的真实环境中学习掌握。

所以目标变得尤为重要，这是真正将知识转化为真知，将知识转化为成果的关键第一步。

【案例学习 1-17】　　15 岁少年的智能发明

15 岁的 Kenneth Shinozuka，是一名美国的初中生。不幸的是，他的爷爷得了老年痴呆症，不认人也不认识路了。在他 4 岁时爷爷就曾在公园散步后失踪，发展到后面他爷爷半夜里常常会自己下床到处走动，以至于出门后迷路了，要发动全家找人。这样的情况发生了三十多次。

后来在一个晚上，正要起床的爷爷给了他灵感，为什么不在他的脚底放一个压力传感器呢？当脚着地时，传感器就能检测到体重造成的压力，然后利用无线传输警报信号给看

护人，这样就不用时时盯着他了。

有了这样的明确目标后，他便开始着手设计产品，并在网上自学了当下流行的主流技术。首先是利用电子墨水技术打印了薄膜式传感器，使得按钮超薄适用于袜底，并自学了低耗蓝牙技术，使用纽扣电池来驱动。

最后一步是向手机发通知，也就必须要用手机 APP。Kenneth Shinozuka 自学了 Xcode 和 Objective-C，自己动手做了一个苹果 APP。

他的第一双袜子穿在了爷爷脚上，一年时间里成功捕获了爷爷超过 900 次的发病情况，几乎是 100%的准确率。他的故事被媒体报道后，美国许多护理院开始找他试用这些设备，大大提高了医院的看护效率，事实上这种病人与家属的痛苦折磨着 4 000 多万个家庭。2011 年的数据显示，全球每 7 秒就会新增一位老年痴呆症患者，因此，这种设备有着广泛的应用前景。

Kenneth 说他永远忘不了这双袜子第一次检测到爷爷下床的时刻所深切地感受到的科技的力量。这是让生活更美好的力量，人们可以健康快乐地生活。

在没有目标前，Kenneth 只是美国普通的一名中学生，正是明确的目标促使一名 15 岁的中学生在短时间内自学掌握了大量的最新的智能技术，研发出了令人惊叹的产品。

【案例学习 1-18】　19 岁少年发明意念操控假肢

美国科罗拉多州的 Easton LaChappelle 是一名机械迷，在他 14 岁的时候，因为觉得机械手臂很酷，所以开始制作机械手臂。于是，在没有任何电子、编程、机械方面知识的基础下，他开始了这项不可能完成的任务。在之后的几年，经过他不懈的努力，在他的车库里，一只以遥控手套控制的机械手臂诞生了。第一代机械手臂的关键功能是这样实现的：他用乐高积木搭出手，用钓鱼线和手术软管做手指，用五个独立的伺服机控制手臂动作。这个机械手臂让 Easton 获得了 2011 年科罗拉多州科学展第三名。

而这仅仅是一个开始。之后他自己重新设计了新的模型，并得到了当地一家知名工厂的技术支持，机械手臂完美了许多，特别是在手掌部分有了很大的提升。新的机械手有和人类相类似的指关节，每一节手指都能够弯曲。安装在手腕内部的小电机能够通过类似鱼线的钢丝牵引手指进行活动。

后来 Easton 在科罗拉多科技博览会上，遇到了生来没有手臂的 7 岁女孩珍妮，并从其父母口中得知：这套植入珍妮脊髓的义肢花费了 8 万美元。他难过地发现，随着女孩的成长，义手也需要不断地替换，这对女孩的家庭是一项沉重的负担。小女孩的事情对 Easton 启发很大。17 岁的 Easton 说，我发明的义手只要换个思维就能造福很多很多人。他的使命就是要做出功能性强又能使普通家庭负担得起的机械手臂。

5 年的时间里，Easton 做了无数次的试验，经历了各种失败和错误。之后受一款简易游戏的启发，终于成功发明了脑波控制的机械臂 Anthromod。

“它能够读取大脑的大约10个信道，所以它的运行方式有点像肌肉传感器，它会读取从大脑中放出的一些小信号，然后将其转化成软件可以读取的东西，我们实际上会跟踪分析不同脑电波代表的意义，并尝试将其转化成某一特定动作。”Easton 说，“所以，根据这一模式我能够通过脑电波来实现握手或张开手的动作。”

要控制这些脑波，假手还需要戴上一种无线式的头戴装置，不过操作起来其实非常容易。一位截肢者使用无线脑波头戴装置来控制假手，在10分钟之内他就学会了如何顺畅地通过意念来使用机械手。Easton 还在操作机械手的算法中加入了让用户选择更大或者更小重量的选项，使得用户使用起来更加直观。

Easton 称整个 Anthromod 的制造成本大约在600美元，而且所有的设计都是开源的，便于人们在此基础上进行修改以使其适用不同的情况，例如截肢或遗传缺陷等。这位少年发明家并没有将这一革命性的发明据为己有，他已在网上公开了程序代码，这意味着任何人都能通过网络下载，而将机械臂通过3D打印机打印出来。

Easton 说：“尽可能简化并开源这个设计的原因是，我们希望人们只需要有一台3D打印机、略具3D打印经验，就能够将其复制出来，甚至可以通过修改将其用于新的应用。这样的情境是非常让人激动的。”

Easton LaChappelle 斩获了国际科学工程大赛的二等奖，被 NASA 邀出工作，还见了奥巴马。

千万不要以为目标只对少数天才创客才起作用，它其实对每个人都适用，无论是用于学习还是创业。我们中的一位创业导师袁雪峰就目标问题最近在他自家读小学二年级的孩子嘟嘟身上做了一个实验，成果特别明显。孩子放学回来之后作业很多，语文、数学等各种作业，做这些作业的过程中虽然积累知识但不能转化成能力，知识没有被咀嚼过，没有味道。

有一天袁雪峰导师给孩子做了这样一个测试。他们家养了只小仓鼠，到冬天它就不怎么动了，他问孩子：“你知道仓鼠到冬天为什么要冬眠吗？”孩子从来没有想过这个问题，很好奇，因为小仓鼠到冬天全部躲着不出来了，孩子不知道为何，因为他没有解答的方案。他就对孩子说：“你按 iPad 按钮，你问它，网页搜索仓鼠为什么冬眠？”并给孩子示范了一下，“哗”的一下子一堆网页出来，孩子特别兴奋。他就说：“我五分钟以后再来问你，仓鼠为什么冬眠？”结果五分钟还没到，孩子就告诉他“爸爸我知道了，为什么仓鼠要冬眠呢？是因为冬天仓鼠没有粮食，所以它通过睡觉来度过冬天。”其实网络上几乎无所不有，你会发现孩子找到实践方法了，他就能把具体的目标转化成活的知识。

袁雪峰导师随后更进一步问了第二个问题：“为什么玻璃是透明的？”孩子当然不知

道，于是孩子又用 iPad 去找，玻璃为什么是透明的，很快也找到答案。你会发现一个孩子，通过给他的一个器物、一个学习方法，他找到了获取知识的方法，同时把知识转化成真正的能力。袁雪峰导师在第三天的时候给孩子出了一个更难的题目："我们如何从家里到城隍庙去玩，你能不能规划出路线图，哪一天，我们拿着你的路线图走一遍，如果走对了，表示你的功课做对了，你很厉害，如果走错了，我们可以再重新来。"有了目标的驱动，一个七岁的孩子，用 iPad 自学，就能规划出从家里去很远地方的路线。你会发现，其实这就是创客的能力。

很多人觉得找创业项目好难，觉得创业离我们很远，创新似乎也很难，其实不是的，生活中到处是痛点，只是被动式的学习让我们失去了观察和思考的能力。袁雪峰导师每天都会督促孩子刷牙，让孩子自己挤牙膏，往往挤一堆，弄得一塌糊涂，要么就挤不出来。于是他就启发孩子："你有没有觉得刷牙是一件很麻烦的事情，牙膏牙刷老是配合不好，用力用不好，挤半天挤不过来，有没有办法能把它变得容易一些？"孩子一边刷牙一边想，想了一会儿突然说："爸爸我想到办法啦！要是把牙膏牙刷连在一起，柄上是牙膏，头上挤一下，牙膏就可以出来啦，那我刷牙不就简单多了嘛。"

多棒的主意，这是一个 7 岁孩子的创意，在连续几天的目标思维方法引导后，改变开始出现。而如今，袁雪峰导师开始帮助他的孩子动手实践他的想法，开始了小小创客之旅。

这就是创客的开始，你会发现生活中处处是痛点！其实真正的创客是没有边界，没有年龄的大小，没有地域的限制，没有性别的强弱，一切的开始都是源于目标。

⊙ 企业家提示

5 年是一个神奇的数字，如果每天 8 个小时，每周 5 天，5 年就是 1 万小时，我们看到很多人突然成功了，其实不知道他们背后付出了长期的努力和坚持，比尔·盖茨 13 岁时有机会接触到世界上最早的一批电脑终端机，开始学习计算机编程，7 年后他创建微软公司时，他已经连续练习了 7 年的程序设计，超过了 1 万小时，事情的一开始也许是因为兴趣，但最后的成功靠的是沿着同一个目标的坚持。

不管你做什么事情，只要坚持 1 万小时，基本上都可以成为该领域的专家。

二、目标改变心态

（一）对待工作的两种心态

工作中总是有两种人：一种是为老板打工的人；另一种是为自己工作的人。

前者缺的是长远目标，眼里衡量的标准更多的是钱，老板给多少钱，他就做多少事，无利不起早，讲求即时回报。我们更愿意称他们为“钟点工”，他们一生的价值基本上可以直接用时间乘以工资计算，他们永远不可能成为企业家或创业者，因为他们忍受不了创业漫长的投入期和失败的风险，他们之间的区别仅在于选择打长工还是打短工，最短的短工是按小时计算和当天回报的，就像肯德基钟点工每小时 8 元，好一点的按周结算，大部分人都选择按月来兑现他们的回报，只要回报少了、减了或者没有按月兑现，马上就会表现在脸上，对抗在行动上，用双脚投票，因为他们工作是为了别人。

有的人成为了后者，他们愿意花上一年来实现自己的目标，用成果来对价回报，他们成为拿年薪的职业经理人，更有少数的人愿意花更长的时间、更多的投入来证明他们的梦想是可以实现的，他们终能成为企业家。对这些人而言，投入工作的时间多少已经不重要，他们不以时间赚取工资，他们靠成果证明价值，也正因为如此他们比普通人更努力，更勤奋，愿意付出，面对困难有更坚定的意志力，大量优秀的职业经理人和创业者们每天工作的时间超过 12 小时，剩下的时间也往往和工作有关联，即使打高尔夫也是在拓展人脉。

事实上，从获得第一份工作开始，目标已经决定了你未来的职业之路能走多远、走多高。

我们可以不花一分钟的投入立马获得一份月薪 1 000 元的洗盘子工作，我们也可以花两个月学会理发，成为月薪 2 000 元的理发师，甚至花 6 个月的时间学习，成为月入 5 000 元的大厨，不过想象一下，如果可以用天和月来实现的目标，能走多远？现实中那些让我们惊叹的成就绝大部分都超越了月的概念，刘谦的春晚“硬币”魔术苦练了两个月，杨丽萍潜心两年创编了《云南印象》，王老吉从 1 亿元到 100 亿元的销售额增长用了 6 年，北京鸟巢建设了 7 年，中国共产党创建新中国奋斗了一代人。有许多高不可及的成就甚至超越了生命的极限，梵高去世后 47 年才被世人誉为“不仅是一个伟大的画家，而且是一个出色的作家与哲学家！”一个世纪后一幅《鸢尾兰》售价达 5 400 万美元，曹雪芹逝后三百年，《红楼梦》被广为流传成为文学经典。

可笑的是，我们身边大部分人从小学开始，花费了 15 年甚至更长的时间用来学习，毕业一旦投入工作后，就迫不及待地要求回报，在一个很低的层面上重复着简单的工作，渐渐忘却渐渐远离了自己当初的梦想，最后习惯了当一名“钟点工”，一晃几年过去了，还在原地踏步，度年亦如度日，蹉跎岁月无数。

（二）享受你的事业

对事业没有追求和目标的人，对待工作仅仅是种谋生手段，他们工作和生活经纬分明，一讲到生活立马联想到郊游、美食、家人、好友，美不胜收，一想到工作，辛苦乏味，痛苦不堪。他们在工作中体验不到成长和快乐，愤愤不平，永远觉得自己的工作回报太少了，想尽办法逃避付出，稍有些委屈，这种感觉就会愈发强烈。

实际上，正是因为仅把工作当作任务，没有全力投入，能力的提高也极其有限，特别是对责任的理解，他们不太会主动承担责任，主动帮助团队拿到成果，所以很少能获得重用提拔的机会。工作能力的提升开始是来自简单工作的重复，更大的提升则是来源于不断解决新问题能力的积累，如同一个医生，总是看感冒，把复杂的病症推给别的医生，那么时间再长，他的水平也是不会提升的。如果你期望能力突飞猛进，那就需要挑战和突破你的职业极限，这很像体育竞技中体能的提升，你只有每次跑到筋疲力尽、每次比上一次多跑 100 米，你的体能和耐力才能快速提升。我们在电视上看见刘翔在比赛中破了 12 秒 88，非常伟大，其实并非他这一次全力以赴了，而是在平时的练习中已经无数次突破了 12 秒 88，想要在竞技场上保持巅峰状态的秘密就是把每次练习都当成是决赛，让打破纪录成为一种习惯。我们再来看看身边的同事，特别是业务人员，有多少是把突破自己或团队业绩纪录作为习惯的？所以也注定了大部分人都是平凡的人。

工作在我们的一生中会占据 1/5 甚至更多的时间，既然我们无法绕过，又为何不能化敌为友，热爱我们的工作呢？世界上几乎所有伟大的成就都来自于对事业的热爱、对命运的挑战。梵高对生命、阳光的狂热诞生了《向日葵》，他创作的巅峰状态是在他逝世前的最后两年，而这两年是在精神病院度过的；贝多芬在失聪的情况下写下了不朽名作《第九交响曲》；霍金 21 岁时就不幸患上了会使肌肉萎缩的卢伽雷氏症，甚至演讲和问答只能通过语音合成器来完成，却写下了著名的《时间简史》。任何事业的巅峰状态都不是出于对金钱的追求，那些陷入狭隘的得失观，还在计较是否加班少发了工资的人是永远无法成为真正的大师的。各个领域内的大师们无一不是对工作、对事业存有发自内心的热爱甚至狂热，你如果不热爱你的工作，你的一生注定将平淡而终。

（三）把目标刻在石板上，把计划写在沙盘上

目标是一切的源头，人生应该以终为始，不要担心自己的目标太大太夸张，一切皆有可能实现，怕就怕你没有为自己规划未来。

每个人内心都是有成长的渴望的，但对未来茫然和害怕，需要启发和指引。一个人如果坚持朝一个方向持续努力，力量是非常可怕的。我曾在一家公司做过一个关于“目标与承诺”的分享，当时还让部门内的成员每人邀请一位其他部门的同事来见证承诺，方法很简单，把可量化的愿望或目标写在纸上，大声分享给到会的每一个人，并且承诺如果做不到会如何惩罚自己。在会上同事们表达了各种各样的愿望，有人想两年结婚，有人想三年买房子，有人想未来有自己的公司，看得出来公开承诺的力量是巨大的，会后他们真的开始认真地思考如何达成这些已经公开承诺的目标，把目标转变成了行动力。

我当时也分享了我的愿望和实现的计划，我一直痴迷于营销战略，这是种很神奇的能力，能够左右企业生死，扭转市场乾坤，我期望自己 10 年后能成为营销战略的专家，下定

决心长期专研此道。商场即战场，学习战争最好的老师来自于实战，为了达到快速提升的目的，我还给自己制订了一个特殊的行动计划：每年无偿地帮助 5 家企业，帮助他们突破营销、战略、品牌、团队上的瓶颈。这招果然奏效，虽然一开始我很热情地凑上去，却被别人白眼，但持续的努力终有回报，现在我已经帮助了多家企业，有的因此业绩倍速地成长，带给我的经验和成就感不是金钱可以替代的。

第一次成功的经验是在 2007 年中秋前的一个月，我在聚成听课的时候认识了一家月饼加工厂的老总王晨，他们做月饼代工，产品供给 85 度 C、克里斯丁等品牌，年销售近亿元，却苦于没有自己的品牌。课上了一半，我一直在想他的工厂如何突破，突然灵光一闪，我把我的想法写在了小纸条上递给他，看得出来当时他就兴奋不已。我在纸上写："可以开创一种新的月饼品类，与传统月饼形成差异，从而构建全新的品牌，建议做成拇指大小可以一口一个的迷你月饼，取名叫'一口香'月饼。"他如获至宝，当天就回去和研发部同事探讨可行性，最后采纳了这个建议，把这种月饼卖给了小学、幼儿园，结果中秋一轮这个单品就创造了 300 多万元的利润。

如果真的想要成长，那么请把目标刻在石板上，把计划写在沙盘上，沿着一个方向持续地努力，每天进步一点点。

（四）人生是一种修炼

人生其实就是一种修炼，无论你愿不愿意，你的生命都在逝去，不要等到古稀之年才感叹还有很多事没有做，还有很多心愿未了，只要坦然面对顺境和逆境，对你都将是一种收获，正如范仲淹所说的"不以物喜，不以己悲"，人生定是种别样的境界。

三、创业与目标管理

美国管理大师彼得·德鲁克（Peter F. Drucker）于 1954 年在其名著《管理实践》中最先提出了"目标管理"的概念，其后他又提出"目标管理和自我控制"的主张。德鲁克认为：先有目标才能确定工作，所以"企业的使命和任务，必须转化为目标"。如果一个领域没有目标，这个领域的工作必然被忽视。

（一）目标管理的具体做法

目标管理的具体做法可分为三个阶段。

第一阶段为目标的设置。可以细分为以下几个步骤。

（1）企业管理层根据企业的使命和长远战略及内部资源情况提出目标讨论案，并与执行部门达成基本共识。

（2）确定组织结构和职责分工。明确目标执行人、责任者。

（3）分解目标到具体职能部门。

（4）明确期限、需要的资源、奖惩措施，达成书面共识文件。

第二阶段为实现目标过程的管理。目标管理重视成果导向，建立检查机制、检查人、措施和补充措施。

第三阶段为测定与评价所取得的成果。达到预定的期限后，上下级一起考核目标完成情况，兑现奖惩。

（二）目标制定的基本原则

1．有挑战性

目标要有一定的压力，必须要跳一跳才能够到的那种。

2．明确时间期限

一定要有明确的时间期限来管理它。

3．量化指标

对预期的成果，应该有一个明确的量化指标，如营业额、利润、满意度、粉丝量等。

4．可实现

制定目标要符合常识，要能够实现。

5．建立考核与奖惩机制

没有考核与奖惩机制，就如同没有探头和警察的斑马线，执行必将没有力度。所以必要的检查和考核是保障成果的重要手段。

思考与训练

1．认真填写表 1-1，同时让了解你的家人和同学也给你写一份，互相打分，看看你的自我认识和你在他人眼里的印象是否一致？这样会帮助你正确地认识自己。

表中：5—非常符合；4—比较符合；3—一般；2—比较不符合；1—非常不符合。

表 1-1　正确认识自己分析表　　姓名：　　日期：

	详 细 内 容	符 合 程 度
优　　点		5 4 3 2 1
缺　　点		5 4 3 2 1
综合评价		5 4 3 2 1

2．你想在未来如何描述你的一生？你将来要成为什么样的人？认真填写表1-2。

表1-2　创业者思考表　　姓名：　　日期：

描述一下现在的你		满意度 满意 A 一般 B 不满意 C
描述一下未来的你		自信度 自信 A 一般 B 不自信 C
列出你要联系人的名单	姓名　目前职业职务　电话　地址 1. 2. 3. 4. 5.	

3．认真填写表1-3，并且保存起来，到既定日期对比一下为了实现这个目标，应该多联系什么样的人呢，一定要明确，越详细越好。

表1-3　人生规划设定表　　姓名：　　日期：

	五年后达到	明年达到	今年达到	本月达到	本周达到
生活目标					
家庭目标					
教育目标					
经济目标					
个人发展					

4．阅读以下案例并回答问题。

不甘平庸 自主创业

刘尊众在大学里学的是经济管理专业，毕业后顺利地到一家企业办公室做起了文秘工作。这对有理想的刘尊众来说，感觉不是他想要的生活，于是他辞职离开了企业，走上了自主创业的人生之路。

刘尊众在创业前，曾经在多个行业打过工，但唯独在澡堂中看到一位修脚工为患者解除了痛苦，并赢得了赞许之后才深感修脚这个普通的行业其实是人们生活离不开的。通过拜师学艺，他掌握了修脚的技能。于是，他便用仅有的 180 元同房东商量借用一间房子，开办了他的第一家“瑞德脚病防治所”。

与其他修脚师傅不同的是，刘尊众是一名学习经济管理专业的大学毕业生，他把经济管理的知识运用到了创业中，如今的刘尊众不仅拥有 7 家连锁店，还培训了 2 000 多名来自全国各地的学生，并帮助这些学生中的好些人也走上了自主创业之路。

现在，刘尊众在西安又开办了全国第一家脚病专科医院，还热心参与公益事业。目前，刘尊众的事业，在他自强不息的努力下，已经走上了一条日渐兴旺的发展之路。

学习案例并分成 3～5 人的小组讨论以下问题。

（1）刘尊众的创业属于哪种类型？

（2）创业项目成功与否，关键取决于哪些因素？

（3）学习经济管理的刘尊众去开修脚店，是不是“不务正业”？他后来开的连锁店、职业培训、脚病专科医院，与他本人大学所学专业有关吗？

（4）你怎样看待创业项目与所学专业的关系？

⊙ 企业家提示

任何一个成功的企业家，都是从小处做起，慢慢壮大起来的。困难，原本就没有想象中那么可怕，跨越了困难，就走向了成功。这个世界上至今还没有一蹴而就的成功企业家。

第二章

创业者和创业团队

学习目标

通过本章教学，使学生形成对创业者的理性认识，纠正神化创业者的片面认识，了解创业者应具备的基本素质，认识创业团队的重要性，掌握组建和管理创业团队的基本方法。

第一节 创 业 者

本节要点

使学生认识创业者的基本素质，了解创业者动机及其对创业的影响，注重识别创业活动的理性因素。

创业的行为是在市场经济条件下应运而生的。企业的创建者可以是个人，也可以是团队。通常是一些有着共同愿景和价值观的人，怀着对梦想的渴望而走到一起，形成了最初的创业团队。他们通过对资源和生产要素的重新组合，来开发自己的产品或服务，满足市场上人们的某种需求，这时，企业就诞生了。

一、创业者

创业者并不是特殊人群，具备一些独特技能和素质有助于成功创业。

（一）创业者拥有三种自由

第一是时间自由。创业者是自己时间的主人，因此可以由自己来支配时间，不必朝九

晚五地去上班。但最初的创业者，加班是经常的，甚至要为此放弃自己的业余爱好而专注于自己的事业。

第二是决策自由。创业者是自己活动的主人，在法律范畴内的决策可以完全自由。没有人告诉他该做什么不该做什么，什么是正确的什么是错误的，但是聪明的创业者往往都是善于整合资源、利用外脑的。

第三是财务自由。他拥有的自有资金如何投资、和谁商量、投资什么，可以不受别人干涉自由支配；同时，当他创业成功以后，他在购买物品的时候，可以不受价格因素的约束而仅仅考虑是否需要。

（二）成功创业者的特征

- 自主性强，不愿意受约束，愿意对每件事都有自主权。
- 主动性强，愿意从事有具体目标的各种活动。
- 自控力强，有强烈的成功欲望，可以自我激励、自我管理。
- 善于发现机会，具有很强的商业直觉。
- 善于时间管理，会对时间安排做出取舍。
- 具有创新思维，看待事物的视角与众不同。
- 善于发现问题和解决问题，而不是回避问题。
- 能够客观地看待问题，不怕承认错误。

二、创业者素质与能力

人都是生而知之，大多数创业能力可以通过后天培养而习得。

（一）创业者应具备的素质

- 有强烈的事业进取心，追求出类拔萃。
- 勇于承担风险，敢于做前人没有做过的事。
- 善于解决问题，从不回避问题，而是正视问题。
- 不看重个人地位，只看重企业成功所带来的满足感。
- 具有充沛的体力和过人的精力，充满激情。
- 自信心强，对自己从事的事业充满信心。
- 遇事冷静、理性，不会陷入个人感情纠葛。

小测试　　你是一个创业者吗

1. 追求什么？

A. 安稳　　B. 自由

2. 哪一种情况更可怕？

A. 不知道明天怎么样　　B. 每天都一样

3. 人生更重要的是：

A. 挫折少　　B. 经历多

4. 哪一种情况更有安全感？

A. 有人可依赖　　B. 独立

5. 面对未知的难题：

A. 看别人怎么做　　B. 我试试

6. 哪种情况更容易？

A. 遵守别人的规则　　B. 自己制定规则

7. 遇到问题更倾向于说：

A. 这不是我的责任　　B. 我承担全部责任

8. 更愿意思考什么问题？

A. 有标准答案的　　B. 没有标准答案的

9. 哪一种情况更有优越感？

A. 做得比别人好　　B. 做别人没做过的事

10. 更喜欢哪个头衔？

A. 大公司高管　　B. 小公司老板

【结论】创业者基本更倾向于B类答案。

（二）学会用人是创业者的必修课

都说领导要“用人不疑，疑人不用”，但是，“人尽其才，物尽其用”也非常重要。正如世界上没有完全相同的两片叶子一样，世界上也没有完全一样的两个人，每个人都有自己的个性，都有自己的性格偏好和个性特征。因此，创业者作为团队的领头羊，就要熟悉和了解你团队里每个人的特点，并根据他们的特点来安排他们到合适的岗位上，这就是知人善任。

（三）善于识人是创业者的基本功

对于一个创业者来说，正确的用人之道是要充分发挥一个人的长处和优势，避开其短

处和劣势，知人善任。用人可以按特长领域来任用，也可以根据人的变化特长来任用：同一个人在不同的时期可能表现不同，用人者还应把握人才的最佳状态，充分调动人才的能动性和创造性，激发出下属的潜能，以最好的状态投入到自己的工作中去。

【案例学习 2-1】 在申请人中发现“潜在创业者”

2010 年，张元刚写了一份创业计划书交给了上海市杨浦区 YBC 办公室，他当时的创业项目是要开发一款餐饮管理软件，而且定价是 18 万元～28 万元。当时担任张元刚创业项目初审的是 YBC 导师李肖鸣，恰好李老师开过两家咖啡馆。李老师开在复旦大学东边的 100 平方米左右的咖啡馆，使用的是在网上下载的免费餐饮管理软件；另一个 300 平方米的较大的咖啡馆，使用的是 6 800 元人民币购买的某品牌餐饮管理软件。这 18 万元～28 万元的定价，能接受的企业一定不是中小企业了。但是，一个刚创业的大学生如何去开发这些客户？如何打动和说服他们购买呢？李老师又看了张元刚的简历，里边没有在餐饮企业工作或者实习的经历。于是，她给张元刚发了一封长长的邮件，里边分析了目前我国餐饮管理软件的发展现状，同时她分析这个价位的软件最大的竞争对手是一家美国的 IT 企业，他们不仅占有全国 75%的市场份额，而且是国际知名企业；又分析了中低端市场、免费餐饮管理软件市场等，婉转地告知张元刚这个项目的成功率不大。

就在张元刚的创业申请被“枪毙”不久，恰逢杨浦区创业青年俱乐部成立，李肖鸣老师受邀去给俱乐部揭牌，于是在成立大会那天，李老师问 YBC 杨浦办主任杨航春：“张元刚今天来了吗？”“来了。”“那好，我可否跟他聊聊？”“好呀，我通知他。”就这样，晚饭后，李老师第一次见到了张元刚。从张元刚从事过的行业、过去打工时在的公司到目前还有什么梦想等，李老师同张元刚聊了一晚上。之后李老师找到杨主任说：“可不可以把张元刚的计划书让他修改一下，让我再来审议一次？这次我要给他通过。”“为什么？”杨主任一脸惊讶地问。“因为他就是一个创业者，他不仅具有创业者的热情和潜质，关键是他有强烈的愿望。”在接下来的书面评审和公司面试等环节，李老师认真听取了张元刚团队关于“农产品安全追溯软件”的策划和远景，又让他们当场演示了餐饮管理软件的功能，感觉比其他餐饮管理软件有创新，给予了通过。张元刚于是得到了 YBC 10 万元的创业种子基金。

如今的张元刚团队，不仅在 2011 年上海市政府招标中拿下了“智慧陆家嘴”6 800 万元的订单；还在 2012 年上半年，在竞标中一举打败其他强大的竞争对手，得到了天津滨海新城标的 1 亿元的软件开发项目。

2012 年底，上海泽阳智能科技有限公司 CEO 张元刚，荣获杨浦区 2012 年度“终身学习大使”。他还代表全球杰出青年社区，参加了达沃斯会议，见到了他的偶像比尔·盖茨。

> **⊙ 企业家提示**
>
> 只有一流的人才才可以打造一流的企业。在创业中，创业者的素质要远远重于项目本身和资金。创业者在经营中也应该学会如何选人、育人、用人和留人的本领，团队出击，同舟共济，成就梦想。

三、创业动机的含义与分类

（一）创业动机的含义

创业动机是创业者由于个体内在或外在的需要而在创业时所表现出来的目标或愿景，在创业过程中驱动着创业者行为，激励创业者不断发现问题、解决问题，直至实现自己的梦想。

（二）创业动机的分类

按照马斯洛的需求理论，现实中创业者的创业动机各有不同，创业者的动机也可以分成以下五类。

- 生存的需求。有的人创业为了不依赖他人独立地生存。
- 安全感的需求。有的人创业是为了拥有永远不会失业的安全感。
- 归属感的需求。有的人放弃可以无忧无虑生存的工作，创业是为了拥有更宽广的发展空间和人脉。
- 受尊重的需求。有的人放弃高薪而去创业，是为了过一种更加受人尊重的生活，用自己的能力去打拼属于自己的自由王国。
- 自我实现的需求。有的人干脆在创业成功的时候，卖掉自己的企业，转身去做咨询、做公益、做慈善等，这也是一种追求体现自身价值的生活方式。

由此大家可以看出，如果创业仅仅是为了赚钱，奋斗仅仅是为了当官，这都还不算是真正的成功，因为这样的追求还只是为了满足自己最基本的需求，就算你经过奋斗满足了生理需求（有吃、有穿）、安全需求（有房子、有固定收入）、归属需求（有家、有爱人、有天伦之乐）以及尊重需求（有钱、有权、有势）的时候，你依然还不能算是一个成功者，因为你目前拥有的这一切仅仅是为成功所做的一种准备和铺垫，或者说是一种积累和储备。

⊙ 企业家提示

成功是由一层层的成就积累起来的，也是由于你不断地取得阶段性的成果后而变得越来越自信，追求目标也才会越来越高。

四、产生创业动机的驱动因素

（一）创业者可以通过创业教育培养和提高创业素质与能力

创业者是可以培养的，培养创业者的最佳途径是让他去切实参与一个企业的创建过程，但是现实中这样的培育模式在大学教育体系里并不现实。因此，我们可以通过直接经验和间接经验双重渠道的传授来培养未来的创业者。

直接经验的获得来自创业教育中设置的实践课程，间接经验来自已成功企业家的经验传递。很多现在已经创业成功的大学生，至今认为创业前所学习的关于创业方面的知识非常重要。

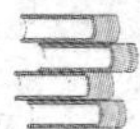

拓展阅读　　德鲁克经典五问

有时间，请静下来思考：

（1）我是谁？什么是我的优势？我的价值观是什么？

（2）我在哪里工作？我属于谁？是决策者、参与者还是执行者？

（3）我应做什么？我如何工作？会有什么贡献？

（4）我在人际关系上承担什么责任？

（5）我的后半生的目标和计划是什么？

（二）创业行为的产生受创业者的动机驱动

创业是寻找、评估和开发机会，以生产未来所需的产品或服务的过程，这一过程会受到人的动机的影响。

根据需求层次理论，准创业者一般会受经济需要激励和社会需要激励而生发创业动机。创业者选择创业的动机受诸多直接和间接因素的影响。

【案例学习 2-2】　　为了妹妹和妈妈可以到福州生活

刚刚二十出头的钱金龙是福建省三明市的一位创业青年，他是从肯德基打工开始起步的。他在肯德基从最底层的员工做到执行店长，用了两年的时间。这时，他觉得可以开始自己的事业了。

当2010年一群企业家创业导师南巡的时候，为了给他的“超人家族”连锁店进行企业诊断，导师们利用业余时间来到他的店里，了解他的经营情况和经营困难。他提出了一个愿望，他说：“我是一个单亲家庭的孩子，我创业的最大愿望就是让我妈妈和我妹妹可以到福州生活，我的店可以开到福州去。”

“到福州去开店”成了钱金龙最大的愿望，这时虽然他已经在三明市的几个镇上开了7家连锁店，但他继续发奋，研发出“潜艇堡”并注册了自己的品牌。

2011年，在福建省企业家导师的帮助下，他的面积为400平方米的“潜艇堡”旗舰店终于如愿在福州开张了！

⊙ 企业家提示

钱金龙的创业行为就是受他要改变命运、改变生活状态的动机所驱动，加上要承担起“要为妈妈和妹妹创造美好生活”的男子汉责任感，他才克服了重重困难，事业越做越大了。

第二节 创业团队

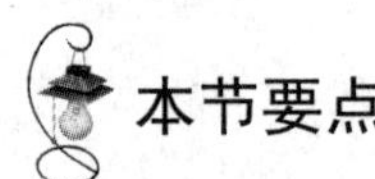

本节要点

使学生认识创业团队对创业成功的重要性，学习组建创业团队的思维方式及其对创业活动的影响，掌握管理创业团队的技巧和策略，认识创业团队领袖的角色与作用。

一、创业团队及其对创业的重要性

创业团队是由两个以上具有一定利益关系、共同承担创建新企业责任的人组建形成的工作团队。

创业团队是团队而不是群体。团队中成员所作的贡献是互补的，而群体中成员之间的工作在很大程度上是互换的。

二、创业团队的优劣势分析

与个体创业相比较，团队创业具有多方面的优势，对创业成功起着举足轻重的作用。

创业者可以依靠团队的力量，展示自己超凡的领导力。但创业者应该学会的首要管理技巧就是“让合适的人做最合适的事”。

（一）互补型合作伙伴

对一个企业家来说，最难的事有两件：一是寻找到能够胜任业务的人；二是寻找到可以信赖的人。如果你能与可以信赖的人在一起合作，而他又可以处理重要的业务，那么无疑你们将是最好的拍档，他可以助你一臂之力。而经验表明，如果一对能人要在一起工作，那么关键的一点就是：这两个人必须是并列的关系，不应让团队中的两个能人做同一类事。最好两个人是互补型的。

（二）多用外脑，团队出击

在创业初期，你的事业就像刚刚出土的幼苗，稚嫩、脆弱、经不起打击，也许一点失误就会让大家前功尽弃。因此，遇事要多利用外脑来帮助你思考，有事多与团队的人商量，每一步投资和决策都应该如履薄冰，力求万无一失。

（三）正确的决策，需要倾听反对的意见

协调是创业过程中最好的一种方式，创业者需要有人给他提出忠告。当然并不需要他对别人的忠告言听计从，他必须自己做出最后的决定，这样他可以得到不同的观点，在自己愚蠢行事时有人指出来。

有一位老板竟然拥有一群挑剔的朋友，这种挑剔不是理论上的，而是操作范畴的。他希望这批人天天围住他，必须指出他的诸多错误。只有从不同的角度去看待问题，才会得出相对正确的答案。

（四）谁拥有人才，谁就拥有未来

现代社会已经不是个人英雄主义的时代了，现在的竞争都是团队合力的竞争，竞争的最后，就是看谁拥有最好的人才、最紧密的合作伙伴、最多的资源。因此，要重视团队荣誉，时刻给你的顾客一个团结向上、乐观进取的团队形象。也只有这样，你才可以在激烈的竞争中取得最后的胜利。

我国古代最成功的团队合作的典范就应该是“三个臭皮匠赛过诸葛亮”了，这句谚语充分说明了团队合作成功的力量和必要性。但是也有关于团队合作不成功的俗语，如“一个和尚挑水吃，两个和尚抬水吃，三个和尚没水吃”，就是典型的团队合作失败的写照。因此，团队合作是否和谐、有力，对创业是否成功是非常关键的。

三、组建创业团队的策略及其后续影响

（一）当前大学生常见的创业方式

1．网络创业

利用网络平台建立电子商务体系，开办网店、微店，微电商、跨境电商的创业模式在大学生创业项目中是很常见的。甚至在2016年爆发性地增加了网络主播创业，网红经济为了新潮流。

2．加盟创业

加盟已经建立的成熟企业，做大企业的小伙伴，无疑可以降低大学生创业的门槛，成功率也明显高于自主创建商业模式的创业项目。

3．兼职创业

在课余时间到企业、商业店铺去兼职，增加就业体验，或者是自己经营一些小生意，积累市场经验，也在大学生中有一定的比例。

4．团队创业

创业项目中以个体户形式创业的个人英雄主义时代已经一去不复返，而有共同理想和价值观的同学或朋友共同创业，已经成为新的潮流。

5．大赛创业

目前各级各类的创业大赛应运而生，本来为参赛而组建的团队，因为富有创新的商业模式得到认可后，或者是在大赛中得到了创业启动资金、风险投资的大学生，从此走上创业人之路的大有人在。

6．概念创业

一个全新的理念，得到有识之士的认可，并使之完善而演变成创业项目，这在大学生中也不鲜见。

7．内部创业

在企业内部同样需要一种创新的意识和能力，在某些大型外企和国企内部，担任一定领导岗位的大学生，也一样在凭着自己的创业精神开发项目、管理项目，成为了企业发展新的动力。

依据不同创业方式和逻辑组建创业团队既可能带来优势，也可能带来障碍，对后续创业活动会带来潜在影响。

（二）组建创业团队的策略

1．团队成员应有相同的价值观

人们常将“成家立业”放在一起说，其实“成家”和“立业”这两件事有很多地方是一致的，如一个幸福的家庭和一个成功的团队，都需要成员们拥有相同的价值观，这是最

为重要的基础。我们常说的“求大同存小异”中的“大同”的意思就是“价值观相同”。可以说，没有相同的价值观，很难保证一个团队可以共同渡过创业初期的坎坷艰难，可以共同分享创业成功的喜悦成果。

所谓价值观，是指一个人对周围的客观事物（包括人、事、物）的意义、重要性的总评价和总看法。价值观存在于人的潜意识里，一般不易从表面看出来，但是人的价值观一旦形成，很难改变。所以，我们在组建团队时，就要选择价值观相同的人，而不要去试图改变某人的价值观以求一致，这是徒劳的。团队成员有一个共同的目标、相同的价值观是相当重要的。

2．团队成员的能力、性格应互补

如果一群能人在一起工作的话，大家的能力和性格最好是互补型的。

（三）团队组建方式对团队后期管理的影响

创业团队最初组建的方式有很多，这些组建方式对后来的公司运作都是有影响的，具体组建方式及其优劣势分析如下。

1．亲友组合型

好多创业者最初的融资都是亲情融资，这个传统的融资方式其实也是最容易的融资方式，随之而来的是由各出资方组成的创业团队。

这类团队的好处是在创业初期由于有之前的感情基础和彼此的了解，可以很快进入创业的实质进程，缺点是有了感情的掺杂，创业者在决策和管理时，也不能太理性，否则就会影响感情，而因亲情而组建的团队，也很容易因亲情而分手、翻脸。

2．同学组合性

最初的创业团队是为了参加创业比赛而组建的，随着时间的推移和创业项目的不断深化和推进，好多创业者最后就决定真的要付诸实践了，这时的同学团队，也就自然演变成了创业团队。

这种组合团队的好处是大家亲手打造出来的项目，很了解细节。但是，如果团队成员没有相同的价值观的话，也很难走远。

3．志趣相投型

有时就是由原来的志趣相投的朋友，其中一人创业成功了，其他成员也就自然而然地加入进来，逐渐成了团队成员。

这种组合的好处是在创业之初大家都不怎么在乎金钱，维系大家在一起的是友谊和志向，但是往往在创业成功之后，有时会因为看法、做法、想法的分歧而分道扬镳。

4．志同道合型

这种团队是在创业过程中不断磨合而组成的坚固的团队，大家是因为有着共同的愿景，并且愿意为了同一个目标而付出自己的青春，这时就是付出很多，计较较少，所以，那些最后可以取得成功的团队大都是这样的团队。

通常，志同道合的团队带头人也善于管理人心、善于管理公司，在股份、用人和薪酬计划上设计得较为合理，执行力较强，通常制定的目标和战略都可以按期实现，慢慢地就形成一种信任的氛围，这需要创业者自身要具有很好的人格魅力和很强的创业能力。

四、创业团队的管理技巧和策略

创业团队管理的重点是在维持团队稳定的前提下发挥团队多样性优势。人才的选、育、留、用都是有一定管理技巧的。

（一）让合适的人做合适的事

从人力资源管理上“人岗匹配”的原则来说，让合适的人做合适的事，是科学的用人原则。这样做的结果对个人来说，可以调动团队成员的潜能，把人才的优势发挥得淋漓尽致；对团队来说，扬长避短无疑是提高效率的最佳配置。

1. 团队成员有一个共同的目标

人们互相吸引的因素不外乎外貌、接近、相似、互补、报偿。一个团队的成员，有相同的价值观也相当重要。

2. 团队成员之间合作既有原则又有风度

因每个人所处的角度不同，要有自己的原则，说出自己的见解，但意见不同时，又要有风度，站在他人的角度再考虑一下。

3. 团队成员要能力互补，各有所长

结构决定属性，属性决定功能，功能决定绩效。能力互补，各有所长，独当一面，优化结构很重要。郎平时代的女排，就是因为有了一个好的团队结构，所以她们可以取得五连冠的成绩。

> ⊙ 企业家提示
>
> 如果注重团队合作，一个团队就大大提升了核心竞争力。

（二）团队合作成败直接影响企业成败

这是一个铸就团队的时代，同舟共济就是需要创业者用心搞好团队建设。企业的管理活动都是围绕企业的目标展开的，而企业的目标需要通过许多人的集体活动才能实现。即使企业制定了明确的目标，但是由于企业中的成员对目标的理解、对技术的掌握以及对客观情况的认识不同，或者因为他们个体在知识、能力、信念上的差异而表现各有不同。如

果大家在思想认识上有分歧，就会出现在行动上有偏差的现象。所以，创业者要懂得团队建设，让团队成员都树立同舟共济的意识，才能成就梦想。

【案例学习 2-3】　　同舟共济，才能成就梦想

在上海海洋大学里，有一个攻克了某种高级观赏鱼人工养殖课题的高材生，名叫王楠。王楠在毕业时，就用这个颇有技术含量和难度的科技项目开始了自己的创业之旅。

他首先攻克了这种鱼在人工海水下的养殖，紧接着又在老师的帮助下成功地解决了人工繁育课题。于是，他创业的企业里，从此就有了漂亮的观赏缸——类似我们常见的热带鱼缸一样，在清澈的水里，游动着彩色的观赏鱼，美丽而让人喜爱。

为了开办公司，他找到了一个与他性格不同但优势互补的搭档张玉：王楠是技术型的，可以负责公司的技术问题；而张玉是营销型的，可以负责公司的销售和外联工作。

公司在天使基金的帮助下顺利开张了，由于产品填补了市场空白，一时间生意兴隆，他俩好不开心。但是好景不长，渐渐地王楠发现公司的业务很好，可就是不盈利。他细心地观察和打探之后，发现张玉已经在外边又重新开了自己的公司。

是沟通不够？还是利益分配不均？还是其他原因？一心只顾技术改进的王楠，也确实缺乏企业管理知识。总之，在他们创业失败的诸多原因里，这对因为彼此优势互补而结合的团队，却因为彼此之间的诚信问题，导致团队合作失败了，也导致了创业失败。

由此可见，建立良好的诚信不仅是企业对外开展营销时应注意的问题，也是企业内部团队成功合作时必须遵守的前提。

⊙ 企业家提示

有资料分析近年来大学生创业的个案，因为财务问题导致经营失败的占 48%，处于第一位；因为信息匮乏而过高估计自己产品的市场需求而导致失败的占 29%，居于第二位；因为团队不和而导致企业失败的占 23%，居于第三位。可见，铸就一个配合默契的团队多么重要！

（三）营造相互信任的团队氛围

在情感上相互信任，是一个团队最坚实的合作基础。只有这样，才能给团队成员一种安全感，只有信任他，他才会把公司当成自己的，并以之作为施展个人才华的舞台。

【案例学习 2-4】　　与合作伙伴的共赢才是长久之道

有一次，李嘉诚应邀到中山大学演讲，大学生们请教他有关经商的秘诀。

李嘉诚说，他经商其实并没有掌握什么秘诀，如果非说有什么秘诀的话，那就是“我

与人合作，如果赚10%是正常的，赚11%也是应该的，那我只取9%，所以我的合作伙伴就越来越多，遍布全世界”。

与此相反，我们看到过许多曾经一起艰苦创业、“同甘苦”的伙伴，却在创业刚刚取得一点成绩时，做不到“共富贵”。创业者队伍中也有些“吃独食”的老板，而这样的老板最后必将导致合作伙伴的流失。

⊙ 企业家提示

作为创业团队中的一分子，我们必须明白，只有共赢才是赢，只有互惠互利的关系才会长久，我们只有在“情感”和“利益”上实现自我超越，懂得和学会将更多的利益与人分享，才有可能成就更伟大的事业。

（四）有良好的约束机制

建立一个良好的约束机制对团队的后续发展至关重要。通常一个团队的生命周期也不是很长，随时处于变化之中，所以团队的组合也有其随机性：为了创业而组合，或者为了一个项目而组合。因此，在团队里除了分工明确之外，每个成员还应该跟团队签署一个协议，明确每个人的权利和义务，制定好要达到的目标和必要的奖惩条例。

【案例学习2-5】　　懂得授权的总经理

有一家经营环保材料的公司，总经理就跟员工同在一个大厅里办公，每个员工站起来，就可以看到总经理在干什么。不仅遇到问题时大家一起商量，而且凡是经过总经理授权的事，员工就可以自己发挥主观能动性去完成，完成得好的，还会得到表扬和鼓励。

⊙ 企业家提示

授权，不仅可以把老板从事无巨细一把抓中解脱出来，也是对员工的一种信任。信任会激发员工的心理依从感，也会增加员工对公司的情感认同。

（五）团队领导需要有宽阔的胸怀

刘备是个非常注重别人对他态度的人，三顾茅庐请来了诸葛亮，但是，这个团队最后还是没有逃脱失败的结局。曹操不管这些，唯才是用，最后成就大业。

创业是使一个企业从无到有的过程，这个过程既是对个人意志力的考验，也是对创业者胸怀的考验，看你能不能听取不同意见者的建议，看你能不能正确看待手下人的顶撞，因为一个企业要获得利润，依靠的不仅仅是顺从的人，更需要有才能的人。

【案例学习 2-6】 一个人的成就大小取决于他的度量

林肯是一位深受美国人民爱戴和怀念的总统，但其貌不扬，没有显赫的出身，于是在他刚刚入驻白宫担任总统时，有很多大臣并不买账。

陆军部长斯坦东声称："我不愿意同一个笨蛋、老憨、长臂猿为伍。"他甚至公开对林肯冷嘲热讽："人们为什么要去非洲寻找大猩猩，现在坐在白宫中抓耳挠腮决定命运的不就是吗？"林肯听后说："我决心牺牲一部分自尊，要委派斯坦东任陆军部长。因为他绝对忠于国家，富有力量和知识，像电动机一样工作不息。"

⊙ 企业家提示

一个人的度量决定了他成就的高度，尤其是团队的带头人，一个胸怀宽广的人，一定可以得到有才能的人相助，所以创业者应该时刻牢记要以大局为重，不计较眼前的利益，高瞻远瞩。

（六）建立有效的沟通机制

信任和理解不是一句空话，而交流和沟通可以消除一切误会。有时，员工的人心不齐，或者对公司信心不足，都是上下沟通不畅造成的，创业者要不断地把企业的愿景描述给员工，同时也要让员工理解要实现这个美好的愿景，就需要大家每天都踏踏实实地工作，一点点地为未来添砖加瓦。

【案例学习 2-7】 振华港机的细节

在上海财经频道，主持人叶蓉采访振华港机的董事长管彤贤时，发现他的名片上手机、办公电话、家庭电话一应俱全，好奇地问他："您不怕打扰吗？"管董说："属下有委屈需要诉说，我要听；举报干部有贪污受贿等违纪违规事件的，我也要听，并且要亲自处理。"

可见，不论企业大小，保持畅通的沟通渠道，对企业的良性发展是很重要的。

第三节 从唐僧师徒谈领导者魅力

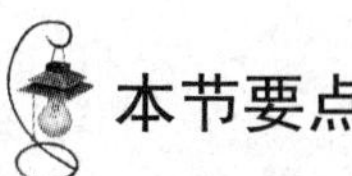

本节要点

以历史文学名著《西游记》中的唐僧师徒为例，阐述创业中领导者的重要性以及领导

者的魅力所在，目的是使准创业者明白自己身上肩负的责任。

无论是怎样的团队，都有一个核心人物，就是这个团队的领导者，在企业初创期，创业者就是这个领导者。而一个团队的绩效如何，关键也取决于这个领导者的胸怀和魅力。

一、创业领导者的角色与行为策略

创业团队领袖是创业团队的灵魂，是团队力量的协调者和整合者。

最令人敬佩的团队是《西游记》里的师徒四人，他们历经磨难，实现了最后的目标。四大名著中，只有《西游记》中师徒四人是一个成功的团队，其他的到最后都是一盘散沙。究其根本原因，是因为他们拥有一个好领导——唐僧。

二、领导者的个人魅力表现

从唐僧师徒团队来看领导者的个人魅力，主要表现在以下几点。

（一）优秀的协调者

唐僧不高估自己，有自知之明，他不会用自己的短处来应对这个世界，这就是他的长处。领导不需要专业技能特别优秀，但他要善于把最优秀的人集合到自己手下，让他们为自己工作。

（二）对下属宽容

唐僧对自己的徒弟很宽容，特别是对最重要也是最有个性的孙悟空。

（三）善于用人

领导者要让每个下属的长处都有施展的空间。唐僧就是很好地发挥了他三个徒弟的长处。一个团队需要个性化的成员共存，二八理论应用在团队中是指：80%的工作是由 20%的人做出来的，剩下的80%的人只做20%的工作。

（四）有明确的愿景目标

唐僧对团队的目标坚定不移，信心坚定。有位管理学家说过：用一句话来概括领导，就是为团队成员提供一个愿景目标，下属也都愿意跟随一个有愿景的领导。

（五）心态平和，不急功近利

唐僧遇到阻碍不灰心，取得成绩不沾沾自喜，一步一步接近自己的目标，始终保持良

好的心态。这是领导者魅力的核心部分，因为一个领导者遇到的困难要比任何一个下属遇到的都要多、都要严重。

（六）对属下恩威并重

唐僧对每一个徒弟都有恩情，但对他们从来都是赏罚分明。

（七）有贵人相助

人脉关系是领导者至关重要的资源，充分利用这个资源有利于团队目标的实现。关键时刻，观音菩萨出手，有助于唐僧师徒实现自己的目标。

（八）形象好

团队形象最主要取决于领导的形象，这个形象是指外在和内在的结合。保持良好的形象是领导者必备的素质之一。

三、领导者的概念的发展阶段

（一）最初的领导者称为 Leader，是领导者

作为一个优秀的领导者，他有能力、有权威，可以发号施令，能带领属下达成目标，但是，若这个人倒下，集体就不复存在了。

（二）20 世纪中叶的领导者称为 Manager，是管理者

这个时期的领导者作为一个团队的负责人，并不是最优秀和最有权力的。

（三）新世纪的领导者称为 Coordinator，是协调者

21 世纪，作为控制人流、物流、现金流的负责人，领导者可以让人力、财力、物力以一种合适的方式对接、搭配和流动。

在企业发展的最初阶段，创业者的个人魅力确实在企业凝聚力上发挥了重要的作用。但是，当企业发展到一定阶段之后，就需要创始人启用具有高超的协调和处理各方面关系的能力、情商高于智商的人来当领头羊；因为依靠个人英雄主义的企业是长不大的。有前途、有潜力的企业一定是一个要求团队作战、谋求共赢的团队，个人英雄主义已经不符合成熟企业发展的要求了。

第四节　创业团队的社会责任与合作

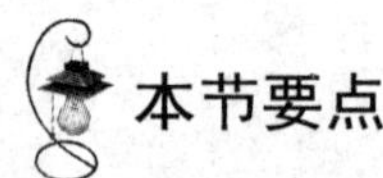

本节要点

本节重点介绍创业团队的社会责任和分工合作的原理，强调创业并不是创业者的个人行为，创业本身是与团队和社会息息相关的。

每一个创业团队组建的企业同时也是一个社会细胞，都肩负着义不容辞的社会责任。而团队成员的境界和世界观，也会影响团队的发展和未来。因此成员之间合作的成败也就不仅仅是团队自身的问题，也是具有一定社会影响力的社会问题。

一、创业团队的社会责任

（一）企业的社会责任

企业是由创业团队创建的，它的社会责任就是在遵纪守法的前提下追求最大限额的利润，谋求企业更大的发展。企业利润增大就意味着依法纳税数额的增加，国家就更有能力从事各种公共事业建设以及开展慈善、扶贫等社会事业。企业更大的发展就意味着可以吸纳更多人就业，让更多人的生活得到改善。

（二）企业的社会道德

1．企业的产品都是可以满足社会发展需要和人们日常生活需求的

制造高品质的产品既是企业立身之本，同时也是企业推卸不了的社会责任，任何为了单纯逐利而做出的有损于社会公德的产品，都是企业不负责任的表现，都将被法律所不容，这是创业团队社会责任的底线。

2．企业应关注社会发展，关注弱势群体，关注公益和慈善

企业除了关注自身发展之外，还应关心自身所处的社会环境，就捐赠慈善扶贫而言，企业本着回报社会的原则，为弱势群体和社会公益做出自己力所能及的贡献；但从社会来讲，企业捐赠多少都是一份爱心，都应给予尊重和感恩。

二、创业团队的分工合作

下面以弦乐四重奏为例，来阐述团队合作的分工与合作的原理。

（一）目标一致，分工明确

参加弦乐四重奏的四个人就是一个团队，他们合作的目标就是共奏一曲。就跟我们说的几个人一起创业的团队一样，互相配合，各有分工，共同的目标是把企业做好，获得盈利。

弦乐四重奏是由两个小提琴、一个中提琴和一个大提琴组成的。每个演奏者除了要有高超的技艺之外，还要有合作的技巧。他们每个人要独自负责一个声部，没有指挥，因为每个声部是不同时出现的，每个人都在全神贯注地聆听合作者的声音，准确、恰当地发出自己的声音，合成一曲美妙的音乐。四人之中任何一位单独出来演奏，都没有四个人合作后的效果那样令人震撼、令人陶醉！

⊙ 企业家提示

著名作家雨果曾经说过：弦乐四重奏就像四个人在交谈，第一小提琴是一位中年人，她负责引出话题；第二小提琴发出附和的声音；大提琴是位老者，发出肯定的声音；中提琴是位老妇人，在一边讲着无关紧要的话。

（二）配合默契，出奇制胜

演奏者技艺精湛，分别占不同的声部，互相认真聆听，准确、适时地发声，合作共谱一曲，这就是弦乐四重奏对演出人员的要求。同样，一个创业团队要合作默契，也离不开创业团队成员之间的分工明确与互相配合。“罗马军团”的成功案例告诉我们，单个作战并不出众，团队合作可以出奇制胜！

⊙ 企业家提示

研究表明，组建团队和管理团队是成功企业家需要具备的主要能力之一。团队合作的基石是有共同的愿景和价值观，因此，创业者是否可以提出一套凝聚人心的愿景和经营理念，作为互信和利益分享的基础，对团队合作成功起着非常重要的作用。

思考与训练

1．思考并回答以下问题。

（1）假如你要创业，如何选择合作伙伴？

（2）如果你是一个创业者，你将如何建立你团队的管理制度，以保证沟通及时？

（3）你认为一个团队需不需要定期的人事变动或者岗位轮换？

（4）假如你开始创业，将怎样进行人才选拔和任用？是用猎头公司挖人，还是在熟悉的人里寻找？

2．分析以下案例并回答问题。

当创业梦想成为现实

汤臣龙和张一腾是上海理工大学同一个寝室的室友，平日里一起上课、一起下课，几乎形影不离，情同手足。如果你在校园中偶然遇到他俩，一定会将他们视为普通的大学生，不会引起你任何好奇。

提起学校第五食堂旁的“水晶锅贴”，同学们都不会陌生。这家以风味独特、价格合理而著称的小吃店在校园里拥有大批固定客源。可你不会料到，这家“其貌不扬”的小吃店在不到两年的时间里就发展成了拥有七家连锁店的“好味餐饮有限公司”，更令人吃惊的是，公司的“掌门人”竟是2009年的应届毕业生——汤臣龙和张一腾。

不打不相识

缘分往往很奇妙，汤臣龙和张一腾的相识充满了戏剧性。

两人的缘分始于南汇的篮球场。作为各自专业的主力，汤臣龙与张一腾在大一的一场学院内部对抗赛上初次相遇。由于位置相同，两人在比赛中常常针锋相对，发生了不少摩擦，彼此之间都没有给对方留下好的印象。比赛后，汤臣龙与张一腾较上了劲，之后每次碰面，双方总是口角不断、互不相让。然而，这对矛盾不断的“死敌”间的关系却因为一个偶然的安排发生了转机。从南汇回到总校区，校内的出版学院需要成立篮球队，球技出众的汤臣龙与张一腾双双入选，二人从对手变成了队友。在互相磨合的过程中，矛盾渐渐变成了动力。尽管来自不同的地域，性格也大相径庭，但随着相知渐深，汤臣龙与张一腾之间也越来越投合，两人都从对方身上发现了优点，一种惺惺相惜之感油然而生。经过协商调配，原来“相隔千里”的汤张二人搬进了同一间寝室，从此“化敌为友”。

创业之路

与很多人找不到工作才选择创业不同，汤臣龙与张一腾从很早就坚定了自己的计划。经过一番详细的调查，两人一致认为，依托背后稳定的大学生消费市场，发展迎合大学生需要的业务是他们的创业之本。2006年年底，汤臣龙和张一腾与几个同学入股，在学校里租了一个小摊位，加盟了“茶风暴”，开始了第一次创业之旅。依靠“茶风暴”成熟的体系和运作模式，再加上有力的宣传和监管，小店的生意十分火爆。“初战告捷”给了汤臣龙和张一腾极大的自信，在充分锻炼了经营头脑的同时，两人也摸索出一套完整的经营模式和操作流程，一个大胆的想法也随之浮现在两人的脑海中——打造属于自己的品牌。于是，两

人在大三的时候，盘下了学校附近的一个店铺，做起了上海的传统小吃——锅贴。由于准备充分、价格公道，锅贴店很快得到同学们的青睐，成功的喜悦涌动在二人心中。

成功贵在坚持

正当汤臣龙与张一腾的事业步入正轨的时候，命运却跟他俩开了一个玩笑。2007 年年底，好不容易经营成功的锅贴店被一场大火烧毁。这场大火所造成的损失不仅仅是经济上的损失，更是对两人心理上的巨大打击。在残酷的现实面前，当初一起入股创业的几个同学纷纷离去，只剩下了汤臣龙和张一腾。"谁说我们就这样结束了，锅贴店一定要再开起来。"正是抱着这样的信念，一家崭新的锅贴店又重新开张了。历经磨难的汤臣龙和张一腾倍加珍惜这次来之不易的机会。一次机缘巧合，让两人结识了一位富有多年锅贴经营经验的技师。在他的帮助下，锅贴店开发出了新的品种，改良了原来的运作手段，生意也越来越红火。后来，汤、张二人的锅贴店又走进了复旦大学、同济大学等其他兄弟院校，"水晶锅贴"终于在上海高校界打响了自己的品牌。"现在回想当初，那个时候能够撑下来真的很不容易。许多与我们一样怀揣着创业梦想的大学生在能力上并不比我们差，但他们在遇到困难时选择了放弃，而我们却坚持了下来，这大概就是我们取得成功的原因吧。"他俩不无感慨地说。

共同的梦想铸就"黄金搭档"

在汤臣龙与张一腾的"微型小吃王国"中，汤臣龙负责日常事务的执行和财务管理，张一腾负责宣传和策划，一个主内一个主外，优势互补，配合默契。仅仅是因为两个人具有相同的价值观，因此建立起了牢不可破的合作关系吗？秘诀何在？汤臣龙给出的答案是共同的梦想。"我们都有一个共同的梦想，利用我们自己的经营方式和理念，把小吃店做大做强，有朝一日能够冲出校园，走向社会。"基于这个共同的梦想，两人之间有了彼此的信任，即使在对某一问题有不同看法的时候，两个人也能坐下来认真沟通，一起讨论，共同解决问题。而且，一旦决定了一件事，两个人就坚定不移地朝着一个方向迈进，绝不回头。

结尾

现在，汤臣龙和张一腾已经实现了他们走出校园的梦想，不仅在杨浦区霍山路 1085 号开出了一家"好味美食广场"，而且 2011 年在上海最繁华地段之一的徐家汇，他们开了一家更大的"好味美食旗舰店"，但是很快他们的合作开始出现了问题，现在的"水晶锅贴"和"好味美食广场"已经不见了他们的踪影。

问题：

（1）张一腾和汤臣龙最初是因为什么原因组合成创业团队的？他们这样的组合属于什么类型？

（2）你认为他们创业最后的结局是成功还是不成功？为什么？

（3）分析他们最后分道扬镳的原因，想一下，如何做才能挽回和避免这样的结局？

第三章

创业机会与创业风险

学习目标

通过本章教学，使学生了解创业机会及其识别要素，了解创业风险类型以及如何防范风险，了解由创业机会开发商业模式的过程，掌握商业模式设计策略和技巧。

第一节　创业机会识别

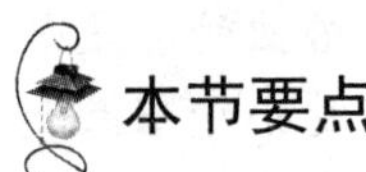

本节要点

使学生认识创业机会的概念、来源和类型，了解创意与机会之间的联系和区别，了解识别创业机会的一般步骤与影响因素，学习有助于识别创业机会的行为方式。

一、创意与机会

创意是具有一定创造性的想法或概念，其是否具有商业价值存在不确定性。创意是一种普遍的智能，艺术家可以用创意来表现艺术，科学家可以用创意来表现创造力，而创业者可以用创意来创建产业。

创意经济（Creative Economy）又叫创意工业、创造性产业、创意经济等，是指那些从个人的创造力、技能和天分中获取发展动力的企业，以及那些通过对知识产权的开发可创造潜在财富和就业机会的活动。

创意经济并不是与农业、制造业和服务业并存的又一门类，而是对所有产业的转型。创意经济被称为建立在头脑态度上的经济，这种智力对所有经济领域都会产生影响。创意经济转变了网络、技术和消费者需求，创意经济的发展在客观上改善了人们的生活方式，

提高了人们的生活品质。创意经济最早起源于欧洲和美国，时至今日，创意经济已经被视为一种全球现象。

【案例学习 3-1】　　迪士尼重视娱乐体验循环

迪士尼非常注重每个娱乐平台与消费者在不同时间的互动。这个概念称为迪士尼娱乐体验循环。我们所创造的娱乐产品，最重要的就是内容创意。角色的性格跟故事的内容，引起观众情感上的共鸣，这是整个产业链的开始。因此观众很喜欢故事里面的角色，并且希望购买到这些卡通形象和商品，他们会到书店里面买迪士尼的书、DVD，在互联网玩迪士尼游戏。然后他们又被吸引到演出现场，观看舞台剧和其他现场表演。最后他们还会到主题公园，与喜爱的角色进行亲密接触，亲身体验他们在电影、电视上看到的场景。这就是整个产业一个产业链的贯穿办法。

不同人对创意经济的定义不同，从创意和机会的角度来看，创意经济是与创业密切相关的。下面从产业角度来理解创意与机会。

（一）“创意产业化”意义上的创意与创业

这是指把创意经济理解为创意产业。创意产业是指将内容作为最终消费产品加以产业化的产业。英国创意产业特别工作组的创意产业部门划分，基本限制在文化产业范围内。这是最狭义的创意产业定义，它排斥了创意作为生产方式对国民经济所有部门具有的普遍意义，而将创意视为特殊产业现象。

（二）现代服务业意义上的创意与创业

这是指创意作为中间产品意义上的内容产品，即内容生产资料，而形成的产业；也是指将创意方法和工具产业化而形成的服务产业。

（三）“产业创意化”意义上的创意与创业

产业创意化有不同的含义。一是将创意作为生产非内容产品的方法，并加以专业化，如策划；二是使内容作为物质产品的高端附加值部分的产业延伸方式；三是指利用广告、营销等创意环节带动其他经营环节的商业方式。

拓展阅读　　创意产业——经济发展寒冬的一股暖流

创意产业，主要是把技术、文化、市场、产品这四个方面有机地结合起来。创意产业能提供文化含量高的产品和服务，来满足人们的精神需求，有效地刺激内需，并与其他产业融合发展，促进产业创新和结构优化，有效地来推动经济发展方式的转变。正因为如此，

我们称其为经济发展寒冬当中的一股暖流。即使是金融危机的时候，创意产业也能够找到它发展的新机会。金融危机中，人们巨大的心理压力需要缓解。以需求为导向的创意产业能为公众制造一个缓解现实生活压力的欢乐时间。

1997 年亚洲金融危机的时候，韩国的经济出现衰退，许多失业的人购买《星际争霸》的光盘以求得到消遣。韩国政府因此发现了一个机会，人们需要快乐，而优秀的作品可以带给他们很廉价的快乐。抓住这个机会，韩国政府开始发展动漫产业，从而成就了电子游戏产业在危机中的另类崛起。

好莱坞的电影也是如此，早在 20 世纪三四十年代的大萧条中，人们希望在虚幻的世界当中寻找快乐，所以一些无厘头的搞笑片、歌剧片和充满幻想的作品，市场前景被看好。

二、创业机会与商业机会

创业机会是具有商业价值的创意，表现为特定的组合关系。一个好的商业想法未必是一个好的商业机会，还需要经过商机评估来最后确定是否值得经营。

【案例学习 3-2】　　机会有限，创意无限

先来看看这几款造型奇特的光电鼠标（见图 3-1），不仔细看的话还以为是汽车模型呢，制作非常小巧精致。别看它小，该有的功能一应俱全，两个车灯分别是左右按键，车头中间是滚轮，设计得十分巧妙，让人爱不释手。其尺寸为 29.6mm × 49mm × 28.9mm（宽度 × 纵深 × 高度），分辨率达到了 400CPI。当然它是采用 USB 接口，只是售价稍微贵了一些，大概在 450 元左右。

图 3-1　汽车造型的鼠标

三、创业机会的特征与类型

创业机会来自于一定的市场需求和变化。Timmons 说："创业过程的核心是创业机会问题，创业过程是由创业机会驱动的。"目前中国的创业活动特征表现为创业机会多、创业动机强，但是创业者的创业能力不足。

（一）创业机会的特征

（1）市场层面的特征，主要是指创业者所面临的市场环境的特征，包括市场的规模、潜力和竞争形势。

（2）产品层面的特征，主要是指产品本身的技术优势，包括产品进入时的技术壁垒、成本优势和技术优势是否持久等。

⊙ 企业家提示

就像一首歌里唱的那样："没有人可以随随便便成功。"成功有时靠的就是创业者不同一般的思路。俗话说得好："有思路才会有出路，有作为才会有地位。"在创业的道路上，有时需要的恰恰是发现一般人没有看到的机会，或者说做了一般人不屑于去做的事，最后把平凡的事做到了不平凡。创业无大小，在成功者面前，财富无处不在，就看你有没有一双发现财富的慧眼。

【案例学习 3-3】　　1 美分垒起的大富翁

20 世纪 80 年代末，美国斯坦福大学有一位名叫默巴克的普通学生，他利用闲暇时间承包了学生公寓的打扫工作。第一次打扫学生公寓时，默巴克在墙角、沙发缝、学生床铺下面扫出了许多沾满灰尘的硬币，这些硬币有 1 美分、2 美分和 5 美分的。默巴克将这些硬币还给同学时，谁都没有表现出丝毫的热情。

此后，默巴克给财政部和央行写信，反映小额硬币经常被人丢掉的事情。财政部很快就给默巴克回了信，信上说："每年有 310 亿美元的硬币在全国市场上流通，但其中的 105 亿美元正如你所反映的那样，被人随手扔在墙角和沙发缝中睡大觉。"看到这样的回信，如果换作一般人也许只会发出一声感叹，之后也就不了了之。但是默巴克的脑子里却偏偏冒出了这样一个想法：如果能使这些硬币流通起来，利润该有多么可观！

两年之后，默巴克从斯坦福大学毕业了，他很快成立了自己的"硬币之星"公司，推出了自动换币机，与一些连锁超市建立合作关系，共同经营换币业务。这样一来，顾客只

要将自己手中的硬币投入换币机，机器就会自动点数，打印收条，顾客可以凭收条到超市服务台领取纸币现金。而自动换币机将收取9%的手续费，这笔费用由默巴克与超市按比例分成。

只用了短短5年时间，默巴克的公司就在美国8 900家主要连锁超市中设立了10 800台换币机，并成为纳斯达克的上市公司。默巴克也从一个一文不名的穷光蛋，变成了万人瞩目的大富翁。

（二）创业机会的类型

1．从市场需求的角度，可分为未识别和已识别

一个好的商业想法需要通过市场调研和商机评估来确定是否值得经营，是否确实存在一个未被满足的市场。如果经过评估，结论是确实找到了未被满足的需求，这才是创业的机会。

也有一些创业机会不需要识别，因为已经存在，或者是别人已经开始创业、经营，这样的创业机会就是已经被识别和确定为是商机了，但是，这时的创业机会存在于你将如何创新而使这个机会利益最大化、优势更持久？是否是原有产品或服务的升级？

当然也有一些市场需求是被诱导出来的，这样的商机也许是潜在的需求。例如，听了一场讲座，就会有人来购买演讲嘉宾推荐的保健品；在人类未攻克登月技术之前，人们的登月需求也是未被识别的。

2．从创业资源和能力的角度，可分为不确定和确定

创业机会的不确定性表现为：创业梦想是否可以被实现？计划实行中的团队、资金、战略问题是否可以得到解决？

创业机会的确定性表现在：拥有创业的技术或能力，或者是拥有创业的能力和条件，如图3-2所示。

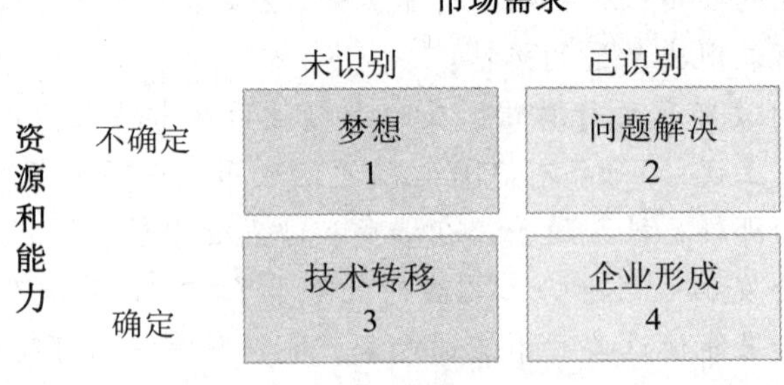

图3-2　创业机会的类型

四、创业机会的来源

对于创业机会的来源，不同学者有不同的看法。

（一）彼得·德鲁克的研究

- 意料之外的事件：意外的成功、意外的外在事件。
- 不一致的状况：实际现状和预料中的状况不一致。
- 基于程序需要的创新和发明。
- 基于产业和市场结构上的变化，以出其不意的方式降临到每个人身上。
- 人口统计特征（人口变动状况）。
- 认知、情绪和意义上的改变。
- 新认识：包括科学和非科学的。

（二）Olm 和 Wddy 的研究

- 先前的工作经验，曾经在此获取市场机会、供货商和客户。
- 从有创意的他人得到机会。
- 得到某一权利、授权或者特许权，购得一个未完整发展的产品。
- 与熟知某一社会、专业或科技领域的专家接触所引发的。
- 研究资料所得，如最新研究报告、搜寻最新的公告专利、与特殊领域专家面谈等。
- 搜寻研究先前市场失败的案例，在不同情境下可能成功。
- 复制别人的成功经验，应用于不同市场。
- 把嗜好、兴趣、业余喜好转化成事业机会。
- 在个人的经验基础下，发展出事业化的需求。
- 根据个人所需，进行研究发展。

（三）熊彼特的研究

- 创造新产品或服务。
- 对现有产品或服务的品质或等级引入明显的改善。
- 引入生产的新工艺。
- 打开新市场。
- 创造或获取供应的新来源。
- 产业内组织的新形态。

（四）蒂蒙斯的研究

- 法规的改变，如电信法松绑。
- 技术的快速变革。
- 价值链或供销渠道的重组。
- 技术的创新。
- 现有管理或投资者的不良管理或没落。
- 具有创业精神的领导。
- 市场领导受限于客户需求，忽视下一波客户需求。

五、影响机会识别的关键因素

创业的关键因素就是如何识别创业机会，识别创业机会受到历史经验等多种因素的影响。创业者及创业机会本身的属性、创业者所处的社会网络以及外界环境等因素，都对创业机会识别有着不同程度的影响。分析影响创业机会识别的各主要因素及其相互关系，有助于深入把握创业机会识别的内在规律。

⊙ 企业家提示

通俗地讲，如何识别创业机会也就是如何选择创业项目和如何评估创业项目的问题。

第二节　创业项目的选择

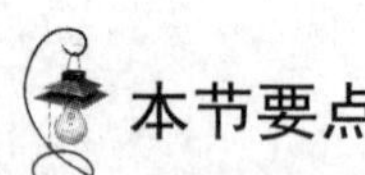

使学生了解选择创业项目的基本步骤、创业前的心理准备以及初选项目时的原则，知道识别创业机会的一般过程，掌握识别创业机会的行为技巧，了解未来社会的消费趋势。

一、选择创业项目的基本步骤（见图3-3）

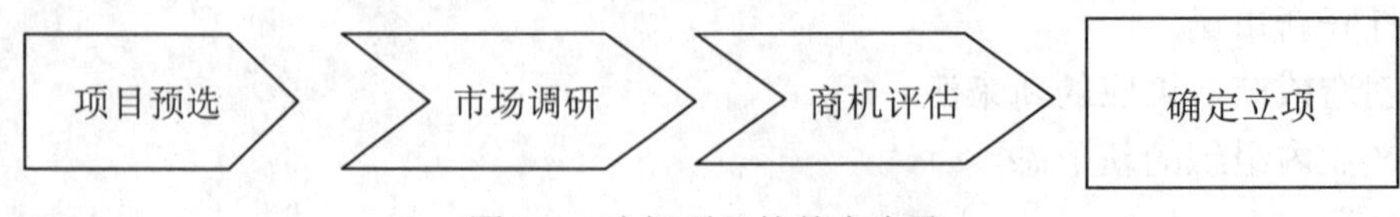

图3-3　选择项目的基本步骤

创业项目的确定一般需要经过这样几个步骤：项目预选、市场调研、商机评估和确定立项。各个阶段的具体操作方法和实施思路，将在下文逐一详解。

⊙ 企业家提示

创业者确定创业项目时一定要清楚：可以成功经营的创业项目一定不是“你想做什么”，而是“你能做什么”；不是“你喜欢什么”，而是“顾客喜欢和需求什么”。因为不能满足顾客的某种需求的产品或服务，就不会有顾客来购买；有了顾客购买，才会有滚滚的资金流进来，企业才可以发展壮大。

（一）选择创业项目前的心理准备

1．选择创业项目就是把信念变成行动

创业者确信“天生我才必有用”，并且下定创业决心以后，就需要行动了！仅有信念是不够的，现在，创业者需要用行动来实现创业梦想了。创业是一个漫长的过程，而且是一条没有终点的路，一旦开始创业，就不能轻易放弃。如果你没有坚持到底的心理准备，就不要盲目地选择创业，因为在今后任何时候的中断或放弃，带给你的只有沮丧和挫败感。成功需要的不仅是激情和决心，而且还需要坚持不懈的努力和执著。

2．选择项目前就应该对市场综合考量

在创业之前，每个创业者都必须对市场做一个综合的考察，进行清晰的分析，时刻注意市场上最细微的发展变化，抓住商机，选好项目，确定行动计划，然后有目标、有步骤地实现创业愿景。

⊙ 企业家提示

在创业初期遇到的第一个课题就是：你要做什么？就是说，首先要确定好你的创业项目，越具体越好，有了确定的创业项目以后，才可以做出行动规划和创业计划书。

（二）初选创业项目时应注意的原则

1．创业者开始创业的第一个选择

用一句话来形容选择创业项目的过程，那就是：“众里寻她千百度，蓦然回首，那人却在灯火阑珊处。”[①]面对社会上种种创业项目的诱惑，面对眼前林林总总的创业题材，创业者必须做出选择：到底哪个项目才是最终选择的项目？如何知道哪个项目最容易成功呢？

---

① 南宋辛弃疾的词《青玉案·元夕》。

这个市场还有什么需求没被满足？

2．在初选项目前首先要正确认识自己

世上每个人都是生命初期千千万万的选择，都是上苍的唯一造化。在这个世界上，没有完全相同的两片树叶，同样也没有完全相同的两个人。作为独立的创业者，一定有自己独特的气质风采和与众不同的地方。创业者首先需要认知自己，找到自己独特的价值，进而去挖掘那个最适合自己的创业项目。

3．根据自身特点，借鉴他人模式，进行全新设计

有资料表明：在德国的创业者中，只有5%的创业项目是真正独出心裁的；而在这5%中，还有50%的创业设想来自美国。可见，并不是说创业项目一定都是独创的，即便是独立创新的，也并不意味着就可以经营成功。创业者可以这样来思考：有哪些现成的经营项目可以改进得更好？有哪些经营项目适合自己的个性？还存在什么缺陷？如何改进它？

⊙ 企业家提示

“拿来主义”是鲁迅先生提出来的，“他山之石，可以攻玉”[②]是我们老祖宗的发明。而“取其精华去其糟粕”是毛主席在《新民主主义论》中提出的，可见“古为今用，洋为中用”也是创业者选择项目的一种思路。

【案例学习3-4】　　马化腾的拿来主义

在互联网上，全球用户最多的即时通信系统就是腾讯QQ了。其实，ICQ和MSN都要比QQ出现得早。马化腾在ICQ的缺陷和MSN的不普及中找到了生存的夹缝，“取其精华，去其糟粕”地开发了新业务，并且用层出不穷的花样吸引了年轻一代的网民，迅速登上了互联网即时通信用户量第一的宝座，成为一个真正“后来者居上”的典型。

而拍拍网，完全是在eBay和淘宝网熏陶下的产物。也许正是淘宝的成功，使马化腾有了把eBay也“拿来”用用的想法，于是新的竞争格局又拉开了。

⊙ 企业家提示

借鉴别人的经验并不是什么可耻的事情，关键是不要抄袭别人的知识产权或者仅仅是拙劣地模仿。考虑创业项目时主要有以下三种思路。

[①] 出自《诗经·小雅·鹤鸣》。

一是全新设计，发现市场空白。

二是现成业态，但市场还未饱和。

三是改造或更新现有业态，可以使之更加完善。

这三种项目你都可以考虑，没有最好的，只有最合适的。选择一个最适合你的就是你最好的选择。

二、识别创业机会的一般过程

识别创业机会是思考和探索互动反复，并将创意进行转变的过程。初选创业项目时有以下几种方法可供参考。

1．做你最擅长的事

俗话说："万事开头难。"西方也有一句谚语，叫做："良好的开端等于成功的一半。"比尔·盖茨曾经说过："做你自己最擅长的事。"人们在做自己擅长的事时，自信心和勇气最强，因此成功率最高。

创业者最擅长的事，也就是最有可能干好的事。擅长，就是跟别人竞争时具有的优势。只有加大自己的专长，成为专家，才会和别人拉开距离，在竞争中脱颖而出。比尔·盖茨就是一个典型的代表人物。

⊙ 企业家提示

你需要认真地分析你自己的特点，找出你最擅长的，然后，决定你从哪里开始，策划一下如何入手。记住：没有人是选择了自己的短处而获得成功的。

2．做你最喜欢的事

"知之者不如好之者，好之者不如乐之者。"[①]只有在做自己最喜欢的事时，人们才会废寝忘食、不知疲倦。这种乐在其中的感觉，会叫人乐此不疲，而创业最需要的是创业者坚持不懈的热情和执著。爱迪生一天平均有十八个小时待在实验室里，当他的家人劝他休息时，他说："我没有在工作，我一直在玩。"所以，爱迪生的成功是因为他做了他自己最喜欢的事。

---

① 语出孔子《论语》。

⊙ 企业家提示

选择你最喜欢的事开始创业，是成功率很高的选择。做你最喜欢的事，你才最有可能坚持到底，才不至于在遇到坎坷和困难时半途而废。

3. 做你最熟悉的事

在做同样生意的人群里，如果只有一个人赚钱的话，一定是那个最熟悉该生意的；同样在这个群体里，如果只有一个人赔钱的话，一定是那个最不谙此道的。这就是民间商人常说的“不熟不做”的道理。

“春江水暖鸭先知”，是因为鸭子经常在水里玩耍，它最熟悉一年四季的水温，所以在春天到来时，它会第一个感觉到。

⊙ 企业家提示

各行各业都有它自己的规律，只有你具有了相当的职业经验，你才会在机遇来临时，率先看到；在行业发展不利时，第一个意识到。这些直觉往往就是依靠经验的积累而产生的。俗话说“熟能生巧”，在你最熟悉的领域里，你会游刃有余，无往而不胜。

4. 做你最有人脉关系的事

（1）合伙创业，团队作战。人们都说“一个好汉三个帮”“孤木不成林”，创业成功，也同样离不开他人的帮助。著名成功学大师卡耐基说过：“成功依靠的是15%的专业知识和85%的人际关系。”反过来说，在人们最喜欢、最擅长、最熟悉的行业里，朋友也会越多，共同的爱好和志趣会使创业者在创业初期很快找到志同道合的新朋友，从而建立起对创业有利的人脉关系。

（2）善于用人，增加助力。“登高而招，臂非加长也，而见者远；顺风而呼，声非加疾也，而闻者彰；圣人性非异也，善假于物也。”[①]善假于物，就是善于利用其他人和物，来整合现有的资源。合作就像一部机器，机器需要不同的零件。一个优秀的合作团队，不仅能够给创业者的能力发挥创造良好的条件，而且还会产生合作双方彼此都不曾拥有的新力量。

拓展阅读 《山海经》里的故事

长臂国的长臂人和长腿国的长腿人各有各的长处，同时也各有各的短处。当他们下海捕鱼的时候，一个涉不深，一个却够不着。可是当长臂人骑在长腿人肩上时，就能既涉得

① 语出荀子《劝学》。

深又够得着了。取长补短，优势互补，就可以做到独立个体所做不到的事。

同样在西方有一句谚语，叫做："我们都是独臂天使，只有相互拥抱才可以展翅飞翔。"这说的也是同样的道理。

> ⊙ 企业家提示
>
> 《三国演义》里的刘备不会用刀，但他可以用关云长；《西游记》里的唐僧不会捉妖，但他可以用孙悟空。就是说，即便创业项目不是创业者最熟悉的，但在创业团队里，一定要有最熟悉、最擅长此道的人才，一个高明的领导者一定是一个会识人、善用人的高手。

（3）整合资源，寻求共赢。现代企业管理中的领头人，已经不再是以前的个人英雄，而是一个团队合作的协调高手。创业成功既需要个人的努力，也需要搭建一个资源整合平台，在这个协调整合过程中，需要把市场信息、人际关系和个人职业技能综合起来（见图 3-4）。如果这三项合起来，创业者感觉总分不错，也可以列为初选的创业项目。

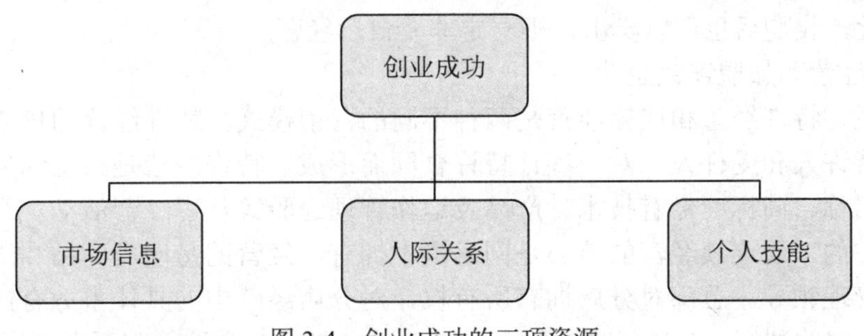

图 3-4　创业成功的三项资源

> ⊙ 企业家提示
>
> 如果你想做一件事，但并不是你的最长项，那么你可以选择你的亲朋好友里最熟悉、最擅长的人来一起参与你的创业，如果你可以用好这样的人才，也同样可以成功。

5．收购现有企业

收购是指用现款、股票、债券或其他资产购买一家公司的股票或资产以获得对目标公司本身或其资产实际控制权的行为，被收购企业仍然保持其原有的独立法人资格。

（1）收购的误区。通常人们都把创业简单地理解为一定要亲手创立一家企业，并从小做大。其实，收购现成的企业（并购经营成功的企业、收购待起死回生的企业）、购买他人智能（知识产权收购、特许经营）等，将经营已经稳定或有一定规模的企业注入创新元素，以适应新的市场需求，这也是一种创业。

（2）收购的优点。收购现有企业可以减少对企业基础的创建时间和开办成本，被收购企业往往在商誉、产品、客户、广告促销等方面具备一定条件，稍加改变就可以掌控。近年来很多创业者就是通过收购企业，使其扭亏为盈或者改变盈利模式，而迅速完成资本积累的。这对于资金少又期望快速拥有自己的企业的创业者来说，不失为一条捷径。

（3）收购企业的缺点。收购价值的评估是非常重要的环节，有时还需要做好企业报表审核、企业债权债务调查、销售业绩评估和无形资产价值估算。同时，有的企业原有的管理制度和企业结构不甚合理，收购后需要进行改造和重新设计，如果是连员工一起收购过来的话，还需要对员工进行再培训。

（4）收购的程序和关键。一般来说，收购一家企业需要经过确认目标、考察与评估、交易谈判、签订合同这样四个过程。关键点就在于收购前的调查与分析、对未来的预测、被收购企业财产法律责任认定等，不要误收购有违法劣迹、债权债务理不清的企业。

总的来说，对于资金少却期望迅速创业的创业者来说，收购现有企业是一个可行的方法。上海的沈晓琪就是在 8 年前收购了一家企业，并且对其企业改造后再出让而赚得第一桶金的。因此，收购后也可以卖出，不一定非要自己经营。

6．特许经营和加盟连锁企业

一般来说，特许经营和连锁经营是两种不同的营销模式。特许经营的核心是特许权的转让，需要特许人和受许人一对一签订特许合同而形成。特许经营是指签约后，受许人可有偿使用其名称、商标、专有技术、产品及运作管理经验等从事经营活动。经营的各个分店之间是独立的。而连锁经营的核心是同意资本拥有，经营的是同类商品和服务，由同一个总部集中管理领导。总部对分店拥有所有权，对分店经营中的具体事务有决定权；分店需上缴总部一定的利润，分店经理实际上是总部的一员，完全按总部要求行事。

三、识别创业机会的行为技巧

（一）做未来市场即将兴旺的事

（1）看清大势，顺势而为。如果确实是创业者很熟悉也很擅长的项目，但属于市场需求越来越少或者即将衰退的行业（通常被称为夕阳行业），那创业者也不要去做。与时俱进，顺势而为，才是最明智的选择。

（2）趋吉避凶，规避风险。大丈夫应相时而动，趋吉避凶为君子。[①]意思是，人们应该审时度势地去选择自己要做的事。如果预感到这件事未来的发展不好，没有前途，就要果断地舍去；如果感到这个行业在未来一定会有发展（就是所谓的朝阳行业）或者是国家

---

① 出自《红楼梦》第四回：岂不闻古人云：大丈夫相时而动。又曰：趋吉避凶者为君子。

提倡和即将大力发展的行业，创业者就可以去做。

（3）目光远大，抢占先机。大海涨潮时，大海里所有的船都会上浮；而在大海退潮时，海里所有的船都会随着河水下降，如果恰好是一艘大船的话，搞不好还会搁浅，怎么前进呢？因此创业者必须学会判断趋势，谁的目光更远，谁就是未来的领跑者。

（4）群策群力，调查研究。怎样才能看清趋势，发现未来市场将要流行的产品或服务？创业者可以请一些了解自己的朋友们一起来讨论这个问题，或者向经验丰富的企业家求教。同时也需要研究国家和地方政府的一些现行政策，或者同一些想象力丰富的伙伴一起来讨论这个大家感兴趣的问题。从大家身上收集尽可能多的主意和点子，并且经过创业者的调研论证，没准儿就会发现一个绝妙的经营设想。

自发性、创新性和直觉性是创业者开始考虑未来趋势的原则。

（5）审慎决策，适时进退。李嘉诚说过，当你开始做一件事时，就要想到怎样退出。你无论做什么生意，都要首先考虑好怎样可以把它卖出去。不论是商品还是服务，甚至是你的企业，都可以成为你盈利的商品。前进需要勇气，何时退出更需要智慧。

⊙ 企业家提示

要选择那些朝阳行业去创业，而不要选择夕阳行业，你需要观大势，顺势而为。同样一个朝阳项目，也有淡季和旺季，如果你要进入，最好选在淡季时进入，这样你可以有时间学习，当旺季来临时，你已经做好了准备。

（二）做最有市场潜力的事

1．研究顾客的需求

（1）认真做好市场需求的调研。苏格拉底说：“最有希望的成功者，并不是才华出众的人，而是那些最善于利用每一个时机去开拓的人。”创业成败的关键，在于创业者能否发现和找到顾客的需要。要想知道什么项目是有市场潜力的，什么项目是未来有潜在市场的，就需要创业者做一个详细的调研和论证，多分析国家发展的宏观规划，认真做好市场调研，最后综合起来，分析和归纳这些信息，得出正确的结论。

（2）找出需求：人类都有哪些基本需求？如何去发现顾客的需求呢？马斯洛（A. H. Maslow，1908—1970）动机理论的核心是需求层次理论，他认为，人的动机是由生存、安全、社交、尊重和自我实现这五种需求构成的，按其重要程度和发生顺序，从低级的需求开始发展到高级的需求，是阶梯式往上发展的。当低层次需求获得相对满足之后，才能发展到较高层次的需求。而当高层次需求被满足以后，低层次的需求依然存在，只是对行为的影响作用降低而已。

从需求的类型可以分成自然需求、社会需求和精神需求三个层次，如图 3-5 所示。

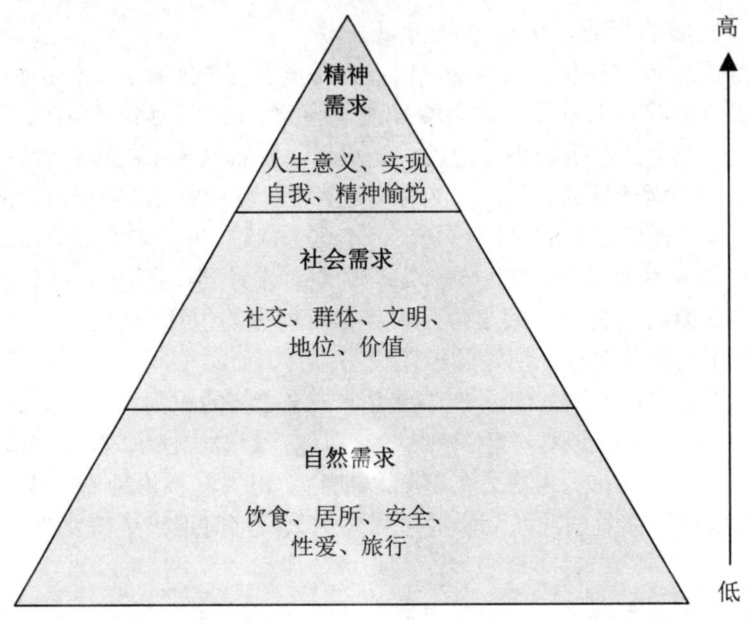

图 3-5　人类需求金字塔

- **自然需求**：指人们对于饮食、居所、安全、性爱、旅行等基本生活要求。
- **社会需求**：指人们对社交、群体、文明、地位、价值等较高层次生活要求。
- **精神需求**：指人们对于人生意义、实现自我、精神愉悦等高级生活要求。

（3）需求分析思考：满足顾客这些需求的商品是什么？首先，要研究满足顾客自然需求的商品和行业有哪些；其次，研究满足顾客社会需求的都有什么；最后，还要考虑满足顾客精神需求的商品有哪些。

（4）对找到的需求进行比较：满足这些需求的渠道和形式是什么？显而易见，自然需求获得渠道和形式很多，但价值都不大，如水、馒头、普通平房等；当需要满足社会需求时，水就变成了牛奶，馒头变成了比萨，平房变成了楼房；当满足精神需求时，牛奶变成了XO，比萨变成了满汉全席，楼房也变成了别墅。

⊙ 企业家提示

满足需要的层次越高，商品价格越高。

精神需要的满足始终只能由少数商品和服务来实现。

（5）有限的商品就是最贵的商品。可见，那些限量的高档名牌商品，除了满足顾客自然需求、社会需求外，也可以满足他们的虚荣心和荣耀感的精神需求。但无论什么时候，

精神需求总是最难满足的，有时甚至无法满足：有谁可以用钱买到真正的爱情？

⊙ 企业家提示

创业者应从研究人类三大需求的观点出发来设计你的产品。经验表明：你的产品满足的范围越广，购买的顾客越多。

2．研究企业组织的需求

如果创业者所要创业的项目是为企业服务的，那还需要研究企业有哪些需求，找到了需求，你才找到了产品的设计方向：只有满足企业某种需求的产品或服务，才会有企业购买。

企业的需求金字塔与人类需求金字塔相似，企业需求也分为生存需求、发展需求和领导需求三层（见图 3-6），同样满足需求的层次越高，价格也越高。

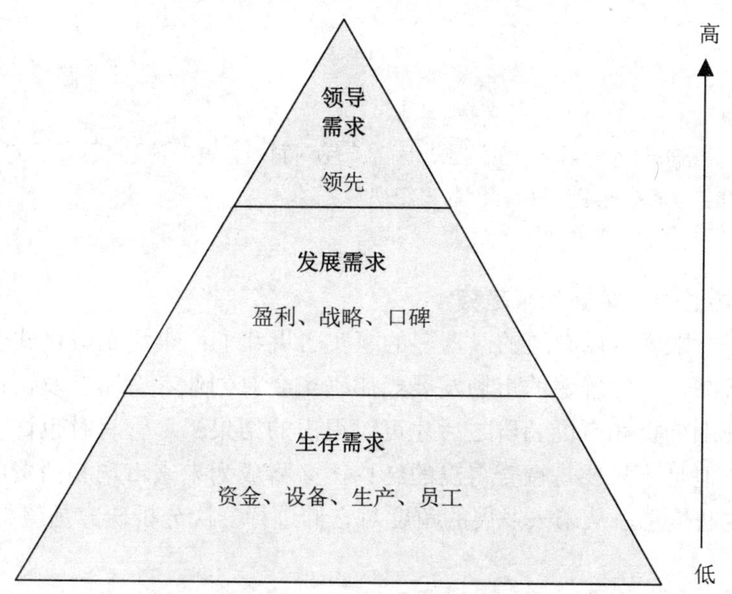

图 3-6　企业需求金字塔

- **生存需求**：在激烈的竞争中，企业最基本的需求是生存。这里需要的就是企业最基本生存和运作需求的所有环节：银行提供资金、生产需要设备和原材料、企业管理需要计算机、员工需要招聘等。
- **发展需求**：企业生存得到保障之后，就是发展壮大的需求了。这时一切可以帮助企业扩大客户群体、提高盈利的服务都是企业需要的：要站在客户的角度去思考问题，找到满足该企业发展需求的方法。

> ⊙ 企业家提示
>
> 在提供这类属于企业发展需求的产品和服务时，首先必须确认该企业的目标市场和目标客户，然后才能找到为他们提供产品或服务的商机。

- **领导需求**：与人类需求金字塔相似的是，企业的需求也是逐级提高，而且需求的层次越高，在市场上的价格也越高。如果你的产品可以满足该企业领导行业的欲望，你就能获得最大价格的回报。

3．需求分析的目的

凡是消费者，不论是企业还是个人，在购买商品或服务时，完全是根据是否可以满足他们的某项需求而定。而这些需求并没有写在顾客的脑门上，而是需要创业者去分析和研究的。

> ⊙ 企业家提示
>
> 研究客户的需求永远是第一位的问题，因为产品对消费者需求满足的程度绝对是消费者购买与否的决定因素，可这一点往往被初创业者忽视。

4．研究市场潜力，掌握未来趋势

市场并不是一眼就可以看透的，众多的事实告诉我们：市场是进化式变动的，顾客会自己去寻找替代品。一些普遍的市场发展规律确实会对创业者有所启发，但是潜在市场应该是创业者在仔细分析和市场调研之后才可以得出的结果。尽管有时也许会感觉一些发现有点不合时宜，但是，只要是调查得出的结论，必将成为未来市场和消费的主流。希望创业者不要忽略这些信息，从未来发展的角度对它们进行一次分析研究是值得的。

> ⊙ 企业家提示
>
> 美国大趋势研究家费斯·伯克恩说："创造趋势的人，必须认识未来。"因此，创业者应该把自己的目光放远，才会找到未来的趋势，创造符合新潮流的产品。不要以为创业者一定是做小生意或者高科技项目，也许一个偶然的设想，就会成就一个新的未来。

发现趋势是一件不容易的事。因为好多时候，人们对萌芽中的趋势认识不足，往往被边缘化或者当成亚文化现象而不予重视。

【案例学习 3-5】　　开创净化水时代

在 20 世纪 60 年代，德国的海因茨·哈卡默发明了净水过滤器，率先用重金属和石灰对自来水进行净化。当时还没有同类产品，因此，并不被人重视。

随着环境污染的加剧和人们健康意识的提高，这一市场日渐壮大，并且很快出现了同类产品。如今，饮用过滤后的纯净水已经成为一种消费习惯，并且这一概念几乎被全世界的人们所接受。

5．未来趋势预测

早在 1992 年，美国的费斯·伯克恩就提出了未来趋势预测，结合目前社会发展，本书作者也总结出一个未来趋势汇总表（见表 3-1），希望对创业者初选创业项目有所启发。

表 3-1　未来消费趋势表

序号	消费群体	消费特点	经营项目预测
1	SOHO 一族	喜欢在家办公、购物、理财，喜欢家居井然有序、安全、舒适，重视家庭生活	家庭美化装饰用品及装修、家政服务、家庭保安设备、办公用品和网络维护服务、网上培训、理财顾问、宠物饲养服务市场
2	冒险猎奇者	喜欢旅游、野外探险、猎奇	冒险体验、极地探险、漂流、异国情调的产品经营、富有冒险倾向的娱乐市场
3	另类个性者	追求素食、香薰、修炼、秘术、健身、另类、天然营养	健康咨询服务、保健产品、生态市场、安全环保产品、品质超群的产品、健身器材市场
4	多维消费者	消费多元化、中西合璧、融会古今，这类消费者已占 6%	提供商品信息、消费指南及物美价廉、个性独特的商品，为多维生活方式提供便利
5	享受生活者	追求精致品位生活、注重生活质量、追求名贵奢侈独特极品	精心设计的优质服务、限量的奢侈品或者奢侈体验、服务极致的产品和服务
6	自由职业者	追求自由独立、返璞归真，不追求白领生活、崇尚自然	为年轻企业家提供的服务、网络服务、信息和渠道服务、娱乐业
7	延长寿命永葆青春	健康长寿、永葆青春是生活目标，追求新的医疗手段	健身及产品，瑜伽锻炼、保健用品，老年护理、体育用品、疗养用品，美容品和技术
8	社会环保	关注环保、伦理道德、文化教育等社会问题，探求内幕	获取新闻渠道、私家侦探、生化、生态和环保方面的服务和产品，废物利用回收渠道
9	消费维权	要求社会生产有诚信的安全产品，要求企业更有环保意识	诚实守信的产品、质量过硬的产品、关于食品安全和环保类的咨询和服务

有时，通过趋势分析，发现未来可能存在的关键问题，用创新的方式为顾客排忧解难，也是寻找市场机会的一种方法。表 3-2 为未来社会和经济生活变化趋势。

表 3-2　未来社会和经济生活变化趋势

序号	社会现象	表现形式	消费需求倾向
1	独生子女增多	一孩化的国策，使每个家庭只有一个子女	儿童用品成人化、奢侈化、个性化，儿童教育、服装、食品多样化
2	社会老龄化	退休人数增多，平均寿命延长	养老院、老年护理、居家养老用品、高级陪护、家政服务
3	非家庭生活方式更加丰富	单身贵族、丁克家庭、周末夫妻、非婚同居、学生宿舍、三代同堂、养老院集体生活	方便食品，便携家具，简约生活方式，旅行社和旅游用品，自助游、自驾游社团，派对、聚餐用品
4	家庭结构变化	大龄青年、宅男宅女、独生子女增多，离婚率增高，职业妇女、失业青年增多	婚介服务、职业培训、心理咨询、职介中心
5	受教育水平提高	高学历无业人员增多，职场竞争更加激烈，创业者增多	在家办公、自由职业、短期劳务，便利交通、即时通信、技能培训、企业顾问、企业诊所、创业指导
6	实际收入提高	恩格尔系数提高	娱乐业、休闲业
7	高储蓄率和净资产提高	银行存款增多，家庭固定资产增多	轻型汽车、家庭娱乐用品、高科技通信用品、教育和信息市场、投资顾问、理财师
8	信息产业需求提高	信息庞杂，无纸化办公，大型展会增多	软件定制、信息管理、编程人员、会展服务、广告、传媒、出版市场
9	高科技产品增多	3G 手机、网络通信缩短了人与人之间的物理距离	简化、方便的高科技通信产品，便捷迅速的交通工具，新能源、新光源的需求
10	跨国企业、连锁企业增多	企业由集中经营转变为零散分工合作，企业分布在不同地区	统一管理的软件开发：网络视频会议、多方会话通信、物流业
11	强调个性化	不论是企业还是个人，都比以往更追求个性和特色	个性化产品、个性化标志、小批量产品、彰显个性的装饰

⊙ 企业家提示

你的创业项目要由市场需求来定。永远是先有需求后有产品，而不应该先有产品再去寻找市场。初步立项之后，还需要对此做认真详细的商机评估。一个项目是否有潜力，不要拍脑袋，不要人云亦云，要用数据、事实来判断并得出理性的结论。有市场需求的产品，才是值得去做的，也是会给你带来成功的项目。

第三节　创业机会评价

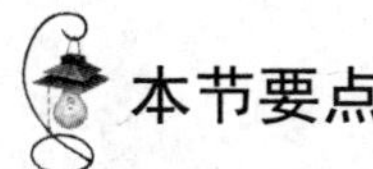

本节要点

使学生认识有商业潜力和适合自己的创业机会，了解创业机会的评价，掌握创业机会评价的方法。

一、有价值的创业机会的基本特征

有价值的创业机会具有价值性、时效性等基本特征。

通常来说，有价值的创业机会首先一定要符合未来发展的趋势，正所谓顺势而上，逆势而亡。其次，公司的产品一定要好。因为产品是一个公司的灵魂。再次，产品在市场的占有率，听说的人多，做的人少，说明市场还很大。还有就是在创业路上最好有创业成功的人给你指导经验和方法，帮助你成功。

⊙ 企业家提示

一旦你找到了一个有价值的创业项目，应该大胆付诸实践。而开始行动的第一步，是先做资料搜集和各项准备工作。经营的根本目的是赚钱，赚钱的核心是商业模式。

任何一位成功者都是从小做起的，他们的成功依靠的是不同于常人的思路和创新的精神。选择一个你认为最合适的创业项目，循序渐进，不怕困难，踏踏实实地去做，成功就在你的面前！

二、对创业项目进行商机评估的方法

（一）确定创业项目时的注意事项

1．先调研后决策

当创业者初选了创业项目之后，不要忘记还有一个重要的环节——市场调研。通过详尽的市场调研之后，就可以对创业项目的市场潜力有一个相当的了解。然后再结合其他因素，对创业项目进行一次严格的商机评估。

2．先评估再立项

商机评估是项目可行性调研的重要环节——并不是我们喜欢什么，就可以做成什么。任何一个创业项目的成功，都不是偶然的。创业者必须考量：我的产品或服务会被市场接受吗？顾客会信赖我的产品吗？市场上是不是早已经存在着很多强劲的竞争对手？谁在为我的目标顾客提供着同样的产品和服务？

> ⊙ 企业家提示
>
> 为了对自己十年后的企业负责，你一定要对创业项目有一个清晰的了解，首先要做市场调研和分析，对未来的创业项目做一个完整的商机评估。

（二）方向正确，才能创业成功

随着创业者逐步迈入创业的大门，会发现有些事和原来预料的并不一样。作为创业导师，我们曾目睹过许多创业的成败，在创业过程中，有一个共同的特点：往往不是一些专业的问题决定了事业的成败，而是你的创业方向是否正确。

有了市场调研和商机评估，你就可以做出判断，你的设想是可以获得持久的成功，还是应该尽早放弃。在创业的过程中，最糟糕的感觉应该就是犹豫不决、惊慌失措了。一次成功的市场调研，就是你事业稳步发展的保障。

> ⊙ 企业家提示
>
> 信息缺乏是导致创业失败的第二大原因。61%的创业失败可以归结为创业者的信息匮乏：创业者对市场发生的情况了解不多，过于乐观地估计了对自己产品和服务的市场需求。

（三）跟成功的创业者学习创业

企业经营管理咨询并非只有大企业才需要，对所有的创业者来说，向创业导师请教，是非常必要的。当然，这位导师一定是有自主创业实践经验的企业家。就像我们学开车，不可能跟一位只知道开车的理论技巧而自己没开过车的人学习，创业也一样，是一个实践的过程。在实践面前，理论对你的帮助十分有限。

三、对创业项目进行商机评估的内容

如图 3-7 所示，商机评估包括以下四个主要部分：自身条件评估、市场需求分析、盈利模式探讨和竞争优势研究。

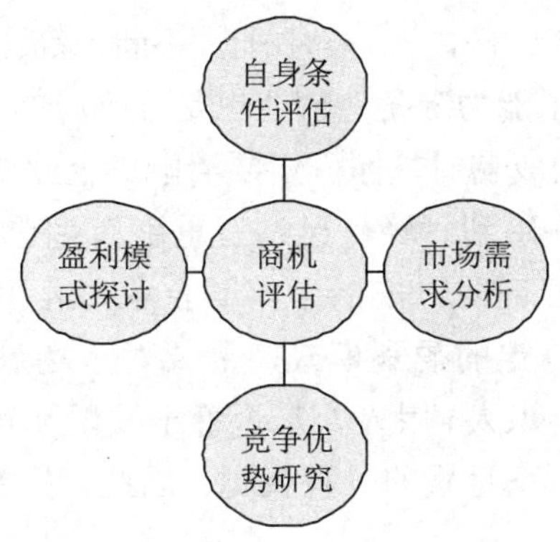

图 3-7　商机评估的四个主要部分

四、个人与创业机会的匹配

判断创业机会是否适合自己的主要依据在于机会特征与个人特质的匹配。

（一）自身条件评估

1．失败是成功之母

无数成功的企业家在成功之前都和大多数人一样平凡，唯一与众不同的是他们具有天生的乐观主义精神、坚定的自信和顽强的、百折不挠的毅力。困难也曾光顾过他们最初的事业，但最后都被他们踩在了脚下。

2．认真审视自己

首先你要了解创业过程中必须要经历的几个阶段，然后衡量自己的性格、爱好、特点，看你是否适合创业、是否适合做这个项目。

（1）你是否为创业做好了心理准备？创业开始后的前三年，也称为企业的初创期，这时你不仅要有实现创业梦想的强烈欲望，还要能忍受创业初期的寂寞。要知道，不论多么好的项目，也都要经历一个潜伏期才会盈利。这时的情形，就好像“野渡无人舟自横”，你必须做好忍耐的心理准备。创业时期的自由和自己决策，是与寂寞紧密相连的。要有危机意识，时刻准备承受困难和坎坷，具有坚忍的心理素质，不要轻易喜怒，保持平和心态。

（2）你是否为创业做好了知识准备？创业是一个漫长的实践过程，创业之初的你，一定是一个多面手。你的企业是否具有核心技术是生存的关键。你的盈利模式要不断调整，因为一旦你踏上创业的征程，就好比你创业的帆船已经起航，“孤帆远影碧空尽”，你已经回不到起点了，必须用坚强的毅力坚持下去，并且为了企业生存要不断学习。是否会分析市场？是否懂得企业管理？是否会策划营销策略？是否看得懂财务报表？创业其实也是一个不断学习、不断提高的过程。干中学，学中干，不断提高自己的知识水平。

（3）你是否为创业做好了能力准备？创业也是分阶段的，不同的时期对经营者有不同的要求。当事业取得阶段性的成功时，你一定要清醒。企业的经营成果说明了你的经营能力，使你信心倍增，此时也许感到“轻舟已过万重山”。但是，你要用平和的心态去面对暂时的成功。美国最新的研究证明，成活十年的企业，才可以算是创业成功的企业。因为一个企业要建立自己相对稳定的盈利模式，需要对市场进行长时期的研究和适应。是否具有团队协调能力？是否会识人、用人？是否善于发现和预知市场？这些能力其实很大成分是创业者在创业过程中日积月累的一种直觉。因此，只要有勇气和信心，能力会慢慢提高。

3．创业成功与否取决于创业者的素质

有资料表明：在新办企业开业后的第二年，约有50%的企业会倒下；到了第三年，存活下来的小企业只有30%；到了第八年，存活的企业仅有3%。

分析近年来青年创业的案例，可以得出这样的结论：创业成功的，大都是意志坚定、不屈不挠、不甘落后、自强不息的人；创业失败的，大都是对创业过程中出现的困难和坎坷估计不足，在市场变化、家庭变化以及意外事件来临时，不能很好地调整自己的心态，放弃了继续创业的决心。

4．不断学习，不断调整

所谓自身条件评估，就是要思考一下你是否为你的创业做好了心理和生理的准备？是否做好了资金和场地的准备？是否做好了应对失败和成功的思想准备？你是否具备了经营管理一个企业的基本技能？如果在评估中发现自己哪些素质还有欠缺，就要注意在创业中不断学习提高，以适应创业的需要。

⊙ 企业家提示

成功的路从来就没有平坦的。决定创业是否成功的主要因素，还是创业者本人的素质。创业项目的成功与否，并不完全取决于资金、市场和营销，最关键还是取决于创业者的素质。

（二）市场需求分析

这部分内容既是选择创业项目的关键内容，也是一个创业者必须学会的经营企业的第一步。任何成功的企业都是以市场需求为导向的。任何有市场的产品都是可以满足顾客某种需求的，所以说，企业的产品最终是由顾客来决定的，没有需求就没有市场前途。图3-8为市场需求分析的考虑因素。

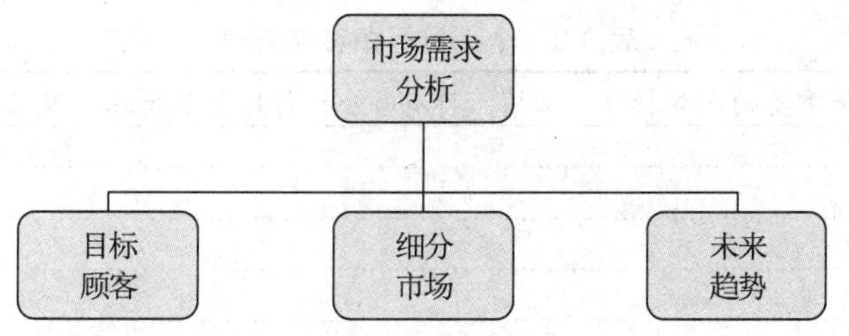

图 3-8　市场需求分析的考虑因素

【案例学习 3-6】　　摩托罗拉的“铱星”

现代市场，是需求决定产品而不是产品决定需求。摩托罗拉的“铱星通信系统”是世界上最先进的技术，它当时还被评为美国最佳科技成果。但“铱星”运营一年，损失 100 亿美元，最后不得不悲情陨落。这个典型的商业案例告诉我们：没有市场的产品再好也注定失败。

1．找到了市场需求就找到了利润之源

如何确定目标顾客和细分市场？为了确定你的产品或服务是否有市场需求，首先需要找出你的目标顾客，即你要卖给谁？顾客的利益是你行动的唯一指南。

2．根据地域、文化、年龄、消费者偏好以及宗教等社会因素细分市场

（1）地域。你的目标顾客分布在哪些地区？在消费习惯上各有什么异同？是本地顾客还是外地顾客？你的产品销售范围是国内市场还是国际市场？

（2）目标群体。你的产品是为谁服务的？谁最需要你的产品？对需要你产品的目标顾客按照年龄、性别、家庭收入、职业等进行划分，对批发客户可按行业、规模等划分一下。

（3）购买力与经营规模估计。你的销售额预计可达到多少？顾客需要的周期如何？各类顾客分别需要什么样的产品特性？你的产品可以满足顾客的哪些需求？

（4）顾客心理分析。你的顾客属于社会哪个层次？基本生活习惯和特点有哪些？

（5）顾客购买行为。顾客购买你的产品的动机是什么？你的产品的使用时间、频率和方式是怎样的？你的产品如何获得顾客的信赖？

表 3-3 为个人目标顾客调查表。

⊙ 企业家提示

世上没有十拿九稳的事，想好了就应该去做。所谓十拿九稳的事，往往是获得回报最少的项目。那些你没把握的项目，别人同样没把握。但是你做了，就有成功的可能，不做，就只能永远看着别人成功。创业不能盲目，但是必须要敢于行动！

表 3-3　个人目标顾客调查表　　　　日期：

注：标有★号的行目是重要的区分标准，必填；标有☺号的行目需要特殊的市场分析，可忽略。

顾客类型：…………	★
地区/范围：…………	★
地区范围大小：…………	★
人口密度：…………	★
年龄：…………	★
性别：…………	★
家庭规模：…………	★
婚姻状况：…………	★
收入/购买力：…………	★
职业类型：…………	★
受教育程度：…………	★
使用该产品的目的：…………	☺
对产品的认识程度：…………	☺
对产品的评价：…………	☺
预期月销售额：…………	

（三）目标群体和市场容量分析

目标群体有多大，将直接决定你的市场有多大。在分析目标群体有多大的时候，要重点思考以下三个问题。

1．目标群体的数量有多少

目标群体的数量直接决定了利润空间的高低。因此，在选择进入一个行业之前，一定要做系统的分析，目标群体数量越大，发展的空间才会越大。

2．产品是否符合目标群体的特点

没有万能的产品，只有符合特定目标需求的产品。我们应当针对自己的目标群体，提供满足这一人群特点和需求的产品和服务，只有这样，开发出来的产品和服务才能最大限度地得到认可并被接受。

3．目标群体是否具有稳定性和增长性

需要我们对现状和未来趋势进行综合分析与把握。

【案例学习 3-7】　　雅诗兰黛的细分市场

目前在美国销售量最好的四个香水品牌都来自雅诗兰黛香水公司，最好的十种化妆品中就有七种是雅诗兰黛的产品，在十个最畅销的护肤品中就有八个是雅诗兰黛的品牌。

为什么很少有化妆需求的消费者不知道雅诗兰黛？是因为雅诗兰黛公司把它的顾客群体（就是目标市场）根据不同的品位、不同年龄、不同性别进行了细分市场，根据不同的偏好生产不同的产品，然后再分别满足每个细分市场的需求。

⊙ 企业家提示

雅诗兰黛就是通过确定目标营销和细分市场，用他们细心而周到的服务，对不同消费偏好的顾客设计不同的产品和服务，从而赢得了市场份额。

认真调研，然后填写表3-4，对创业者分析目标客户会有帮助。

表3-4　企业目标客户调查表　　日期：

注：标有★号的行目是重要的区分标准，必填；标有☺号的行目需要特殊的市场分析，可忽略。

顾客类型：……	★
行业：……	
规模（销售额）：……	★
人数：……	
驻地/地区：……	★
服务范围：……	
消费该产品的目的……	★
购买标准：……	
现有供应商：……	☺
企业文化特色：……	
购买类型：……	★
月均订货量：……	
信誉：……	☺

市场分析需要思考的步骤和问题如表3-5所示。

表3-5　市场分析

序　号	步　骤	问　题
1	信息需要	我应该了解顾客的哪些问题； 我的销售对象是哪类人； 目前市场上有哪些同类服务； 我应该了解竞争对手的哪些情况； 我应该对公司驻地周围做些什么调查； 我应该了解本行业的哪些情况

续表

序　号	步　骤	问　题
2	信息渠道	从哪里可以得到信息数据； 在哪里可以找到创业导师； 哪些数据库和市场报告分析是对我有用的
3	顾客情况分析	怎样了解顾客对我的经营项目的反应
4	竞争情况分析	怎样对竞争对手进行分析； 调查分析中的哪些结论是对我有用的
5	经营场地分析	如何选择合适的经营场地； 我怎样知道这个场地对我是否适合
6	总体分析	预计经营项目的市场潜力如何
7	结论	从市场分析中可以得出什么结论
8	备注	

五、创业机会评价的特殊性

机会评价有利于应对并化解环境不确定性。

（一）没有顾客，企业就无法生存

创业就意味着你在为自己工作，没有谁可以给你和你的员工发工资，要时刻谨记：顾客是你的上帝，只有顾客不断购买你的产品或服务，你的企业才可以生存下去。因此，在创业的过程中，有很多繁杂的事情需要你去处理，但是，找到你的目标客户，与老客户建立良好的关系，并且不断赢得新客户，是最重要的一件事。

（二）掌握了趋势就掌握了未来

成功的企业家们正是凭着一种对未来趋势的直觉而比别人先抓住了市场未来的需求，从而成了高瞻远瞩者。成功永远属于勇者！你要做的就是把目光放远，紧紧地抓住趋势。你必须对该产品的未来趋势做一个深入的研究：未来它是属于朝阳行业还是夕阳行业？估计一下，未来十年内这个产品的市场有多大？走向如何？

（三）要对本行业进行充分的咨询和调研

创业者应该跟从事过本行业管理的开业指导专家咨询，或者向本行业自主创业并且成功经营的企业家咨询。创业者本人必须亲自到市场实地考察，向目前正在经营同类或类似产品的商店了解他们的经营状况。同时，分析国家宏观经济形势，对项目的未来发展趋势和潜在市场、目标客户进行分析研究，也是十分必要的。

（四）到工商联合会了解行业信息

在确定创业项目之前，你还应该去一趟当地的工商联合会或者行业协会，因为那里可以给你提供关于创业和该行业的基本情况。

⊙ 企业家提示

没有创业经历或者是具有官方身份的咨询人员，在创业问题上只能给你提供十分有限的帮助，因为他们没有亲身经历过自主创业。一个惧怕经营风险的人，不但不会给你动力，反而会向你提出种种疑虑，阻碍你事业的发展。因此，找一位体会过什么叫“自负盈亏”的，深知独立经营中存在着哪些陷阱、圈套的顾问和专家，才能真正给你帮助。

六、创业机会评价的技巧和策略

常规的市场研究方法不一定完全适用于创业机会评价，尤其是原创性创业机会的评价。图 3-9 为初次创业者应该记住的关键内容。

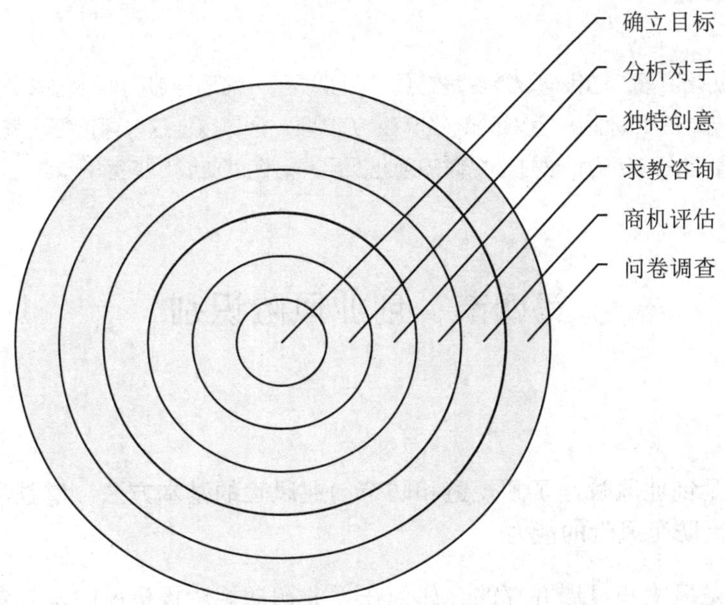

图 3-9　初次创业者应该记住的关键内容

（1）问卷调查。如果条件许可，你也可以在你的目标市场中，针对未来的顾客群做一个问卷调查：你把你未来的产品或服务进行一个描述，在问卷中调查顾客对它的反应，通过这个调查，你可以确定这个项目是否可行。

（2）商机评估。如果你的创业项目经过商机评估的结果不够完美，发现市场或竞争情况并不是十分理想，或者在顾客调查时发现你的经营设想并不被大家看好，这并不意味着你不可以创业，而是意味着你要重新设计一个新的创业项目。

（3）求教咨询。多跟有经验的成功创业者交流，他们可以凭借在创业过程中对企业管理的经验来为同样是创业者的你提供信息、提出建议。一位成功的企业家会给你系统实用的建议，把你逐步引向成功之路。

（4）独特创意。记住这个重要的经营准则：以市场需求为导向，了解你竞争对手的优势和劣势。对你的项目所在的行业了如指掌，你才可以在同类中脱颖而出，做出你的特色，产品才会与众不同，你的企业在市场上才可以立足。

（5）分析对手。以市场需求为导向的经营战略包括：首先对顾客的需求和竞争对手的情况做一次深入的分析，其次推出符合市场需求的服务和产品。

（6）确立目标。只有你的商品或者服务被市场看好时，人们才会来购买它，钱才会滚滚而来，你才可以用这些钱来扩大业务。“确立自己可达到的目标，然后去实现这些目标！”

⊙ 企业家提示

在创业的初始阶段，你也可以同时考虑几个创业项目，然后通过商机评估来确定哪个项目值得经营。一个充分的市场调研可以给你一个有效的判断，通过以上这些可行性研究可以确定你的创业项目是不是潜在成功的。理性选择你的创业项目，是你创业成功的第一步。

第四节　创业风险识别

使学生认识到创业风险，了解规避和防范创业风险的基本方法。增强学生对机会风险的理性认识，提高防范风险的能力。

任何投资都是风险和机遇并存的。如何在创业初期规避投资风险，或者怎样把投资风险降到最低，是每一个创业者都必须思考的问题。就算在企业步入正轨以后，危机依然时刻存在。所以，创业者规避风险的第一招就是：时刻都要有风险意识。

【案例学习 3-8】　　美国汽车大王福特

福特在创业过程中曾经破产过四次，当他回忆创业历程时，说过这样一段话：“一个人如果自以为有了些许的成就而止步不前，那么他的失败就在眼前了。许多创业者开始时奋斗得十分起劲，但前途稍露光明时，便自鸣得意起来，于是，失败立刻接踵而来。”

⊙ 企业家提示

当你经过千辛万苦打开市场时，你最多只能高兴五分钟，因为如果不努力，第六分钟就会有人赶上你甚至超过你。

世界上没有永远的成功。不管那些跨国企业现在做得多么辉煌，在他们创业之初，也一定都历尽了千辛万苦，就跟唐僧取经一样，最后才修成正果。即便是企业建立之后，他们也从不敢放松。

【案例学习 3-9】　　石油大王洛克菲勒

希腊一位雄辩家说：“维持幸福，永远比得到幸福困难。”同理，哪怕是点滴的成功都是来之不易的，但是维持成功更加困难。洛克菲勒这样提醒自己：“当我的石油事业蒸蒸日上时，每晚睡觉前总是拍拍自己的额头告诉自己：‘别让自满的念头，搅乱了你的大脑。’我觉得我的一生这样进行自我教育，益处多多，因为经过这样的反省后，我那沾沾自喜、自鸣得意的情绪，便可以平静下来了。”

⊙ 企业家提示

富在险中求，任何有利益的商业行为都是存在风险的，风险和机遇是一对孪生兄弟。

有价值的创业机会也是有风险的。企业在经营的过程中无时无刻不在面临着瞬息万变的市场，在激烈的市场竞争面前，创业者往往是不进则退。直面风险，学会识别风险，化解风险；直面危机，理性处理危机，才可以在商场中越战越勇，创出属于自己的一片天地。

下面从三个方面来分析初创企业的风险高发区以及如何化解的思路和方法。

一、财务风险是创业者的第一风险

（一）初创企业规避财务风险至关重要

从对创业失败的案例研究中我们知道，因为资金短缺而导致创业项目中断或者经营失败的个案，占所有失败案例的 68.6%，成为创业难于逾越的第一道难关。

（二）创业者应学会读懂财务报表

许多创业者为企业经营中那“令人眼花缭乱”的财务报表感到头疼，由于财务知识的不足，让创业者心里对那些数字望而生畏。但是这项工作是“此愁无计可消除，才下眉头，却上心头”[①]，每一个企业都无法回避，因此，你可以找一个好的财务顾问来帮你解决这个问题。

（三）创业者决策时要有成本意识

在企业的创建初期，分析市场、创新意识都要比财务知识更重要，但创业中的成本核算和财务筹划是每一个创业者必须完成的工作，而且还要认真、审慎地去完成。

（四）把自己的钱与企业的钱分清

（1）要把企业经营的钱单列一个账户。创业之初，创业者最容易犯的错误就是把私人的钱和企业的钱混为一谈。你应该在创业开始的时候，就单独开设一个账户，专门进行企业经营中的资金往来，而不要使用自己的私人账户来处理这些业务。

（2）所有收支都要记账。有的创业者把筹集到的创业启动资金当成私人存款，不仅用于购买贵重物品，有时还用来请客吃饭。结果，用不了多久这个资金的运转情况就失去了控制，同时你的经营也会因为用来创业的钱被“不知不觉花掉了”而导致决策失误。

（3）营业收入不等于利润。还有的经营传统服务业的创业者，把开始经营的收入也和自己的钱混在一起。须知，营业收入的钱并不是你的利润，这里面还有你的经营成本和费用，这样做的后果就是你的成本概念不清，无法确定你的纯利润到底是多少，从而导致盲目经营。

（4）严格区分私人账户和企业账户。研究新创企业的发展规律，可以看出专门准备一笔创业专项资金，对初次创业的创业者的经营运转非常必要。严格区分私人和企业账户，可以减少很多麻烦，不仅可以控制预算的支出，而且在必要时你还可以清楚地向你的创业

---

① 取意李清照的《一剪梅》中：此情无计可消除，才下眉头，却上心头。

团队汇报经营收支情况，不至于产生误会。

（5）不要错把贷款当善款。也有的创业者一旦得到了银行和基金的贷款，就错误地把这些别人借给他经营的钱当成了自己的钱。让风险投资家最头疼的是：贷款到账后，创业者没有用于投资而是先去买了车或房子。

可以同时选择几家银行建立联系。创业者在选择开户行时应该考虑如下因素。

- 经营宗旨是不是以顾客为中心的？这家银行的服务是否快速、及时、周到？有没有官僚主义作风？
- 这家银行是否有对投资项目的融资机会？他们是否在你业务范围内（国内、国际）都有办事机构？跟你的大客户在一个开户银行，会加快你的资金周转速度。
- 一般来说，同时跟至少两家银行保持联系。这样创业者既可以客观地比较他们的服务，也可以在遇到资金危机时，多一个可以申请贷款的渠道。

（五）如何规避投资风险

（1）尽量把固定资产投资压到最低。在创业的最初阶段，把资金的投资范围尽量压缩至最少：可用的设备能租到就先不要购买。因为租赁不仅不需要增加贷款压力，还可以提高你的支付能力，你可以用买设备的钱去做其他更重要的事。固定资产添置越多，投资风险越大。

⊙ 企业家提示

创业伊始，需要花钱的地方很多，尤其是一些不确定因素，经常会产生你意料之外的费用，因此在估算创业启动资金的时候，除了必要的房租、工资、开办费、办公用品等流动资金外，对于固定资产的投入，一定要控制，对于工具设备、车辆、房屋等大件，租借的成本支出比购买要合算得多，尽量不要去买。如果衡量一个二手设备比租借更合算的话，也可以考虑购买。但是，必须注意添置固定资产的金额在整个创业资金所占的比例。

（2）场地大小租用应适当，不宜讲排场。小企业在起步初期，最初的经营场地不宜过大，够用就行。因为在小企业初创期的1～3年内，创业失败率是最高的，要把所有的精力、所有的资金全力投入在市场上，才可以保证企业的生存。即便你是高科技的产业，在创业之初、毫无管理经验的时候，也不宜开始就讲排场，因为“再高的参天大树也是从一粒种子长起来的”，经验的积累、人脉的构建都是需要时间的。

⊙ 企业家提示

规避投资风险，先应该尽量减少非生产必需的硬件和固定资产的投入，这样可以减少开办初期的费用。最好是等你感觉企业发展继续扩张时，依照企业发展的需要再陆续添置。著名的阿里巴巴集团，最初创业者马云也是从 3 万元起家的；乔布斯的苹果电脑，第一台就是诞生在自家的车库里的。

（3）贷款要还本金+利息。创业者要明确，不论是来自银行的创业前贷款、小企业贷款，还是 YBC 创业种子基金、天使基金等外来贷款，这些都是别人的钱，都是用来帮助你创业的，是早晚要还的，有的甚至还要还利息。

（4）注意还款日期。创业者必须留意每笔贷款的还款期限，贷款到期前，就应该收回这笔投资，不然到了还贷的日期就无法抽回资金了。最具体的事情就是，不要用那些短期（创业前贷款目前最长就是一年）的贷款去购置长期使用的设备，所以创业者要切记：短期贷款最好仅用于经营的短期周转，长期贷款才可以用来购置大型设备和其他必需的工具、车辆等。

（5）资金尽量用在经营上。创业初期不需要豪华的办公室，除非是业务必需。如果创业项目提供的服务，客户会根据办公室的档次来决定取舍，则另当别论。如果办公室的档次并不能有助于提高销售业绩的话，那完全可以用二手家具。因为企业初创期间必须把全部的资金都尽量多地用在扩大经营上，或者用在客户身上以提高服务质量，或者用于产品上以提高产品质量。

⊙ 企业家提示

要把钱花在刀刃上，要用在有助于你拓展业务的方方面面。很多非常成功的企业家在创业之初，所有设备和办公设备都是能借就借、能租就租，等到业务稳定了，再逐步提升办公条件。

（6）借新还旧，延长贷款使用期。最后，还要提醒创业者，真的到了偿还不起贷款的时候，也可以借新还旧。但是，这就需要创业者平时跟融资者保持密切的联系，诚实地汇报企业的经营情况，以取得银行或融资者的信任，建立良好的诚信，对创业会有很大助力。

当创业者明白了以上几点现实情况之后，就应该意识到，在企业的成长期，也就是盈利期到来之前，就是创业资金大量投入的时期，这个时期应该尽量节约开支，艰苦奋斗，等企业开始盈利以后，才算正式步入轨道了。

⊙ 企业家提示

每个创业者都应该尽最大努力去增加自筹资金部分，当然，最理想的状态就是完全不依靠外来资金创业。这在以后的创业历程中很重要。在盈利之前，你也许会遇到透支的危机，要提前做好资金储备。

（六）尽量缩短投资回收期

（1）资金周转越快，盈利越多。经常听到一句俗语：出钱的时候慢点，收钱的时候快点。这句话简单明了地告诉创业者，在经营过程中，尽量少支出、缓支出，以保证银行有足够的现金支持你企业的生存。从另一个角度来说，凡是创业者投入的资金，例如初期货款、应收账款等，都要尽快收回，缩短资金在外的占用时间，尽快收回资金可以更快把资金投入下一轮投资中，资金占用时间越短，风险也就越小。

⊙ 企业家提示

创业者失败的经验告诉我们，因为缺少支付能力而导致失败的例子，比因为缺少盈利而导致的破产多很多。尽管很多创业者都不希望出现延期付款的现象，但是，往往无法控制。其实这种情况是可以避免的，根源就是预计不足，或者有时只面对一个客户，急于做成某笔生意时，就不能充分考虑资金回收问题了。

（2）回收期越长，坏账率越高。创业者必须明白，不仅收不回的资金越拖坏账的几率越高，而且拖欠期间的机会成本也许远远大于利润。许多企业的危机是客户的延期支付导致的，所以创业者有必要在开始创业前就补上这一课，提前做好思想准备，做好防范措施。

【案例学习 3-10】　　随时监控应收账款

2012 年，是马梅进入创业的第四年，得到创业导师帮扶的第三年。

在例行的每季度都要给创业导师上报浏览的财务报表中，创业导师发现有一期的应收账款的数额比前一段增大了。于是，及时找马梅了解应收账款的产生原因、组合情况，并叮咛要及时做好监控和回收，因为应收账款越大，你的资金被别人占用越多；应收账款回收期越长，坏账可能性越大。

马梅在导师的指导下，及时调整了经营策略，在决策时更加谨慎，对财务风险的控制也更加严格，如今马梅的企业已经形成了既有理论的产品——《母婴健康》杂志，又有实践基地——两家国家级亲子示范园，还有产业链的延伸——双语幼儿园和完全中学。企业生态链的延长，使马梅的公司也成了“上海启步教育投资管理公司”，企业进入了良性发展阶段。

⊙ 企业家提示

为了避免资金过度占用的财务风险，有的企业采取以下措施。

- 减少延期支付的应收账款，可用让利的方式，鼓励现金支付。
- 对要求延期支付的客户提高价格，或者要求对方支付利息。
- 制定延期支付客户的销售标准，例如月销售额达到多少以上可以月结，但要求月初企业和客户之间签订好有关协议或合同之后再试行。
- 建立延期付款客户档案，并且要跟他们保持密切联系，经常到对方的公司或经营场所去走访考察，以确定他们是否在正常经营，以及及时掌握他们的经营情况。

（七）出现财务危机应如何处理

（1）贷款使用是否合理。投资规划是否合理跟企业的支付能力息息相关，即贷款投资的使用期限与贷款归还的日期要一致。必须用自有资金或者长期贷款购置使用期较长的资产。

企业资金运用的黄金定律：注意贷款的投资使用周期！

⊙ 企业家提示

短期贷款只能用于短期投资；长期贷款只能用于长期投资。

（2）在出现资金周转困难时果断应对的策略。具体策略有以下几种。

① 增加自筹资金。

② 短期贷款转为长期贷款，或者借新还旧。

③ 改进经营方式，及时收回应收货款。

④ 加强促销，减少库存。

⊙ 企业家提示

在以上四种方法中，第一种尤其重要。为了增加企业自主性，以使企业稳步发展，创业者必须努力筹措到尽量多的自有资金。

（3）日常管理中应注意加强自筹资金的能力。具体措施包括以下几种。

① 增强成本意识，节约开支。

② 加大营销力度，提高销售额。

③ 放弃盈利状况不好的产品或服务（千做万做，赔本生意不做）。

④ 合理用人，把有能力的员工从繁琐的小事里解脱出来，做到人尽其才。

⑤ 缩短产品的销售期，加快周转，减少存货。

⑥ 出售闲置资产。

⑦ 改购置设备为租赁设备。如果自有设备闲置，想办法出租给有用的企业或个人。

⑧ 吸引新股东，出让企业部分股权。

（4）建立经营支付能力预警制度。不同类型的企业有不同的管理制度。

① 创业者在开始创业后必须树立一个概念：你投入生产或者经营的钱，要经过一个经营周期才可以收回。

② 如果是生产企业，这个周期是：投资购置原材料→生产→库存→营销→销售成功→收回投资+利润→进入下一个投资循环。

③ 如果是商贸企业，这个周期是：投资购进货物→库存→营销→销售成功→收回投资+利润→进入下一个投资循环。

⊙ 企业家提示

创业者在这个时期最容易忽视的是客户延期付款，尤其是批发企业，面对客户少或刚开拓业务时，很容易为了销售而忽略客户延期付款给企业带来的潜在危机。

每个创业者都应该尽快收回初始资金，并获得利润，以避免企业出现支付危机，经营中严格遵循：流动资金≥到期应付货款，要保证可以及时支付供货商的货款，维持企业良好的信誉。

【案例学习 3-11】　规避风险是创业者时刻要谨慎的课题

股神巴菲特是一个善于规避风险的高手：1956 年，26 岁的巴菲特靠亲朋凑来的 10 万美元白手起家，52 年后的今天，福布斯最新全球富豪排行榜显示，巴菲特的身家已位居全球首位。今天看来，巴菲特的故事无异于神话。但仔细分析巴菲特的成长历程，巴菲特并非那种擅于制造轰动效应的人，他更像一个脚踏实地的平凡人。

在巴菲特的投资名言中，最著名的无疑是这一条：“成功的秘诀有三条：第一，尽量避免风险，保住本金；第二，尽量避免风险，保住本金；第三，坚决牢记第一、第二条。”

为了保证资金安全，巴菲特总是在市场最亢奋、投资人最贪婪的时刻保持清醒的头脑而激流勇退。1968年5月，当美国股市一片狂热的时候，巴菲特却认为再也找不到有投资价值的股票了，他由此卖出了几乎所有的股票并解散了公司。结果在1969年6月，股市大跌渐渐演变成了股灾，到1970年5月，每种股票都比上年初下降了50%，甚至更多。

巴菲特的稳健投资，绝不干“没有把握的事情”的策略使他逃避过一次次股灾，也使机会来临时资本迅速增值。

⊙ 企业家提示

没有足够的流动资金导致支付能力不足而破产的企业，要远远多于因为盈利能力不足而倒闭的企业。创业者的任何一个投资决策都要慎重，尤其是在决定投资的时刻。

俗话说：小心驶得万年船。就连成功的企业家海尔总裁张瑞敏都说他自己“每天战战兢兢，每天如履薄冰”。

（八）创业者在企业出现生存危机时的自救措施

（1）在企业出现债务或者周转困难时，可用租赁方式自救。经济形势有周期，企业也有生命周期，创业者在漫长的创业路上，可能会几次遇到生存的风险或者是经济衰退周期；如果出现巨额债务或者在经济大衰退时，要维持企业生存，可以将企业整体出售给租赁公司，再回租回来经营，既还清了债务，还可以继续生产，等筹集到或者积累到足够资金时，再回购回来。

（2）在企业遇到危机时，用出售其他资产的方式可以规避生存危机。很多企业在经营期间，遇到过几次濒临破产的危机，但是只要企业可以自救维持下去，就会迎来经营的曙光。例如，著名的福特汽车公司就曾经破产过四次。

【案例学习 3-12】　曾经辉煌的钟纺企业靠变卖资产维持生存

具有100多年历史的日本钟纺企业，经历了企业的鼎盛以后，在数十年间的衰退期，一直依靠营业外收入及税后少量的利润生存着。在企业连年亏损的情况下，用变卖资产所得，竟维持了几十年不倒，实在罕见。我们既为企业过去有那样的辉煌震惊，也为企业现在的处境叹息。有这种前车之鉴，很多企业把营业外收入都当成了救命的稻草。

无论用什么方式维持，企业在危机中生存下去之后，就会迎来企业发展的光明期。所以，创业者要有不屈不挠的意志，坚定不移，不论遇到什么困难，都要想办法克服，只有这样才会取得最后的成功！

⊙ 企业家提示

企业经营的命脉实在莫测。不论是初创企业，还是百年基业，都会遇到资金问题，所以，没有现金流的企业是无法生存的。从本质上讲，企业只有依靠其主营业务创造利润，才真正具有生存的价值。变卖资产并不是企业获得利润的正当途径，只是应急措施。当企业处境危险时，富余资产就成了最好的安全阀、防洪堤。

二、信息匮乏是创业者的第二风险

信息匮乏在创业中的表现有以下两方面。

一方面，盲目乐观。许多创业者容易犯的错误就是对市场信息和周边信息缺乏必要的了解，在信息不足的前提下，就盲目地认为自己的产品一定不愁销路，过分乐观地估计了市场的需求，因此当产品生产出来以后，才发现原来市场上经营同类产品的人有很多，有的甚至比自己的产品强得多。

另一方面，大意轻敌。还有的对公司驻地的情况不甚了解，或者是低估了竞争对手的实力。新创企业的失败正是源于低估了风险（最明显的是低估了只有投入没有盈利的时间），而往往高估了自己产品的受欢迎程度，因此在没有足够行业经验和准确的市场预期时，仅靠激情盲目来创业是不可取的。

⊙ 企业家提示

有的创业导师这样告诫创业者：把你预计的盈利潜伏期乘以十，把你预计的销量除以十。这话听起来似乎有点夸张，事实上61%的创业者是因为市场信息匮乏而导致创业失败。

创业初期规避信息匮乏风险可从以下方面来考虑。

（一）外包自己不熟练的部分业务，降低成本

（1）可减少初期资金投入。如果到手的业务创业者感觉还不够熟练，刚开始可以把业务外包给经验丰富的人，而先不要雇用很多员工。这可以降低创业初期流动资金的支出。OEM（定牌加工）是很多小企业在最初创业时采用的经营方法。

（2）可以增长实践经验。创业者在他们完成这个业务的同时，也可以从中学到很多知识和经验，就像徒弟跟师傅偷艺一样，慢慢积累自己的经验和技能。

也许这种方式使创业者赚的利润很少，但是可以赚得珍贵的经验，经验的获得同样也

是需要成本和代价的。

⊙ 企业家提示

外包给经验丰富的人来做你手里的业务，这样做的一个好处就是把风险分散了；另一个好处是你没有风险，你在他们可以接受的条件下，把利润留给自己一些，把发包方对你的要求只高不低地传递给承包人，并且记住要签好合同和定好完成日期，你只要做好项目管理就可以了。

【案例学习 3-13】　在外包过程中学会了管理

王爱军是一个木匠、电工、泥瓦匠都行的技术能手，就在上海装修热的时候，他带领家乡的一伙小兄弟来到上海。由于他的姐夫比他早些来到上海，并且已经打拼了十几年，成立了自己的公司，业务非常繁忙。

为了帮他打下一分天下，姐夫有意把到手的业务交给小王去做。小王技术上可以，可管理上没信心。因此，他把业务分成几块，分别承包给他的弟兄们，他自己只负责材料采购和工程监理。一年下来，现在小王已经在五角场开办了自己的装潢公司，金光闪闪的招牌下是小王自信的笑脸。

（二）承包现成企业的业务，积累创业经验

（1）先从承包别人的业务做起。如果是另外一种情形：创业者拥有技术，但没有业务来源，也没有资金自己创办企业。这个时候，也可以先从承包别人的单项业务做起，用技术赢得收入和管理经验，等到时机成熟，再单枪匹马地创立自己的企业。

（2）承包别人的公司或业务部门。对于一些缺乏管理经验的创业者，也可采取先找个对口单位，或者亲友们熟悉的单位，承包他们一个同类部门，开始最初的业务拓展，建立自己的客户群体，积累相关行业经验和职业体验。

⊙ 企业家提示

很多时候尽管我们的规划和设想很好，但是，俗话说“计划赶不上变化”，客观世界永远充满了变数。只有经过实践的检验，才可以获得真正的体会。

【案例学习 3-14】　先承包经营后独立开店

任何一个行业都有其自己的规律，贸然进入的话，必然会付出学习成本。为了稳妥创

业，有一对小夫妻李东（化名）和王静（化名），因为之前男孩在一家咖啡馆做过前台，有开一家咖啡馆的愿望。但因为他们手里没有足够的资金，同时也感觉缺乏咖啡馆的经营经验，就同一家咖啡馆签订了承包一年的合同。一年做下来，由于自己努力开拓客户，加上原来店里的老客户，到了年底竟然小有收获。

有了第一年承包经营的经验，第二年他们便筹措了部分资金，大胆地盘下了这家咖啡馆，成了真正的主人。

⊙ 企业家提示

积累了一定的客户和行业经验以后再独立门户，可以有效地避免经验不足的风险。

（三）合作经营，降低开办新项目的风险

合作双赢，资源互补。当创业者拥有了创业项目之后，若还面临着缺资金、缺场地、缺人才的问题时，就可以采取合作的方式，吸收那些志同道合的朋友，一起来做这件事。有钱的出钱，有场地的出场地，有力的出力，合作可以使创业者的创业提速，“一个好汉三个帮”，只要大家制定好利益均沾、合作共赢、风险共担的约定，写好合作意向并签好合同，这个方法也是很常见的。

【案例学习 3-15】　　资源整合成就了两个老板

孙强在开始创业时，资金匮乏，租不起很大的场地。但他手里已经有了一部分厂家货源，而且还可以代销。根据他对市场的观察，这些产品绝对有市场。怀着对经营的信心，他来到一个新建的楼盘前，同楼下商铺的所有人谈了一个合作：就是叫这个老板出场地，他来负责进货、销货，年底二人利润平分。

这排商铺属于一家工厂的三产管理，正发愁找不到经营项目，工厂的三产徐经理一口答应。于是双方便商定了合作协议，签好了合作经营的合同。一年以后，小孙挣够了创办企业的注册资金，开办了自己的商贸公司。以前的客户源加上他经营有方，竟然就这样白手起家，办起了自己的公司，现在他已经是一个名副其实的大老板了。

该工厂的三产部门人员也在这一年里掌握了这一行的经营之道，也开办了一家同行业的公司，经营不同品种的商品。两个人同行不成仇，互相搭台，至今仍是好朋友。生意是做不完的，只要你有心、用心，就可以和他们一样，创立自己的事业。

⊙ 企业家提示

在创业开始后，你也要尽快进入企业家的角色，学会系统地分析问题，高瞻远瞩地考虑问题，深入细致地对待问题，有意识地把自己企业家素质的培养推向深入，循序渐进，一点点接近自己的梦想。

（四）掌握信息，独立决策

（1）观察市场、注意积累。在经济社会，谁掌握资源，谁掌握信息，谁就最有可能获得先机。信息包括市场动态、未来趋势、顾客需求等多个方面，创业者一定要争取掌握最多的顾客需求信息，以帮助自己正确决策。

【案例学习 3-16】　“饿了么？”大学生创业团队的故事

“饿了么？”作为一个新型的一门式订餐服务平台，在2009年获得上海市觉群大学生创业基金10万元人民币的资助，2011年又得到了来自美国硅谷的百万美元风险投资，由此团队带头人、上海交通大学研究生张旭豪也将企业带入了发展的快车道。

创意来源

最初，张旭豪和几位同学仅仅是因为半夜12点玩游戏，饿了，无处叫餐。于是，“为什么晚上没有地方叫外卖呢？”这一未被满足的需求就被他们发现了。于是，大家一阵热烈的讨论之后，有人说：我们来包个外卖吧！没想到，创业激情从此点燃了。

观察市场

他们先是暗访一家家的饭店，观察他们午间、晚间到底接多少外卖电话、送多少外卖，发现市场确实需求很大。于是他们承揽下来订餐和送餐的业务。几个月下来，竟然有17家饭店的外卖被他们包了下来。于是，他们印广告，接电话、订餐、送餐，忙得不亦乐乎。从午间到晚间，他们这时就有150～200张订单，但是问题出现了，他们实在是忙不过来了。

开发平台

在业务越来越忙时，张旭豪开始考虑C2C的模式，就是客户订餐以后，由饭店直接送餐。为了实现顾客可以在任意地方搜索周边饭店—进行订餐—饭店客户端收到订单—饭店送餐这个流程，他和他的团队整整花了半年的时间开发平台，又用了两年的时间，“ele.me”“饿了么”网站终于上线了。

上网以后，加盟店迅速达到了30家，每天的订单也增加到500～600份，同时也获得了各类创业大赛的奖励和基金的扶持。

积累客户

“饿了么”团队拿下上海交大所在的闵行区客户之后，又开始进军华东师范大学、松江大学，每开发一块市场，他们的诀窍就是“扫街”，一家家饭店去谈，一家家签约，有时拿下一个合同竟然谈了40多个回合！就这样一点点积累客户，“饿了么”团队完成了从量变到质变的过程，在2011年得到了来自美国硅谷的风险投资，开始向全国市场进军！

“做餐饮业的淘宝！”这就是张旭豪团队的雄心！

⊙ 企业家提示

创业不仅仅需要勇气，还需要踏踏实实地做市场调研；要做好市场营销，首先需要生产出适销对路、可以满足顾客需求的产品。因此，掌握第一手市场信息，就是创业成功的第一步。

（2）独立决策，自信执著。事实上，有时候专家的建议也未必是正确的，因为确实有的小企业开办的项目，最初并不被专家们看好，而后来竟然取得了惊人的增长。因为专家也不是对各个行业的信息都了如指掌的，信息量和准确性仅仅可以作为参考。

【案例学习 3-17】 自信成就伟业

现在身为天津泰达华生生物园CEO的刘建亚，在1995年刚刚踏上创业之路时，由于缺少创业资金，他带着自己的高科技项目去参加了一个风险投资基金的推荐会。当时，一位加拿大的风险投资家开口就给他们一个致命的打击：“你们是行尸走肉（You are living dead），你们注定会失败的。”因为根据当时的统计数据表明，高新科技企业3年的存活率只有1%～2%。但刘建亚身边的一位创业成功者立即就说：“别听他们的，别指望他们会给你钱，要依靠自己闯过难关。”

刘建亚当时的想法就是：“我偏偏就不信邪。”毅然坚持走自己的创业之路，最后成立了天津比特菲生物技术有限公司，自己成了董事长。当他回顾这段历史时，感慨地说：“对于一个创业者来说，一定要坚信自己也是可以成功的。”正因为他有乐观自信的心态，才会在遇到打击和挫折时，不灰心、不放弃，“朝着前面那片灿烂的曙光”大踏步地前进，走出了今天的一片天。

⊙ 企业家提示

最大的失败就是自己不去试一试，试了就是成功的一半！比专家的意见更为实际的就是创业者的决心，在坚定的信心面前，一切困难都不再是困难。

三、创业初期的管理风险

规避创业风险还包括创业者要及时转变人生角色，树立起创业者应有的责任感和事业心，学习和掌握企业管理的一些基本规律和技能，避免因为管理不善而给企业经营带来失败。创业正是从头学习企业管理的机会，养成一个有计划、有步骤地安排事务的习惯，做好规划，目标明确，不盲目、不浮躁，踏踏实实地去实现创业计划。

（一）创业初期，就要规范有序

良好的开端等于成功的一半。创业伊始，创业者就必须要求自己规范化经营，当然这里的规范化并不是要求新建的企业硬件和外观的规范化，而是在工作作风和细节上，要规范化经营、规范化交际，以及建立创业者规范化的形象，甚至需要用规范用语在规范的信函上与客户交流！

（1）做事越规范，大家越信任你。一个不注重规范化形象的企业，永远不会被客户看成严肃正规的企业，永远不会得到平等的机会而受到商业伙伴的尊重。创业者越是注重形象的规范化，大家就越会相信你的工作、你的产品和服务也同样具有优良的品质。

（2）注意细节，培养专业形象。“小作坊”与“大公司”的区别就在于一些细节上，正如我们在生活中对不拘小节的行为多数反感的事实一样，在商务活动中，也是同样的境遇。如果创业者在商务谈判、业务范围内不够专业，是很难得到商业伙伴的赞许的。

> ⊙ 企业家提示
>
> 创业者要利用一切机会展示专业性：你比任何人都更专业，更了解这个市场！要给对方的一个印象就是：你熟悉本行业中每一个竞争者的情况，你熟悉业务范围内的每一件商品。展示你对市场的认识，是你成功的重要武器。

（3）充分发挥你的人格魅力。一个企业经营的好坏，与企业家本人的魅力相关。可以说，人们往往因为接受了你的人，而因此接受了你的产品和服务。

【案例学习 3-18】　从小处就注重规范化的 IBM 创始人

IBM 的创始人托马斯·J.沃尔顿最初只是一个商品代理人，业务范围就与目前的小商贩差不多，但他总是通过微妙的不同而获得远高于同仁的业绩，他把一身质地优良的西装和优雅的谈吐看得至关重要。正因为他的外表和举止得体，给客户留下了值得信任的印象，

从而为他的成功打下了基础。

（二）注重细节，掌握经营活动的每一个步骤

“千里之堤毁于蚁穴”，经验告诉我们，事业成败取决于细节。在创业初期，创业者要亲身参与经营活动的每一个细节，只有细致地了解了经营的全过程，才可以对成本和利润有真实的了解，追求利润最大化的同时，也应该尽量降低经营和管理成本。

有人说：成功在于细节。“细节是魔鬼”，创业者只有对自己企业经营的每个环节都一清二楚，才可以找到问题所在，才可以控制成本和利润。

⊙ 企业家提示

创业者所做的每一个决定都是为了企业的生存，而企业的目标永远是追求利润最大化，因此在经营管理中，不要把个人情绪和情感带到管理中，理性创业、理性管理才是发展之路。

（三）精细管理，做好企业的危机处理

（1）快速处理，不回避、不推诿责任。任何企业在经营中，都会遇到大大小小的危机事件。这些事件大多数是意料之外，并且毫无征兆的。当这些危机出现时，创业者最重要的是保持冷静，就像消防队员一样，先灭火，然后再查找原因，千万不要回避和推诿，要做一个敢于负责的人，坦诚地对待合作伙伴和客户。

（2）提前准备，加强危机意识。提前做好企业危机处理预案，对不同危机出现的情况提前做出分析和应对方案。做好日常管理责任制，在出现任何问题时，都有指定业务的负责人。而且要实行“首问责任制”，一旦出现应急事件，不论是谁，遇到危机发生就要第一个去协助解决，并且坚持到最后。

【案例学习 3-19】　　突发事件使辉煌的企业进入休眠期

在保健品行业，吴炳新是名副其实的“教父级”人物。

他曾经带领三株在很短的时间内演绎了中国保健品行业最辉煌的“神话”。1992 年以 30 万元起家，1995 年销售收入便达到 23.5 亿元。1996 年，迅即走向巅峰，销售收入超过 80 亿元。

随之，1998 年因为那次著名的“常德事件”，三株的月销额从最高时的 7 亿元急速下滑至 1 000 余万元，16 万人的营销队伍当年就裁掉了 15 万人，从此进入了休眠期。

（四）注重诚信，做好企业的合同管理

诚信是一个企业生存和壮大的立足点，一个没有诚信的人会失去朋友，一个没有诚信

的企业也会失去合作伙伴。创业者在树立企业诚信的时候，应注意遵守合同，信守承诺，这是一个需要时时注意的环节。在合作时及时签订合同，不仅有利于建立自己企业的诚信度，也可以作为一种自我保护手段，防止上当受骗。

【案例学习 3-20】　东山再起的史玉柱

大家都熟悉的史玉柱，在巨人大厦遭遇资金问题而被迫停建时，他因此欠下了2.4亿元的巨额债务，但是他以一个企业家的责任感和过人的胆略，经过两年的时间，重新崛起，偿还了所有债务，终于东山再起，成为众人称颂的企业家。

【案例学习 3-21】　诚信是企业的生命

YBC在中国资助的第一位创业青年叫刘建刚，在他的涉外劳务公司刚起步的时候，一位家政服务员出于好心，洗坏了一家外国人昂贵的价值五六万的羊毛地毯，这时公司刚起步，资金也很紧张，刘建刚一时没了主意。

这时他想到了他的创业导师朱建新，于是就一五一十向导师汇报了整个事件的过程。朱建新老师耐心听完他的讲述，告诉他：对于一个新办企业来说，诚信是最重要的，企业如果失去诚信，就将无法在竞争中立足。

朱建新导师的一席话，惊醒了这个年轻的创业者。于是，刘建刚为了企业的信誉，借钱给客户做了赔偿，得到了客户的好评，使企业的诚信度和美誉度都得到了提高，生意也越来越好了。

（1）不要因为都是熟人合作，就不签订交易合同。俗话说：“凡是骗走你钱财的都是熟人。”创业者对熟悉的客户和朋友，也要按规章办事，应该签订合同的就要及时签订。不熟悉的人，人们通常都会有戒备心理，所以一般不会上当受骗。签订合同并不是说不信任谁，而是养成一个按规矩办事的好习惯，签合同是对合作者双方的共同约束，为企业今后的发展打下一个良好的基础。

（2）不要因为是熟悉的业务就粗心大意。古人云：“大意失荆州。”往往一个小小的失误，最后竟然导致所有人的心血前功尽弃。因此，不论这项工作对创业者来说多么熟悉和熟练，都应该养成严谨的工作作风，按程序做事，不要马虎大意。

（3）不要因为遇到了困难就不守合同。俗话说：“天有不测风云。”在企业经营的过程中，遇到暂时的困难和坎坷是正常的，作为一个有雄心的创业者，在遇到任何问题时都应该勇敢地面对，而不要逃避。如果一时不能按时偿还贷款，或者因故不能按时发货等意外情况发生时，应该主动向对方说明情况，以求得对方的谅解和理解，而不要任其发展，或者不了了之。

⊙ 企业家提示

我们也看到一些创业的案例中，有个别的创业者在企业遇到困难时，表现出退缩或者逃避甚至放弃创业的现象。这样的后果就是，这件事恐怕今生都会成为他心头永远解不开的结，再也没有自信和勇气创业了。

【案例学习 3-22】　小企业发展靠经理

现在称雄于住宅加急邮送业（即宅急便）的亚马托运输，就是在小仓经理的果断决策下迅速发展起来的。亚马托原来只从事一般的货物运输，小仓经理接手后，开拓了以普通消费者、一般企业为对象的住宅加急邮送业务。

亚马托最初打算通过与三越公司合作进入住宅加急邮送业务领域，但未能达成一致意见，于是决定独立从事住宅加急邮送业务。结果，公司很快发展壮大起来，并由此奠定了自己在该领域的先驱地位。

经小仓经理的着力开拓，亚马托运送的货物或商品虽然没有改变，但市场份额和客户群却得到了扩大。刚开始，企业对突然改变的市场环境也没有充分的准备，更没有成功的把握，只有孤注一掷，一往无前。当时，如果尝试失败了，公司会立即倒闭，而所有的责任将会由做出决定的经理一人承担。

⊙ 企业家提示

企业最初的发展主要靠创业者，创业者的个人素质和意志在一定程度上制约着企业的发展，只有具备必需的人、财、物、信息等条件，才可以保证经营方针的顺利贯彻执行。制定方针靠智慧，实施方针靠意志。

然而，经营方针制定出来之后，仍有许多问题要面对，具体来说，由智慧、心血凝结而成的经营方针，在实际实施时，并不一定都能按预期的要求顺利进行。这是因为，创业者即使对实施方针很明确，但出于对经营中可能失败、企业可能承担风险的考虑，在行动中也就不得不小心谨慎，做起事来难以放开手脚，这往往使经营方针无法完整地贯彻执行。

【案例学习 3-23】　创业者的自信与人生成败息息相关

比尔·盖茨的同学利莱特没有和他一起退学，是因为利莱特感觉自己还没完成大学学业就去创业是不具备条件的，他因此失去了致富的机会。而就在比尔·盖茨读书期间，他的另一位朋友却力邀比尔·盖茨一起创业，最后同比尔·盖茨一起开创了微软公司，他叫艾伦，是比尔·盖茨最忠诚的伙伴，在法律方面非常擅长，深得比尔·盖茨的钦佩。

后来艾伦也成了举世闻名的大富豪。

⊙ 企业家提示

如果创业者的意志薄弱，或者不够自信，那他的创业绝对不可能成功。也就是说，经理如果对可能出现的失败过分忧虑，不敢做出决定的话，企业的经营方针一样得不到贯彻执行。因为企业的诚信，创业者个人的信心，都会直接跟企业的成败密切地联系在一起。

第五节　商业模式开发

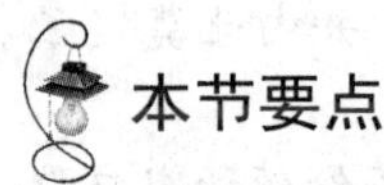

本节要点

使学生认识商业模式的本质，了解战略与商业模式之间的关系，掌握商业模式设计和开发的思路，明确开发商业模式的关键影响因素。

一、商业模式的定义和本质

（一）商业模式的定义

1．最初的定义

早在20世纪50年代就有人提出了“商业模式”的概念，但直到40年后（20世纪90年代）才流行开来。泰莫斯定义商业模式：是指一个完整的产品、服务和信息流体系，包括每一个参与者及其起到的作用，以及每一个参与者的潜在利益和相应的收益来源和方式。在分析商业模式过程中，主要关注一类企业在市场中与用户、供应商、其他合作方的关系，尤其是彼此间的物流、信息流和资金流。

2．专家学者的定义

清华大学雷家骕教授概括出的商业模式定义为：一个企业如何利用自身资源，在一个特定的包含了物流、信息流和资金流的商业流程中，将最终的商品和服务提供给客户，并收回投资获取利润的解决方案。

3．通俗的定义

较为通俗的定义是：商业模式就是描述企业如何通过运作来实现其生存和发展的“故

事”。简单地讲，商业模式就是企业的动态盈利战略组合。所以，也有人直白地说：“赚钱了才是商业模式。”例如，在网络热潮时期，硅谷的许多创业者就曾经通过给投资者讲一个好听的“故事”而获得了巨额投资。

（二）商业模式的本质

商业模式本质上是若干因素构成的一组盈利逻辑关系的链条。

【案例学习 3-24】　　戴尔商业模式成功的启发

自 1984 年戴尔计算机公司创立以来，它一直是电子商务领域的开拓者和领导者，截至 2003 年底，戴尔在全球 PC 市场上的份额已经达到了 17%，是全球最大的直销个人电脑的公司。大部分人都认为戴尔成功的原因在于坚持贯彻直销，所以戴尔模式一般也被称为“直销模式”。

戴尔商业模式的运作体系认为，戴尔公司成功的商业模式开发经验可简要地归纳为七个方面：建立贴近顾客的直接关系、提供专人客户负责制、采用行业标准技术、按需定制、实行精细化管理、建立供应链管理和坚持多元化经营战略。

二、商业模式和商业战略的关系

商业模式是从全新的角度来考察企业，是一个正在形成和发展中的新的理论和操作体系，许多概念和内容尚未定位；另一方面商业模式涵盖了企业从资源获取、生产组织、产品营销、售后服务到研究开发、合作伙伴、客户关系、收入方式等几乎一切活动。

（一）商业模式的形成逻辑

商业模式是创业者创意，商业创意来自机会的丰富和逻辑化，并有可能最终演变为商业模式。其形成的逻辑是：机会是经由创造性资源组合传递更明确的市场需求的可能性（Schumpeter，1934；Kirzner，1973），是未明确的市场需求或者未被利用的资源或者能力。

随着市场需求日益清晰以及资源日益得到准确界定，机会将超脱其基本形式，逐渐演变成为创意（商业概念），包括如何满足市场需求或者如何配置资源等核心计划。

随着商业概念的自身提升，它变得更加复杂，包括产品/服务概念、市场概念、供应链/营销/运作概念（Cardozo，1996），进而这个准确并差异化的创意逐渐成熟最终演变为完善的商业模式，从而形成一个将市场需求与资源结合起来的系统。

（二）商业模式的要素

1. 商业模式的要素

商业模式有三个核心要素：顾客、价值和利润。一个好的商业模式必须回答以下三个基本问题。

- 企业的顾客在哪里？
- 企业能为顾客提供怎样的（独特的）价值和服务？
- 企业如何以合理的价格为顾客提供这些价值并从中获得企业的合理利润？

商业模式是商业战略生成的基础，商业战略是在商业模式基础上的行为选择。商业模式的价值主张、价值网络和价值实现等要素之间的不同组合方式形成了不同的商业模式。

在综合了各种概念的共性的基础上，提出了一个包含 8 个要素的参考模型。这些要素包括以下 8 个方面。

（1）价值主张（Value Proposition）。价值主张是指公司通过其产品和服务所能向消费者提供的价值。它确认了公司对消费者的实用意义。

（2）消费者目标群体（Target Customer Segments）。消费者目标群体是指公司所瞄准的消费者群体。这些群体具有某些共性，从而使公司能够（针对这些共性）创造价值。定义消费者群体的过程也被称为市场划分（Market Segmentation）。

（3）分销渠道（Distribution Channels）。分销渠道是指公司用来接触消费者的各种途径。这里阐述了公司如何开拓市场。它涉及公司的市场和分销策略。

（4）客户关系（Customer Relationships）。客户关系是指公司同其消费者群体之间所建立的联系。我们所说的客户关系管理（Customer Relationship Management）即与此相关。

（5）价值配置（Value Configurations）。价值配置是指资源和活动的配置。

（6）核心能力（Core Capabilities）。核心能力是指公司执行其商业模式所需的能力和资格。价值链（Value Chain）是为了向客户提供产品和服务的价值，相互之间具有关联性的支持性活动。

（7）成本结构（Cost Structure）。成本结构是指所使用的工具和方法的货币描述。

（8）收入模型（Revenue Model）。收入模型是指公司通过各种收入流（Revenue Flow）来创造财富的途径。

> ⊙ 企业家提示
>
> 创业公司在商业模式上常见的失误有：做出来的解决方案没有市场需求，产品缺乏特定的市场，产品总是免费赠送。一个好的商业模式至少要包含以上 8 个基本元素中的前 7 个。

2．商业模式的特征

长期从事商业模式研究和咨询的埃森哲公司认为，成功的商业模式具有以下三个特征。

（1）成功的商业模式要能提供独特价值。有时候这个独特的价值可能是新的思想；而更多的时候，它往往是产品和服务独特性的组合。这种组合要么可以向客户提供额外的价值，要么使得客户能用更低的价格获得同样的利益，或者用同样的价格获得更多的利益。

（2）商业模式是难以模仿的。企业通过确立自己的与众不同，如对客户的悉心照顾、无与伦比的实施能力等，来提高行业的进入门槛，从而保证利润来源不受侵犯。例如，直销模式仅凭“直销”一点，还不能称其为一个商业模式，人人都知道其如何运作，也都知道戴尔公司是直销的标杆，但很难复制戴尔的模式，原因在于“直销”的背后，是一整套完整的、极难复制的资源和生产流程。

（3）成功的商业模式是脚踏实地的。企业要做到量入为出、收支平衡。这个看似不言而喻的道理，要想年复一年、日复一日地做到，却并不容易。现实当中的很多企业，不管是传统企业还是新型企业，对于自己的钱从何处赚来，为什么客户看中自己企业的产品和服务，乃至有多少客户实际上不能为企业带来利润，反而在侵蚀企业的收入等关键问题，都不甚了解。

埃森哲提出的三个特征与 SAP 提出的三个要素是相互印证的。

拓展阅读 21 世纪商业模式评选

目前，商业模式评选在国内只有商界传媒“最佳商业模式中国峰会”、21 世纪商业模式评选，“最佳商业模式中国峰会”、21 世纪商业模式评选为中国企业的创新树立了新标杆，在业界影响广泛且深刻。“最佳商业模式中国峰会”、21 世纪商业模式评选全面地评估了中国企业的商业模式创新能力；褒扬传播中国公司的最佳“商业模式创新”实践；推动中国公司商业创新转型为国内外投资者提供高价值的企业投资指引。

思路决定出路，布局决定格局，商业模式决定企业成败。现在，商业世界的竞争已非一城一池的得失，而是着眼全球的模式之争。当今商业环境的竞争不只是停留在产品、资本层面的比拼，更在于商业模式的升级换代。而商业模式的本质在于整合各种资源创造出新价值，而非掠夺式地从既有的商业蛋糕中坐享其成。

商业文明改变中国，商业模式影响中国。2005 年，商界传媒旗下的《商界评论》开启了商业模式创新的“黑匣子”，播下了“模式创造价值”的商业意识。发掘、扶持、剖析、推广有生命力的健康的商业模式也正是《商界评论》的发力点，“最佳商业模式峰会”正是一个激荡催生中国商业模式智慧的主阵地。

到 2011 年，“最佳商业模式中国峰会”已经是第七届。

《21 世纪商业评论》自 2004 年创刊，开始并持续关注“商业模式”概念。通过追踪研究大量企业案例，并进行深入分析，21 世纪报系在国内率先科学定义商业模式的概念，建

立商业模式内涵分析框架体系。

2007年5月《21世纪商业评论》以“你卖的到底是什么——商业模式及其创新”为封面专题，对商业模式的历史沿革、准确定义、内部结构等方面发表深刻见解。2007年《21世纪经济报道》出版专著《你拿什么吸引我：创业者必知的风投规则》对企业如何具体进行商业模式规划及创新作出具体指导，一时洛阳纸贵。2010年，21世纪报系与商务印书馆合作出版《创新冲动——企业商业模式升级的中国路径》。

21世纪中国最佳商业模式评选的举办，旨在为中国企业的创新树立新标杆。

三、商业模式因果关系链条的分解

每个企业都有每个企业的特点，其商业模式也不尽相同。有人说，现代企业的成功主要是赢在了商业模式上。所以，商业模式的设计日益受到人们的关注。

（一）商业模式设计是创业机会开发环节的一个不断试错、修正和反复的过程

因为企业生存所处的外在环境时刻都在发生着变化，因此，要维持较为持久的盈利优势，就要在实践中不断修正和完善商业模式。

【案例学习3-25】　不同产品的商业模式是不同的

日用品的商业模式就是靠量大，薄利多销。例如大米是中国人的主要粮食，全国13亿人口，每人每天吃0.5千克大米的话，一天就要6.5亿千克，如果每斤盈利0.01元，每天的利润就是1 300万元，一年的利润就是47亿元。

而销量小的产品就靠单位产品的高额利润来盈利，例如古董、高档奢侈品、高级装饰品等。这是由产品的不同定位来决定的。

⊙ 企业家提示

大学生创业者要根据自己的产品和服务的定位来设计自己的盈利模式。盲目地抄袭商业模式，会因为各自企业所处的天时、地利、人和不同，而结果也大相径庭；学会有创新地借鉴，能够设计出具有创新性和差异化的商业模式，才是企业盈利的保障。

（二）商业模式分为自发式和自觉式

1. 自发式商业模式

自发式的商业模式是自发形成的。企业对如何盈利、未来能否盈利缺乏清醒的认识，

企业虽然盈利，但商业模式不明确、不清晰，其商业模式具有隐蔽性、模糊性、缺乏灵活性的特点。

2. 自觉式商业模式

自觉式的商业模式是对企业通过对盈利实践的总结而成。它是对自发式盈利模式加以自觉调整和设计而成的，具有清晰性、针对性、相对稳定性和灵活性的特征。

（三）商业模式的因果关系

商业模式一旦确定，也不是一成不变的。因为建立商业模式的因是经营外部环境的市场需求，商业模式设计的果是带来企业生存发展需要的利润。没有市场需求的产品，不论其科技含量多高，都不会给企业带来利润。例如，前面提到的案例“摩托罗拉的铱星”。

四、设计商业模式的思路和方法

商业模式设计是分解企业价值链条和价值要素的过程，涉及要素的新组合关系或新要素的增加。简单地说，商业模式就是企业赚钱的渠道和方法，通过怎样的模式和渠道来赚钱，是企业在市场竞争中逐步形成的企业特有的赖以生存的商业结构。

拓展阅读　　**商业模式的作用**

在美国的著名商学院的课堂上，商业模式是分析创业和企业商业运行的重要概念。管理学大师彼得·德鲁克曾说过：“当今企业之间的竞争，不是产品之间的竞争，而是商业模式之间的竞争。”前时代华纳 CEO 迈克尔·邓恩认为：“在经营企业的过程中，商业模式比高新科技更重要，因为前者是企业能够立足的先决条件。”不管这些观点是否准确和完整，一个不争的事实是，企业必须选择一个适合自己的、有效和成功的商业模式，并且随着客观情况不断加以创新，才能获得持久的竞争力，从而保证企业的生存和发展。2004 年 Google 的上市和上市后的优异表现，使人们更加深入地思考商业模式及其对创业成功的作用。

五、商业模式创新的逻辑与方法

（一）商业模式的创新逻辑

当评判一个企业能否提出真正具有创新性的商业模式时，首先需要从逻辑上回答商业模式要素中的三个问题，需要判断它是否能为顾客、股东、员工，甚至其他利益相关者带来实际的价值和利益。总之，一个好的商业模式应当能够为多方创造价值。

（二）商业模式的创建方法

1．认知商业模式关乎企业成败

企业的目标是追求利润最大化，创业者的任何决策都是为了企业的生存。如果你细心观察一下市场，就会发现一个有趣的现象：有时即使是经营同类商品的企业，盈利状况竟然会截然不同，这其中的奥妙在哪里？

谁能够持续获得比同行更高的利润，谁能设计出合适而且有效的商业模式，谁就是真正的赢者。在过去的30年里，世界上90%的公司都未能取得持续的利润增长。如果将国内所有大中型企业清盘的话，有不低于70%的公司是亏损而且是资不抵债的。中国企业平均寿命只有6～7年，民营企业平均只有2.9年，生存超过5年的不到9%，超过8年的不到3%。

究竟是什么原因导致了大量的企业走向失败？如图3-10所示的冰山理论告诉我们，任何企业的失败都有其根源所在，有的是显示在外边的，被称为冰山上部分；而有时真正的根源确实容易被创业者忽略而成为其看不到的潜在因素，也就是被称为冰山下的那些因素，那部分因素才是最重要的。

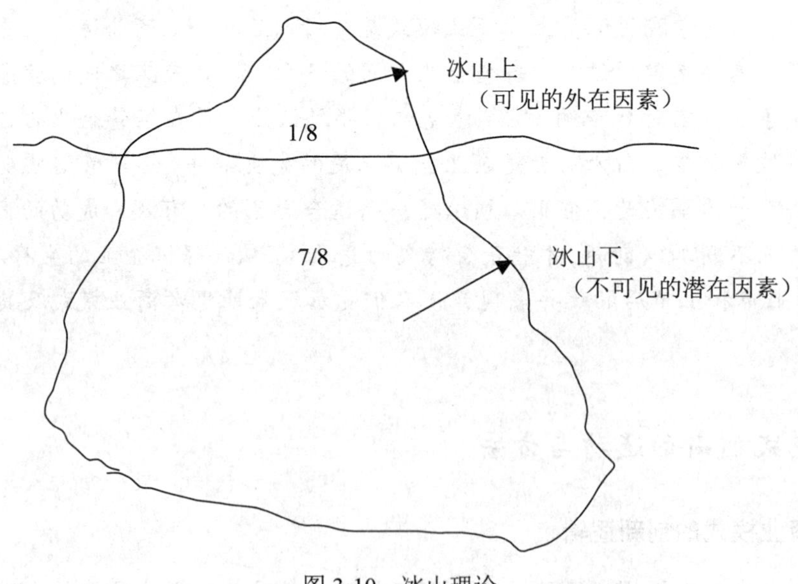

图3-10　冰山理论

⊙ 企业家提示

通过对 300 多家中外企业失败案例的剖析发现，因为战略原因而失败的只占 28%，因为执行原因而夭折的企业只占 25%，但因为没有找到合适的商业模式而走上绝路的却占 47%。美国兰德公司曾对 1 000 家破产企业进行过研究，结果表明，有 45%以上的企业也是因为商业模式的设计失误，致使企业陷入困境，最后破产。

2．研究同行的商业模式

任何企业的经营都会受到可控和不可控的因素影响，有时相同的错误会普遍发生。因此，观察其他企业的做法、处境，以及如何引进产品和推销等，可以获得很多经验教训。研究与你要创建的类似的公司或者要生产的类似的产品，可以使你冷静地认识市场需求，帮助你找到合理的商业模式。

【案例学习 3-26】　　巴黎商学院的“经营黄金法则”

举世闻名的巴黎商学院有 10 条关于企业经营管理的“黄金法则”，其中一条就是：“经商最重要的不是资金，不是人才，而是商业模式。”经商的根本目的是赚钱；赚钱的核心是商业模式。

3．寻找最佳的商业模式

你必须要遵循一个原则：任何模式都应以顾客的需求、市场策略和经营特色为中心。好的商业模式应具有如下三个特点。

- 必须可以同时满足顾客和企业的需要。
- 应该是满足顾客愿望或解决顾客不满而研究出来的对策。
- 一定具有自己的特色，可以使顾客离不开你的产品或服务。

⊙ 企业家提示

不少创业者的一大缺点，是他们每天宁愿花费大量的时间去思考公司重大决策方面的事情，投入大量的人力物力去精心运作和执行，却不肯多花费一点时间来考虑、设计适合自己的商业模式，使公司长期在利润区外徘徊，却总是找不到进门的钥匙。

在企业的战略与运营之间其实存在这样一个被人忽略的规律，找到了它，成功的企业能更加稳固，平凡的企业可以焕发新生，流动的资本就会找到利润区，这个规律就是商业模式。

4．研究对手的商业模式

（1）知己知彼，百战不殆。你必须首先找出你的竞争者，然后要像了解你自己一样了解你的竞争者：他们的产品和你的有什么异同？目前他们的市场份额如何？他们都有哪些营销策略？要清楚哪些人正与你做着同样的事，掌握和分析他们的信息，才可以找到自己的生存空间。

（2）想顾客之所想。除了向成功的企业家学习之外，绝对以顾客的利益和市场需求为行动指南是你创业中的第二条重要准则。如果你比竞争者想得更周到，做得更完美，你一直致力于做顾客的"贴心人"，那你就可以战胜你的竞争对手，取得出类拔萃、与众不同的成果。

（3）急顾客之所急。你还应尽量避免过于看重自己的观点和能力。如果你是一个固执的创业者，往往容易忽视团队的意见，甚至忽略顾客的需求。如果你的产品不符合市场需求时，你就会立刻失去竞争的优势，把市场白白送给你的竞争者。

（4）市场始终如逆水行舟，不进则退。如果你不注意研究竞争者，那么突然有一天，你会发现原本属于你的"奶酪"减少了，被你的竞争者在不知不觉中抢去了。经营永远是"不进则退"，市场永远没有停止变化的时刻。

【案例学习3-27】　　商场如战场：兵不厌诈

创业者刚成立的微小企业经常要靠给大企业做小伙伴来站稳脚跟。有A、B两家公司在同时竞标一个大企业的配件生产订单，A公司为了确保自己的报价可以在竞标中取胜，就想知道对手的报价。为了获得B公司的生产成本，他们找到一个咨询公司来协助获取这个数据。

然后一个大学生自称是要完成一个关于生产线结构设计的毕业论文，来B公司参观实习。这家公司的生产主管就在谈话间毫不设防地泄露了非常详细的生产成本数据，其实这个大学生并不是要完成毕业论文的数据分析，而是在为A公司的咨询业务收集资料。结局大家就可以猜到了。

⊙ 企业家提示

为了掌握竞争对手的情况，有时人们会采取各种手段。毕竟要做到知己知彼并不是一件很容易的事。一旦找到竞争对手的弱点，针对他的弱点差异化地设计你的产品和服务，你就可以赢得顾客，在竞争中获得优势。

（5）找出竞争对手的弱点。至少要找出十位和你具有相同客户群体的竞争对手，他们就是和你同分一块市场蛋糕的对手，或者说你要从他们的手里抢过更多的蛋糕，你的企业

才会有立足之地。你要分析对手，才可以战胜对手。

（6）重视成功创业者的意见。企业经营管理咨询并非只有大企业才需要，对所有的创业者来说，在创业伊始去请教有创业经验的成功企业家，是非常必要的。

【案例学习 3-28】　精明的装潢商：对竞争者做全面的分析

一位上海市开业指导中心辅导过的创业者，把自己的成功归结为他对竞争对手的全面分析。为此他还设计了一个表格，里面是他的十位竞争对手的详细情况：员工组成、成本结构，甚至某段时间他们的工程进度他都了解得一清二楚。

除此之外，他对竞争对手的优点和弱点也了如指掌。"我有时甚至亲自去他们的工作场地考察，然后问一问他们的顾客对他们的反映，看看现场就会对他们的成本开支有个基本的概念了"，这样他就把市场的细微变化都时刻掌握在心中了。

每当竞标时，就算员工加班到凌晨，他也要在第一时间第一个把标书和演示 PPT 送给客户，而且报价总是最符合市场行情的，因此他的公司红红火火。

（7）与顾客要"亲密接触"。几乎每一个成功的创业者都能够灵敏地捕捉到顾客的需要和渴望，以及市场最细微的变化，并能快速对需求的变化和发展的趋势做出反应。要掌握市场的第一手资料，就应该亲自去目标客户那里体验一下。

例如，如果你想给物流业开发一套软件，你就得想一下，是不是应该到哪个物流公司去实习一下？如果你想给小学生提供服务，你就需要细心观察小学生的生活起居，只有如此，你才可以找到他们真正的需求所在。

【案例学习 3-29】　雅诗兰黛的成功在于重视消费者的不同偏好

雅诗兰黛最初的产品是针对老年人和青少年的，后来的倩碧定位就是为拥有微型汽车而没有时间化妆的中年妈妈生产的护肤品。

对于年轻人，他们设计了自然原料生产的阿维达品牌，当然他们也没忘记做大众品牌（如杰·沙沙贝等），可以供应诸如沃尔玛这样的大超市。

⊙ 企业家提示

在确立项目时，既要了解市场和顾客，也要了解竞争者。建议做一个《竞争者情况分析》表，把你的竞争者情况列入表中，对他们的情况做一个全面分析。你应该通过这个分析来确定公司的特色和经营策略。

5．把你了解到的竞争对手的情况填入表 3-6

表 3-6　竞争情况分析表

竞争者名称：

1．产品和服务：

2．市场定位/销售对象：--

3．销售额：--

4．利润：--

5．员工数量：--

6．投资能力：--------------------（5—很强；4—强；3—一般；2—弱；1—很弱）

7．生产负荷：---（5 4 3 2 1）

8．销售范围：--

9．竞争者实行哪种策略（选择者打√）

A．市场补缺者

B．附加促销品（超值服务）

C．价格领先者

10．未来市场和销售对象：--

11．目前最盈利的产品和服务

产品	销售额	比例（%）

12．未来最盈利的产品和服务

产品	销售额	比例（%）

13．获得成功的方法：

方法一：--

方法二：--

方法三：--

续表

14. 竞争者的优缺点分析 优点： -- 缺点： --	
15. 竞争者价格	
产品品种	价格

⊙ 企业家提示

盈利的问题，是每个公司都需要考虑的第一问题，也是大家都感兴趣的话题。盈利之道很容易理解，也就是盈利的方法、盈利的思路。那么，我们的企业经营之路该怎么走？鲁迅先生说得好："其实地上本没有路，走的人多了，也便成了路。"在企业成长壮大中，鲁迅先生的警句给予我们力量，鼓励我们一定要积极努力，勇于探索，开辟道路。

在所有的创新之中，商业模式创新属于企业最本源的创新。离开商业模式，其他的管理创新、技术创新都失去了可持续发展的可能和盈利的基础。所有成功的大企业都是从小企业秉持成功的商业模式一步步走过来的。

我们说，沃尔玛其实是开杂货店的，可口可乐是卖汽水的，微软是卖软件的，国美是开电器店的，小肥羊是开火锅店的。这些普通行业的成功说明什么？其实说明一个道理：无论科技含量高还是低，都能成功，关键是要找出成功的商业模式，并把商业模式的盈利能力快速发挥到极致。

思考与训练

1. 认真做完以下测试，了解自己的潜意识，有助于正确地认识自己。

如果将人类的整个意识比喻成一座冰山，那么浮出水面的部分就是属于显意识的范围，

约占意识的1/8，换句话说，7/8隐藏在冰山底下的意识就是属于潜意识的力量。

（1）潜意识测试：认真地做这个测试，看看你潜意识里适合什么类型的角色？

这个测试是菲尔博士在美国著名女黑人主持人欧普拉的节目里做的，答案要依你现在的情况来选择。

① 你何时感觉最好？

A．早晨　　B．下午及傍晚　　C．夜里

② 你走路时是______。

A．大步地快走　　B．小步地快走

C．不快，仰着头面对着世界　　D．不快，低着头

E．很慢

③ 和人说话时，你______。

A．手臂交叠地站着　　B．双手紧握着

C．一只手或两手放在臀部　　D．碰着或推着与你说话的人

E．玩着你的耳朵、摸着你的下巴或用手整理头发

④ 坐着休息时，你的______。

A．两膝盖并拢　　B．两腿交叉

C．两腿伸直　　D．一腿蜷曲在身下

⑤ 碰到你感到发笑的事时，你的反应是______。

A．一个欣赏的大笑　　B．笑着，但不大声

C．轻声咯咯地笑　　D．羞怯地微笑

⑥ 当你去一个派对或社交场合时，你______。

A．很大声地入场以引起注意　　B．安静地入场，找你认识的人

C．非常安静地入场，尽量保持不被注意

⑦ 当你非常专心工作时，有人打断你，你会______。

A．欢迎他　　B．感到非常恼怒　　C．在以上两极端之间

⑧ 下列颜色中，你最喜欢哪一颜色？

A．红或橘色　　B．黑色

C．黄或浅蓝色　　D．绿色

E．深蓝或紫色　　F．白色

G．棕或灰色

⑨ 临入睡的前几分钟，你在床上的姿势是______。

A．仰躺，伸直　　B．俯躺，伸直

C．侧躺，微蜷　　D．头睡在一只手臂上

E. 被盖过头

⑩ 你经常梦到你在______。

A. 落下　　B. 打架或挣扎　　C. 找东西或人

D. 飞或漂浮　　E. 你平常不做梦　　F. 你的梦都是愉快的

（2）记分方法：把你所选各项的对应分数加起来。

① A. 2　B. 4　C. 6

② A. 6　B. 4　C. 7　D. 2　E. 1

③ A. 4　B. 2　C. 5　D. 7　E. 6

④ A. 4　B. 6　C. 2　D. 1

⑤ A. 6　B. 4　C. 3　D. 5

⑥ A. 6　B. 4　C. 2

⑦ A. 6　B. 2　C. 4

⑧ A. 6　B. 7　C. 5　D. 4　E. 3　F. 2　G. 1

⑨ A. 7　B. 6　C. 4　D. 2　E. 1

⑩ A. 4　B. 2　C. 3　D. 5　E. 6　F. 1

（3）测试结果。

【低于21分：内向的悲观者】人们认为你是一个害羞的、神经质的、优柔寡断的人，是需要人照顾、永远要别人为你做决定、不想与任何事或任何人有关联的人。他们认为你是一个杞人忧天者，一个永远看到不存在问题的多虑者。有些人认为你令人乏味，只有那些深知你的人才知道你不是这样的人。

【21～30分：缺乏信心的挑剔者】你的朋友认为你勤勉刻苦、很挑剔。他们认为你是一个谨慎的、十分小心的人，一个缓慢而稳定、辛勤工作的人。如果你做任何冲动的事或无准备的事，都会令他们大吃一惊。他们认为你会从各个角度仔细地检查一切之后仍经常决定不做。他们认为对你的这种反应的根源，一部分是因为你小心的天性所引起的。

【31～40分：以牙还牙的自我保护者】别人认为你是一个明智、谨慎、注重实效的人，也认为你是一个伶俐、有天赋、有才干且谦虚的人。你不会很快、很容易和人成为朋友，但是，是一个对朋友非常忠诚的人，同时要求朋友对你也有忠诚的回报。那些真正有机会了解你的人会知道要动摇你对朋友的信任是很难的，同样，一旦这种信任被破坏，会使你很难过。

【41～50分：平衡的中庸之道】别人认为你是一个新鲜的、有活力的、有魅力的、好玩的、讲究实际的而永远有趣的人；你经常是群众注意力的焦点，但是你是一个足够平衡的人，不至于因此而昏了头。他们也认为你亲切、和蔼、体贴、能谅解人，一个永远会使人高兴起来并会帮助别人的人。

【51～60分：吸引人的冒险家】别人认为你是一个令人兴奋的、高度活泼的、相当易

冲动的人；你是一个天生的领袖、一个会很快做决定的人，虽然你的决定不总是对的。他们认为你是大胆和冒险的，会愿意尝试做任何事，是一个愿意尝试机会而欣赏冒险的人。因为你散发的刺激，他们喜欢跟你在一起。

【60分以上：傲慢的孤独者】别人认为对你必须“小心处理”。在别人的眼中，你是自负的、以自我为中心的、极端有支配欲、统治欲的人。别人可能钦佩你，希望能多像你一点，但不会永远相信你，会对与你更深入的来往有所踌躇及犹豫。

2．认真思考以下问题，你认为正确吗？

（1）创业需要激情，更需要理性，你是一个潜在的创业者吗？

经过测试，你对自己加深了认识，结合前面的自身条件评估，请你认真思考：你的性格适不适合创业？只有做好了创业的准备，才可以创业。

（2）创业仅仅是职业生涯规划中的职业选择之一。

一旦你觉得你既有创业的激情又具备创业的条件，那就不要浪费时间，立刻开始你的创业行动。但你觉得不适合创业时，也不要气馁或者勉强，因为都说“三十六行行行出状元”，成功和成才也不是只有创业一条路。

3．阅读案例，思考并回答问题。

无所作为的业余厂长

王元是一位技术不错的职业学院的电工老师，由于平时经常有人找他帮忙，于是就萌生了开个电器设备维修服务部，但一时又舍不得教师的岗位，所以，就成立了一个小门市，自己在教课上班的业余时间里去打理，平时由小伙计看着门市。

这样做表面上看起来是两全其美的事，但是，他的企业一直没有做大，由于不能专心教课，评职称时也落了榜。

随着年龄的增大，他当初创业的激情也荡然无存了，最后的结局是：本来是两边都想要，结果是两边都没做好。

问题：

（1）思考以下观点是否正确？

创业者必须心无旁骛，专一执著！鱼和熊掌不可兼得。不要去做业余创业者。创业是一种生活方式，不要有以下两类错误心态：工作觉得没意思，想业余时间创业试试；在第一个创业项目还没有完成时，同时又开始第二个，想多一道保险。创业的锻炼应该在学习期间或者是没有选择创业项目之前来进行，一旦选择了创业，就要专注。

（2）你理想中的企业是什么样的？

（3）你认为创业成功最关键的因素是什么？

（4）创业和就业的区别在哪里？

4．阅读以下文字并回答问题。

盈利战略组合

根据埃森哲咨询公司对70家企业的商业模式所做的研究分析，有效的商业模式组合应该具有以下三个共同的特点。

（1）它必须是能够提供独特价值的。有时，这个独特可能是新的思想，或者是用同样的价格获得更多的利益。

（2）它必须是难以模仿的。企业通过确立与众不同的商业模式，如对顾客的细心照料、无与伦比的实力等，来提高行业的进入门槛，从而保证利润来源不受侵犯。

（3）它必须是脚踏实地的。脚踏实地就是实事求是，就是把商业模式建立在对客户行为的准确把握上。

所以，有效的商业模式是丰富的和细致的，并且它是与企业的经营目的相联系的，是具有前瞻性、适用性、有效性的。

问题：

（1）找出三个企业，它们的商业模式分别具有前瞻性、适用性和有效性的特点，说明为什么。

（2）你认为哪个企业的商业模式是最具有创新性、最独特的？为什么？

第四章

创业资源

学习目标

通过本章教学，使学生了解创业过程中的资源需求和资源获取方法，特别是创造性整合资源的途径，认识创业资金筹募渠道和风险，掌握创业资源管理的技巧和策略。

第一节　创业资源概述

本节要点

使学生了解创业资源的类型，重点认识不同类型创业活动的资源需求差异，掌握创业资源获取的一般途径和方法，明确创业资源获取的技巧和策略。

很多创业者认为，只要有个好创意，再得到风险投资，加上自己的激情、执著、运气就可以创业成功了。其实创业更重要的是团队、经验、执行力。大多数创业者之所以失败，是因为缺乏经验、没有团队、缺乏执行力。总的来说，是缺乏创业必须的一些资源。因此说，创业资源就是企业创立以及成长过程中所需要的各种生产要素和支撑，概括来说，就是创业必不可少的人脉、资本、技术、人才等资源。

例如，你有了一个非常棒的创意，没有钱可以创业吗？没有团队可以创业吗？没有场地可以创业吗？不会营销可以成功吗？因此你会发现，古人所说的“道、法、器、术、势”，本质上就是创业资源。

创业资源就像构成一个机体的肌肉、骨骼、血液一样，创业成功正是由这诸多资源整合而来。创业者善于整合资源，从而实现从 0 到 1 的转变。创业资源在于整合而不是拥有。拥有资源而不用也对创业无助，没有资源而去整合资源，从而完成自己的计划，这就是创业精神。

创业资源是指新创企业在创造价值的过程中需要的特定的资产，包括有形与无形的资产，它是新创企业创立和运营的必要条件，主要表现形式为创业人才、创业资本、创业机会、创业技术和创业管理等。

美国百森商学院教授蒂蒙斯提出创业的三要素是：资源+机会+团队，可见，资源在创业要素中是第一位的。总的来说，资源就是供人们从事生产和经济活动的有用之物。

⊙ 企业家提示

资源在于整合而不在于拥有。创业者不是在拥有资源的时候才去创业，而是在没有资源的情况下去寻找资源来创业。企业家的资源整合力决定他的竞争力。

《辞海》关于资源的定义是生产资料和生活资料的天然来源。

一、创业资源的内涵与种类

不同的创业活动具有不同的创业资源需求。

（一）创业资源的作用

1．创业资源的定义

通俗地说，创业资源就是企业创立以及成长过程中所需要的各种生产要素和支撑条件。对于创业者来说，诸如项目、资金、人才、场地等，就是创业资源。甚至创业辅导，也可以归为创业资源一类。

2．创业资源在不同阶段的作用

创业初期：机会识别阶段。当创业者找到了一个痛点，并且是蓝海刚需、高频消费的创意，如果没有获得相应的资金资源来启动，可能也会导致这个项目的夭折，例如种子基金、关键合作者、核心技术、独特的商业模式等。

创业后期：企业成长阶段。当企业建立之后，人力资源就显得尤为重要，因为再好的创意，也需要一个优秀的团队来执行。

创业者获取创业资源的最终目的是为了组织这些资源、追逐并实现创业机会、提高创业绩效和获得创业的成功。新创企业只有把拥有的资源加以整合，有效地形成自己的核心竞争力，才能成为创业成功的核心优势。

（二）创业资源的内涵

无论是要素资源还是环境资源，无论它们是否直接参与企业的生产，它们的存在都会对创业绩效产生积极的影响。其内涵包括以下两点。

- 要素资源可以直接促进新创企业的成长。
- 环境资源可以影响要素资源，并间接促进新创企业的成长。

（三）创业资源的种类

企业的创业资源主要有资金、时间、人才、市场等方面，而其管理包括这些资源的获取、分配和组织等方面的内容。概括地说，大致分为以下五类。

1．行业发展概要

行业发展概要包括行业格局、技术创新、前景机会、发展趋势等信息。当创业者要进入一个行业的时候，首先需要对这个行业进行分析，了解这个行业的过去以及未来趋势，了解消费者在这个行业的痛点，并用自己的创业产品或服务来加以改善。

2．信息资源

常见的信息资源包括项目交易数据资源、供求信息资源、研究报告资源、财经数据资源、科研数据资源、学术论文资源、品牌口碑资源、公司名录资源等。这些资源有利于帮助投资者对市场潜力以及是否投资作出判断，尤其是创业者亲身调研得来的一些数据，会更加有价值。

3．人力资源

人力资源又称劳动力资源或劳动力，是指能够推动整个经济和社会发展、具有劳动能力的人口总和。在现代企业竞争中，关键在于谁拥有人才。

通常来说，创业资源中的人力资源是指创业者具有的体质、文化知识和劳动技能水平。拥有创业所需的人才、团队是创业的必要的先决条件。随着知识经济的兴起以及高科技、互联网、物联网产业的发展，人们发现单靠个人力量，越来越难以成功创业，“抱团取暖，优势互补”型的团队创业越来越多。尤其是近年来兴起的“创青春”和“互联网+”创业大赛，几乎所有的参赛项目，都是以团队形式出现。

4．资金资源

创业需要的启动资金，创业转型或发展所需要的再次融资等，都是创业者应该获取的资金资源。

有调研结果表明，大学生创业遇到的最大障碍就是资金问题，因此在读书时把想做的项目写成创业计划书，然后再去参加各种路演、各种创业比赛的创业者，其根本目的，还是想借助这样的形式与活动，来吸引风险投资商的关注，进而获得创业的启动资金。

事实上，不仅是初创企业，就算是已经创业三年、甚至更长时间的创业者，也会经常遇到资金问题。现金流断裂，是企业倒闭和破产的最大根源。

5．社会资源

为了应对需要、满足需求，所有能提供而足以转化为具体服务内涵的客体，皆可称为社会资源。社会资源的分类有有形资源和无形资源。

（1）有形资源。例如人力（职员、顾问和志工等）、物力（设备、家具和用品等）、财力（私人捐献、政府补助和企业赞助等）、场地空间等。

（2）无形资源。例如技术、知识、组织、社会关系等。

创业资源包括有形资源和无形资源，无形资源往往是撬动有形资源的重要杠杆。

二、创业资源与一般商业资源的异同

（一）一般商业资源

一般商业资源是与企业经营有关的商业信息资源，常见的信息资源包括项目交易数据资源、供求信息资源、研究报告资源、财经数据资源、科研数据资源、学术论文资源、品牌口碑资源及公司名录资源等。

（二）创业资源

创业资源是指创业者拥有的物力、财力、人力等各种物质要素的总称。可以说创业资源涵盖着商业资源，仅有商业资源对创业来说是远远不够的。

三、社会资本、资金、技术及专业人才在创业中的作用

（一）社会资本的作用

创业者的社会资本反映了创业者个体利用所积累的社会网络，从其他企业或个体中获得的商业竞争、制度政策以及技术趋势等资源和信息优势。拥有一定的社会资本是创业者创业的基础。

（二）资金的作用

资金在创业过程中无时无刻不在发挥着重要的作用，创业之初需要启动资金，创业过程需要流动资金，没有好的现金流，企业是不能正常经营的。

（三）技术和专业人才的作用

技术和专业人才决定着新创企业的核心竞争力，拥有先进的技术和专业人才也是创业者创业的技术支撑。

四、影响创业资源获取的因素

创业资源获取途径包括市场途径和非市场途径。

（一）市场途径

市场途径是指利用市场上同样或类似资产的近期交易价格，经过直接比较或类比分析来估测资产价值的评估技术思路和实现该评估技术思路的各种评估技术方法的总称。

市场途径的基本程序如下。

- 选择参照物。
- 在评估对象与参照物之间选择比较因素。
- 指标对比、量化差异。
- 在各参照物成交价格的基础上调整已经量化的对比指标差异。
- 综合分析确定评估结果。

（二）非市场途径

非市场途径是指政府的规章制度，体现出政府对于行业资源的直接管制。

五、创业资源获取的途径与技能

创业资源获取的关键往往取决于软实力。创业资源划分为必备资源（资金、场地、人才、产品）、支撑资源（营销渠道、经营方案）和外围资源（创业环境、政策、文化、信息）。

（一）学会获取支撑资源：制订企业经营方案

不要认为企业目标、经营策略这些问题仅仅是大企业才需要考虑的，作为刚刚踏上经营之路的创业者，一定要先明确方向，然后再开始行动。如果创业者没有一个明确的经营目标和经营策略的话，就好比你已经上路，但却不知要去何方？怎样去？这些内容都属于企业经营方案的组成部分。

一般来说，企业的经营方案由四部分组成：企业理想、企业目标、经营策略、经营原则，如图 4-1 所示。

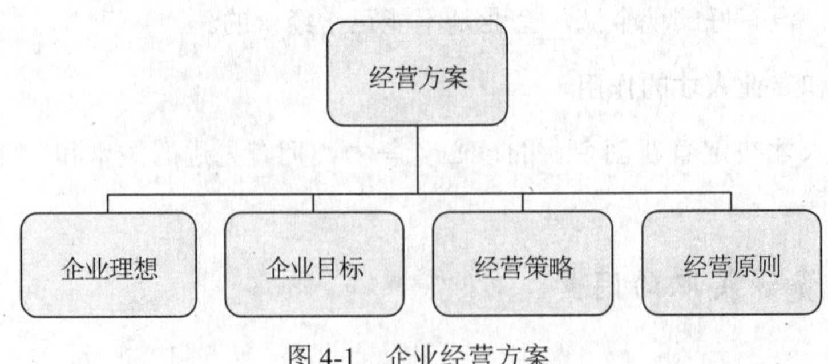

图 4-1　企业经营方案

1．企业理想

一般来说，我们经常看到一些企业，在大门醒目处有一句话来说明自己企业的理想。例如：

海尔——真诚到永远。

德国软件公司——我们永远执著。

戴尔——为顾客着想。

这些语句让人一进大门就感受到一种温暖。由此可见，企业理想首先争取的是人心，而不是理性。当顾客看到这样的经营理想，不由得就会从内心生发一种好感，这就是企业理想的力量。

营销之父科特勒说：除了让顾客满意之外，你还必须取悦他们。前文已经讲过了：任何企业的生存，需要顾客购买他们的产品来实现利润。顾客满意就会再来购买，而取悦顾客就是为了创造新的顾客。

【案例学习 4-1】　　追求高标准的麦当劳

在全世界，平均每天有 109 个国家的 3 800 万顾客踏进麦当劳 23 500 家地处世界各地的餐厅，仅仅是因为它的汉堡美味可口吗？事实上，一些别的餐厅制作的汉堡也许更好吃，但为什么没有麦当劳生意好？这其中的奥妙是什么？

今天，当顾客面对如此众多的产品和品牌，不同的价格和供应商在提供着同一类商品，他们往往无法去逐一品尝和辨别，我们相信，每一位顾客在有限的时间和知识范围内，都在追求购买价值最大的商品：质量最优，价格最低。

而麦当劳无时不在传递着他们所追求的企业理想，就是著名的麦当劳的 QSCV——质量（Quality）、服务（Service）、清洁（Cleanliness）和价值（Value）。麦当劳公司的供应商、特许加盟业主、员工，也都在用行动向顾客提供着顾客期望的高价值。

⊙ 企业家提示

把你的企业理想概括成一句话，然后传达给你的员工，这句话要有鼓动力和激情，让人看了以后就像即将参加足球比赛时，教练在赛前给球员做的动员报告一样，能唤起人无穷的动力，向理想冲锋！

2．企业目标

建立企业目标，既是对企业的挑战，也是对创业者个人的挑战。因为在刚开始创业时，创业者几乎就是一个全能者，经常是身兼数职，这时是没有时间再去思考详尽的目标的。

所以，把大目标分解成五年和三年都觉得太远的话，不妨分成年度、季、月、日的计划，甚至是小时目标计划来完成。如果创业者可以实现每天进步一点点，谁还会对未来可以取得100%的成功有怀疑呢？

只有目标明确才会经营成功，如果像没头苍蝇一样盲目乱撞，最后耗尽了体力，也找不到出路。世界上从来没有对工作过程的奖赏，所有的奖赏都是给予结果的。所以，创业者需要用一颗平和的心思考下面的问题。

（1）今年我将要实现多少销售额？

（2）如何把目标也细分到员工的身上？

（3）把目标细分到周、日、小时时，库存管理怎样安排？

（4）实现这样的目标需要怎样安排岗位？需要多少人？

【案例学习 4-2】　　　　制定周目标的李雪容

上海菱奥计算机科技公司的经理李雪容，也是创业导师李肖鸣辅导的创业者。

她在创业初始阶段，就把与员工联系的MSN签名不停更换着她的短期目标：齐心协力，力争本周目标实现五万元。她不仅是在勉励员工，同时也是在鼓励自己。在她的努力下，业绩不断提高，公司也从原来的天下大厦搬到了青年创业广场，因为有政府支持的优惠政策，还节约了办公费用。

如今，这位创业青年，经过现实的风雨磨炼，已经成长为一个成熟的自主创业的带头人了。她在创业中遇到过困难，也同样品尝到了甘甜。

她说："我想提醒想创业的年轻人，创业会碰到很多预想不到的问题，但不论发生什么，都要坚定信心，调整心态，积极思考，仔细分析，依靠政府和创业导师的支持和帮助，再难的问题也会迎刃而解。创业是对我们成熟的磨炼，是体现自我价值的平台，是走向自我成功的平台。"

⊙ 企业家提示

初次创业者，在企业的初始阶段，先确立几个小目标，然后贴在醒目的地方，提醒自己本月要达到多少，本周要实现多少，就这样一点点积累，最后实现自己的远大目标。

创业需要积累，更需要耐心和坚持不懈的努力。

创业者所有的行动目标都是有利于企业的发展的，都是为了营业额的提高，为了赢得更多的顾客光临，与这些效果无关的目标一定要放弃，不要浪费宝贵的时间。所以制定每个目标前先自问一下：这个是否有助于提高销售额？是否有利于企业发展？

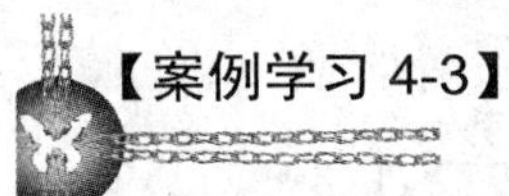

【案例学习 4-3】　　制定小时目标的菲尔甜饼店

菲尔甜饼店的老板菲尔，更是把指标分解到小时。

她说："在我经营第一天的时候，我的目标是争取赚到 50 元，实际上我赚了 75 元。我感到，确定目标是多么令人兴奋！一旦有一周比较顺利，我就想打破这一周的纪录。有时一个月比较顺利，我就想打破这一个月的纪录。后来，我经过思考，就把每周目标细分成了小时目标，并且要求员工也为实现或超越目标努力。"

开始她并没有想每周挣 5 000 元。周目标 5 000 元，意味着月目标 2 万元，年目标 24 万元。因为这数字听起来似乎不可能实现，可她后来把目标分解到小时，对员工说：我们每小时只挣 50 元，大家做得到吗？他们做到了，然后就开始竞赛：看谁可以超额完成 20 元……这样，最后的结果是令人惊奇的。

菲尔说："小时目标制在员工中开始只是完成目标，最后就变成了竞争。有次我对大家说：'喂，伙计们，今天我们已经落后了，外面正在下雨，不会有人到店里来，我们该怎么办？'在这种情况下，他们发挥了创造力——走到店外，打着雨伞在雨中试卖，直到雨下得实在不能忍受。所以说，当挑战出现时，一些以前认为不可能的事情都会发生，我想说：有志者事竟成。"

⊙ 企业家提示

不论对员工还是创业者自己，大目标显得遥远而让人没信心达到，但是如果分解成月目标、周目标，甚至跟菲尔一样实行"小时制工作法"，你的企业大目标，就会这样一点一点被实现！

3. 经营策略

经营策略，通俗来说，就是创业者达到目的的方法和途径。我们如果把企业经营比喻成一段旅途的话，经营策略就是你的日程安排，只要你按照这个日程去做，就可以达到你的目标。

在制定经营策略时，先介绍一下美国研究市场竞争策略大师米歇尔·E.伯特的三大策略设想体系：做市场的补缺者、做经营特色者、做价格领先者（见图 4-2）。

（1）做市场的补缺者。通俗地说，市场补缺者就是填补某一行业的空白，也叫"填空策略"，这是初次创业者的一个理想选择。

填空策略需要以市场调研为前提，产品应该是服务于某个特定群体或者满足某部分群体的特殊要求。这一策略的经营理念是：找到一个尚不存在竞争的市场空白点，以独特的眼光最先发现和进入。

	策略优势 顾客眼中的与众不同	策略优势 成本上处于优势
全行业范围	做经营特色者	做价格领先者
把经营活动集中在一个领域内	做市场的补缺者	

图 4-2　三大策略设想体系

注：对创业者来说，颜色越深，难度越大。

例如，同样是洗衣店，你们是坐商，等着顾客上门，而我们是上门收衣服，洗好送衣服，在服务上补缺，以赢得消费者欢迎。同样规格的酒店，这家有代客泊车服务，而另一家没有，在心理上就会给顾客带来一种超值服务的感觉，因为顾客总是追求价值最大化。

【案例学习 4-4】　　上门取货的圆通快递

以前的邮件快递很不方便，因为只有中国邮政的特快专递。虽然这个最低价格 24 元雷打不动，而且顾客还是要跑到邮局去寄，因为别无选择。

但是，这种格局到出现了宅急送、圆通、申通等一些快递公司之后，市场就发生了变化。圆通快递等一些快递公司纷纷抓住这个市场空缺，采取上门取货的经营策略，一下就把特快专递的顾客群给抢过来了。

⊙ 企业家提示

创业者初次创业比较理想的策略，就是做市场的补缺者，或者是大企业的追随者，以及给大企业做生意小伙伴。只有实行填空策略才可以找到顾客的需求，尤其是面对相对饱和的市场时，这种策略更是创业者的必然选择了。但创业者也应承担一定的风险，因为后来者很快就会模仿。

（2）做经营特色者。经营特色其实就是绝对与众不同，要求创业者在设计、质量、技术、形象、营销手段等方面都追求差异化经营，创造独一无二的特色，“不走寻常路”!

这一策略的经营理念是：形成某种竞争优势，使你及你的产品能在竞争中脱颖而出。美国人称为“Unique Selling Proposition”，即与众不同的销售基础和独一无二的商品性能。

例如，标明粤菜、川菜或海派、浙菜等菜系的酒店，适应不同客户群体的特色服装店

等，因为在顾客眼里是与众不同的，因此也很容易被客户记住。在市场竞争激烈时，往往输就输在没有特色上。

如果创业者确定了企业经营特色策略，意味着策略目标区别于全行业的其他企业，策略优势非常明显，就是“顾客眼里的与众不同”。

【案例学习 4-5】　　把服务做到极致的海底捞火锅连锁店

海底捞连锁企业以经营特色的经营策略，致力于打造人性化服务的品牌形象，为什么海底捞得以成为中国餐饮业的新生力量？为什么一句“把人当人对待”成为海底捞的成功要诀？中国成千上万家餐厅，成功者有各种原因，像海底捞这样一家时间不长的火锅店，在人员上、信念上下这么大工夫的不多。

如果你来到海底捞，感受到的是一群态度不同的员工，他们乐观、主动，还带着强烈的自豪感，他们笑着的眼神中传达出诚恳和欢迎你来的意思，走起来很快像小跑，想让你满意的意图很强。从它的价钱，到它的菜品，到那幢楼里其他餐厅都冷清只有海底捞要排一小时队，海底捞身上有种特质很稀缺、很宝贵，它可能是未来企业中越来越重要的东西。

大部分企业不缺制度，制度也能起很大作用，可仅有制度会造成机械和被动；大部分企业都有奖罚，金钱当然起很大作用，可仅有奖罚会造成交换和隔膜；很多企业都有理念、愿景及使命，可仅有这些可以挂在墙上的东西会造成形式感和空洞，只有把这三者适当地放在一起，企业才是一个完整的管理系统。

企业中有样看不见但处处能感受到的东西，可以叫它理念、文化或信仰，也有人叫它企业宗教。这样东西不需要也不可能孤立地去建造，每家企业都有，有好有坏，因为它是企业管理中所有行为的结果。海底捞就在它的员工中建立了这样一种让人痴迷的“宗教”。这种信仰是在海底捞的封闭环境中形成的，与企业外的社会一般做法不同。海底捞因为重新定义了企业与员工的关系、老板与雇员的关系，当然也改变了企业与顾客的关系，原来可能是矛盾的三方成为一体的了。这样一个新的信仰和信任的关系就形成了，你把每个人当作好人，每个人就真变成了好人，每个人都希望世界变得更美好，世界就真的更美好了。

海底捞做了这样一个不是没有风险的尝试，但却很成功。

⊙ 企业家提示

经营特色虽然是全行业公认的营销策略，但是以全行业为战略目标，创建新的盈利模式很难，而模仿很容易，往往需要大量资金的投入，才可以打造一个深入人心的品牌。

（3）做价格领先者。这个策略并不是致力于给顾客创造超值商品，而是致力于提供全行业最低的价格。这一策略的经营理念是：通过成本结构的最优组合，使自己在竞争中获得另一种竞争优势。如沃尔玛的“永远价格最低”、易初莲花大卖场的“天天低价”等，都属于这种策略，即价格领先策略。

这种策略一般在创业者进入一个相对成熟度较高的行业时，如果自身在成本改良上具有绝对优势，或者后来者资金储备雄厚，就可以和同行血拼一场，但是，这样的企业必须是具有最低的进货价格、最低的生产成本和经营费用以及最低的固定成本。

【案例学习 4-6】　沃尔玛公司“永远价格最低”的价格领先策略

沃尔玛进入市场奉行价格领先策略，它首先用批量进货的统一购货量压低进货成本，然后利用仓储式售货方式降低了零售店固定成本支出，使它的运营成本降到了最低。它不用豪华的店铺装修吸引顾客，而是用它的规模效应吸引众多的消费者趋之若鹜。

沃尔玛提出“永远价格最低”和“帮顾客节省每一分钱”的经营宗旨，实现了价格最便宜的承诺。沃尔玛还一贯坚持“服务胜人一筹、员工与众不同”的原则。走进沃尔玛，顾客便可以享受到宾至如归的周到服务、便宜的价格，顿时觉得实现了顾客消费心理追求的价值最大化。

正是这样紧紧抓住顾客的消费心理和需求，向顾客提供超一流服务的新享受，以这种快捷便利的购物方式吸引了现代消费者，沃尔玛成为了商界翘楚。

沃尔玛公司由美国零售业的传奇人物山姆•沃尔顿先生于1962年在阿肯色州成立，经过四十多年的发展，公司已经成为美国最大的私营企业和世界上最大的连锁零售企业。截至2009年5月，沃尔玛在全球14个国家开设了7 899家商场，员工总数190多万人，每周光临沃尔玛的顾客达1.75亿人次。沃尔玛（WAL-MART）是全球500强榜首企业。

⊙ 企业家提示

对于初创业者来说，价格领先策略是一个极富挑战的选择，因为低价策略是以最薄的利润和最激烈的竞争为代价的。如果没有足够雄厚的资金来源，或者不可能长期居于价格领先地位，就不建议贸然使用这个策略。

以上三大经营策略是经过长期实践检验的有效策略，而且至今理论上尚没有第四种策略，因此，创业者应深刻领会其中的内涵，制定出自己的经营策略，逐步踏上企业发展壮大之路。

4．经营原则

（1）企业的经营宗旨。企业的经营宗旨通常也叫企业的经营原则，也就是创业者日常的行为规范。

无论如何，创业者通过制定企业经营原则来对自己的行为进行约束和规范，一定是对成功有助力的。就像有的企业，从建立第一天开始就确立“不制售假货”的原则，时刻提醒自己，以消费者利益为重。

【案例学习 4-7】 张贴在公司大门口的企业经营宗旨

某集团公司的经营宗旨就用大字写在了工厂进门处的醒目位置：“以严求治、以质求存、以信求立、以量求益”，客人和职工一进门就可以看到这四句话，顿时给人一种管理严格、规范的感觉。可见，经营原则不仅对企业自身管理有约束作用，对客户也有提升企业形象的作用。

【案例学习 4-8】 某创业者的经营原则

（1）顾客永远是上帝。

（2）真诚合作，用人不疑。

（3）进了企业门，就是一家人。

（4）牢记经营目标，不断超越自己。

（5）永远乐观，永不抱怨。

⊙ 企业家提示

通常情况下，经营宗旨不应超过五条。

（2）成功企业的经营要素。图 4-3 为成功企业的经营要素。

列夫·托尔斯泰在他的作品《安娜·卡列尼娜》中写道：“幸福的家庭总是相似的，而不幸的家庭各有各的不幸。”与之相似的结论同样适用于企业。成功的企业在创建过程或经营策略中都存在着共性的规律，而失败的企业则各有各的原因。

① 满足顾客需求。成功的老板都把顾客的需求、愿望和梦想作为他的商业机会去研究，并且致力于满足他们。因此，不断研究顾客新的需求，然后去想如何满足顾客的这些需求，就是他们研制新产品的动因。

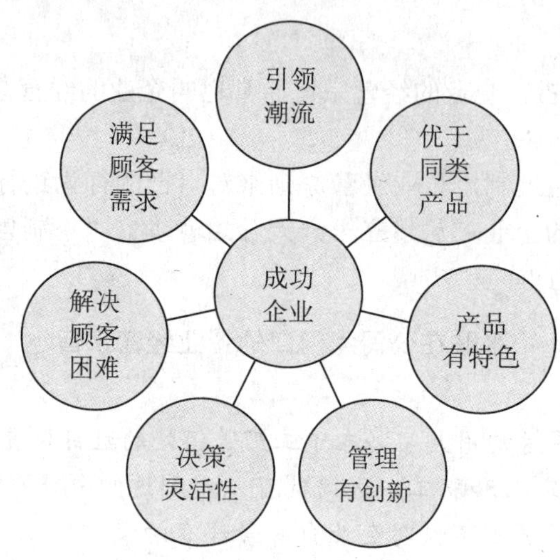

图 4-3 成功企业的经营要素

【案例学习 4-9】 **松下家用烘干机的诞生**

松下公司为了开发新产品，开发人员曾经把一群家庭主妇召集到一起，叫她们想还有什么需求？生活中还有什么不方便的事？还有什么愿望没满足？

结果，时隔不久，松下公司就推出了家用小型烘干机，专门为阴雨天烘干内衣而准备，一下子在市场上引起轰动，给松下带来了可观的经济效益。

② 解决顾客困难。成功的企业经营的产品一般都以解决顾客的困难为出发点，而不是从企业现在的开发能力出发去考虑问题。如汉庭酒店的老板，就是从顾客抱怨“哪里有又便宜又干净的酒店？”带来灵感，从而在昂贵的商务酒店中独树一帜，开出了学生和白领旅游喜欢的如家快捷酒店。

③ 产品有特色。成功的产品设想十分注重开发产品的功能，力求有特色，甚至改变人们的生活消费习惯，在市场中脱颖而出。如九阳豆浆机磨豆、煮熟一体化的简洁自制豆浆方式，不仅改变了传统豆浆的制作工艺，而且还赢得了市场。

④ 优于同类产品。成功的产品设计经常注意吸收同类产品的优点，同时又高于同类产品。如彩色电视机替代黑白电视机，液晶显示器替代笨重的 CRT 显示器。

⑤ 引领潮流。成功占有市场的产品通常都是赶超潮流，或者领先于时代的。如微波炉的产生，就替代了老式电饭煲、电炒锅，成为新的潮流。

⑥ 决策灵活性。很多创业成功的人在回忆他们的创业历程时，都认为企业经营的重要内容就是灵活性和创造性。例如，你在一个地方没有实现经营计划，而在当今的环境下，

你也无法改变，在这里你的经营才能无法发挥，那创业指导专家就建议你另外寻找一个经营场地。

⑦ 管理有创新。企业管理有其自身的规律和方法，不仅企业和产品处在不同的生命周期时，管理方法应该有所不同，而且即使是同类企业里，管理创新“不走寻常路”，往往也是企业胜出的法宝。如戴尔公司的“为客户定制”策略，振华港机的“振华功臣”退休后每月补足退休金一万元，松下的“永久雇佣制”等，都是创业者的管理创新。

（二）创业必备资源和外围资源的获取途径和技巧

资源是人类开展任何活动所必须具备的前提，创业成功需要把握机会，但也同样需要具备相应的资源条件。创业活动往往是在资源不足的情况下进行的，创业者要在企业发展的各个阶段都力争用尽可能少的资源来推动企业的发展，这正是创业精神的体现。

纵观世界著名的成功企业家，无一不是整合资源、利用资源的高手。创业者最重要的不是拥有多少资源，而是利用了多少资源。企业应具备整合资源为我所用的能力，资源整合的能力就是创业者的竞争力。

拓展阅读

创业资源成功整合案例[①]

在天津生活的人都知道国际商场。国际商场是天津第一家上市公司，20 世纪 80 年代初期开业，定位于引进国外最好的商品，让改革初期急于了解国外又无法出国的人了解外国。准确而新颖的定位使国际商场开业后很红火。

国际商场紧邻南京路，南京路是一条十分繁忙的主干道，道路对面就是滨江道繁华的商业街。在国际商场刚开业时，门口并没有过街天桥，行人穿越南京路很不方便，也不安全。修建天桥是很正常的事情，估计经过那里的人都会自然地想到这一点。但是，绝大多数人都会觉得这个天桥应该由政府来修建，所以也就是想想、发发牢骚就过去了。

有一天，一位年轻人同样产生了这样的想法，他没有认为这是政府该干的事，而是立即去找政府商量，提出自己出钱修建过街天桥，而且不说是自己建的，希望政府批准，但前提是在修建好的天桥上挂广告牌。不花钱还让老百姓高兴，而且天桥也不注明谁出资修建，政府觉得不错，就同意了。这个年轻人拿到政府的批文，从政府出来后立即找可口可乐这些著名的大公司洽谈广告业务，在这么繁华的街道上立广告牌，当然是件好事。

就这样，这位年轻人从大公司那里拿到了广告的定金，用这笔钱修建了天桥，还略有剩余。天桥建好了，广告也挂上了，年轻人从大公司那里拿到余款，这就是他创业的第一桶金。

---

① 王晓文，张玉利，李凯．创业资源整合的战略和实现手段：基于租金创业机制视角[J]．经济管理，2009（1）．

第二节　创 业 融 资

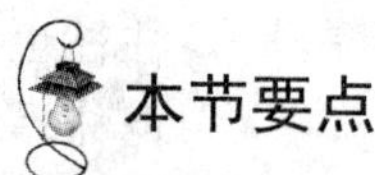

本节要点

使学生了解创业融资难的相关理论，掌握创业所需资金的测算，了解创业融资的主要渠道及差异，了解创业融资的一般过程。

一、创业融资分析

创业融资是创业管理的关键内容，在企业成长的不同阶段具有不同的侧重点和要求。融资前需要权衡以下几个因素。

（一）创业者的自由和独立的价值最珍贵

创业意味着自己做自己的主人，不需要按照别人的命令行事，这就是创业带给你的独立和自由！作为自负盈亏的独立经营者，你所做的每一个决定唯一要考虑的，仅仅是顾客和市场的需求，而不是别人的眼色。

（二）得到基金会削弱你的自主权

这个可贵的自由的感觉，你愿意为了获得银行或基金的资金而放弃吗？世界上没有免费的午餐。一旦某些基金贷款给你之后，你的经营决策就要受制于人：天使基金会用占用你企业股份的方式给你投资；银行会要求你按期给他们财务报表，还会有业务人员经常来你的企业“视察”。

（三）金融资本会干扰你独立决策

当你得到贷款后，尽管银行贷款人员对经营知之甚少，但是同样出于规避风险的目的，而会善意地阻止你去冒险，但这样的规劝会使你的经营热情受到无情的打击。

> ⊙ 企业家提示
>
> 天使基金和风险基金的介入，可能会使你的经营权实质性地转移给了他们：有的基金批给你也并不是划在你的账上由你任意使用，在你使用时要提出申请并得到他们同意批准时，有可能会错过了商机。

（四）企业没有资金就像人没有血液

当你确定了创业项目，又拟定好了创业计划书之后，就可以确定你的创业项目在启动时所需资金的具体数额了，你就好像已经制造好了一台机器，还需要有润滑剂之后，才可以开始启动，这个资金就好比机器的润滑剂。企业没有资金，就像人没有血液一样，是不能生存的。

（五）银行也是企业，不是慈善机构

企业向银行贷款，一般都被要求出具某种担保。因为银行与企业一样，是营利性机构，不是慈善机构。因此在企业不能按期归还贷款时，企业用于担保的资产会被变卖抵债，这就是银行为了不至于出现坏账的一种自保手段。从银行的角度来说，储户将钱存入银行，银行必须要保证储户在取款时不会遇到提不到款的麻烦，因此，银行里贷出去的款收不回来是无法跟储户交代的。银行的运作就是基于这样的基本理念。

二、创业所需资金的测算

创业者在开始融资时，不确定性和信息不对称是创业融资难的影响因素。因此在融资前，必须对自己的创业项目进行一次投资规划，并根据这个初步的规划估算出整个项目启动时需要投入的资金数，然后根据这个数字，再加上一定比例的不确定因素，最后得出一个准确的数字，进入创业融资阶段。

（一）必须做好投资规划

正确测算创业所需资金有利于确定筹资数额，降低资金成本。

1．千万不要低估项目的潜伏期

再好的经营项目也不会马上就有利润收入。任何创业项目从启动到盈利，都需要一个潜伏期，这个潜伏期的长短与行业和企业规模有关。和人一样，企业也有生命周期。正所谓“播种有时，开花有时，结果有时”，产业在不同的阶段有不同的特征。所以，在创业初期，你的启动资金就是你创业最初投资的主要资金来源。在创业者的创业过程中，妥善处理好企业的财务问题是至关重要的一步。

> ⊙ 企业家提示
>
> 一般创业者都会低估这个潜伏期的时间，你必须做好思想准备，开始时有可能好几个月都没有收入，开销却很大，有时货款也不能马上回笼，因此，必须提前做出预算和储备。

2．不要把眼光只瞄准基金和银行贷款

我们在创业辅导中，看到很多年轻的创业者在确定了创业项目以后，不去寻找其他融资方式、不去研究市场需求、不去考虑如何白手起家从小做起，而是一开始就只想到融资，把创业基金和银行贷款作为第一融资目标。

3．设计合理的资金组合有利于降低经营风险

在创业启动资金的组合上，创业指导专家建议最好有一个合理的资金组合比例。例如，你可用的最高资金金额中有 1/3 是你的自有资金，外来资金最好不要超过 2/3 的份额。

⊙ 企业家提示

研究创业成败案例结论表明：如果你的自有资金不足 1/3 时，你和银行的资金风险都会加大。

表 4-1 为某创业者第一笔财务账单。

表 4-1　某创业者第一笔财务账单

序　　号	项　　目	金额（元）
1	创业者的自有资金	200 000
2	+外来资金	100 000
3	+创业贷款	300 000
合　计	启动资金	600 000

4．尽量多地留好储备金

你必须对从开业到盈利阶段的资金储备做足够的预算和储备。因此你首先把资金看成是个人和外来资金各占 1/2 进行估算比较稳妥。因为这个时期的储备金到底需要多少，实在是一个难以确定的数字，但是无可置疑的是，资金断流会引发经营不下去而导致创业失败。

一般需要把企业没有收入的时间按 3 个月（或者更长）来计算，所以，储备金应不低于 3 个月的固定成本总和。

⊙ 企业家提示

在现实中创业者租房时，房租一般的支付方法是押一付三，就是押金一个月预付 3 个月、先付后用，即一次性需要支付 4 个月的房租。

表 4-2 为某企业储备金预算。

表 4-2 某企业储备金预算

项　目	预计金额/时间
计划企业筹备时间	3 个月
+从开张到收到第一笔收入需要	3 个月
--	
=企业初始阶段	6 个月
经营费用（房租、水电费、人员工资）	30 000 元
办公费、杂费	5 000 元

=企业初始阶段月开支	35 000 元

=企业储备资金（3 个月×月开支）	105 000 元

⊙ 企业家提示

除了合理规划支出外，你必须始终保证储备金的充足！这意味着，你账面上始终有足够的盈余，以防出现支付危机！

（二）创业项目启动资金预测

创业启动和筹建时可以动用的钱，就是表 4-3 中那三项合计的数字。建议创业者列出一个详细的表格，把你要投资购买和必需的费用列出一个明细表，以免超出预算。表 4-3 为某创业项目首期投入资金估算表。

表 4-3 某创业项目首期投入资金估算表

投资项目	具体内容	估算金额（元）
固定资产投资	地产	0
	+新建厂房	0
	+办公楼房	0
	场地装修	100 000
	购置机器	120 000
	办公设备	40 000
	--	
	=投资所需资金	260 000

续表

投 资 项 目	具 体 内 容	估算金额（元）
原材料首期进货	预计年原材料库存周转资金 年均原材料周转次数 ------------------------------ =原材料库存所需资金	1 000 000 10 100 000
经营费用	员工工资（按4个月合计数计） 房租（押一付三，按4个月计） 开办费 ------------------------------ =初创期所需流动资金	90 000 80 000 50 000 220 000
合 计		580 000

（三）预估创业资金时应注意的问题

1．要把不确定费用计算进去

在你估算创业启动资金时，最后在固定资产和流动资产总和上，还要把总额乘以一个系数作为不确定费用，一般估算企业的不确定费用为3%～5%，建议创业者按5%～10%计算即可。这个不确定费用，是为了应对那些意料之外的支出的。

2．你的信念和干劲比贷款更重要

真正的勇士，敢于直面人生的挑战。这个世界上，白手起家的富豪很多，从小做大的企业家数不胜数。你必须清楚：政府的创业基金也是一种贷款，虽然条件很优惠，但终究是要还的，其实还有更合算的融资形式。暂时的资金短缺，也许正是你奋力拼搏、争取客户的动力。

【案例学习4-10】　善用厂家付款期限开始创业的温然

温然大学毕业后创立了自己的公司，三年内他的企业销售额已经超过了1 000万元。在创业初期，他和所有创业者一样，首先遇到的就是如何解决“钱”的问题。

但是他开始做生意时并没有使用银行的贷款。他说：“我那时业务没有时间等贷款到了再做了”，于是，在一位朋友的帮助下，他获得了电器供应商两周的付款期限，他这时已经联系好了用户，可以保证货物在两周内脱手，并且收回货款。这样周转了几轮下来之后，他的利润逐渐得到积累，业务也越做越大了。

当别人在争取更多资金时，他把精力用在了市场开拓上，他说：“我认为我的创业思路未必会得到银行的支持，因为我发现银行和主管部门对经营之道知之甚少，而且他们也不愿为支持新的产业而去冒很大风险。”

3．找到保本销量

创业者开始创业后，一定要首先学会计算盈亏平衡点，必须对自己的经营状况做到心中有数，并且在以后的经营活动中，严格财务制度，做好经营情况的统计和分析。

企业在各个发展阶段对财务管理的要求也不尽相同，关于成本控制、现金管理等将在下文讲解，这里先介绍保本销量的计算方法。

所谓保本销量，就是企业在不赔不赚的时候的销量。盈亏平衡时：月总利润=总成本。这时的营业额或者销量，就叫保本销量，这个数字也就是盈亏平衡点。

4．搞清毛利和纯利

衡量企业盈利能力的指标是利润，计算公式为

营业利润=营业额-总成本=营业额-（固定成本+流动成本）　　（4-1）

例如，某商店当日营业额为24 000元，总成本为16 000元，则利润为

纯利润=24 000-16 000=8 000（元）

毛利=营业额-进货成本　　（4-2）

这时的成本里不包括摊位费用和营业费用、固定资产折旧等，仅仅是指进价。

例如，小王在她的服装店里卖了一条裤子，销售收入150元，但这条裤子的进价为100元，则毛利为

150-100=50（元）

⊙ 企业家提示

创业者必须要有成本的概念，就是说，在毛利中，你还需要支出你店铺的房租、人工费、水电费以及固定资产的折旧等成本，之后才是你的纯利润。

（四）学会计算投资回收期

投资回收期的计算，可以帮助创业者明白他的所有投入都需要一定的时间才可以挣回来。也就是说，不论创业启动资金的来源是亲情融资、个人积蓄、银行贷款还是基金扶持，都需要创业者用利润的积累，一点点来抵偿。因此，首期投资越大，投资回收期越长。这就是大多数企业都是从小做大的原因之一。

投资少，回收快，可以很快收到盈利的效果；投资大，回收慢，会有很长时间的经营都是为了收回投资。

投资回收期计算公式为

投资回收期=投资总额÷月利润=可以收回的月份数　　（4-3）

例如，某小企业总投资18万元，月盈利8 000元，则投资回收期为：

180 000÷8 000=22.5（月）

三、创业融资渠道

创业融资的主要渠道包括自我融资、亲朋好友融资、信誉融资、天使投资、商业银行贷款、担保机构融资、政府创业扶持基金融资和私募基金等。

（1）多种渠道组合融资。是否没有担保，创业者就贷不到款呢？或者说，没有担保，银行就绝对不给创业者贷款吗？这些问题与当前国家的政策是密不可分的。因此，创业者不要因为自己没有担保的财产而放弃向银行贷款，况且，目前为创业准备的融资渠道很多，在很大程度上，政策都给予了优惠，社会上也有很多鼓励和扶持创业的基金和公益基金，这些组织都把扶持青年创业当成了一种社会责任，对年轻的创业者给予了很大的支持。

（2）钱并不是企业成败的根本因素。人们常说："钱不是万能的，而没钱是万万不能的。"可见资金在创业过程中的重要性。但是，白手起家的富豪们也给了我们一些重要的启示：信誉和勇气永远比资金更有用！

通常来说，创业启动资金的多少应视创业项目大小和其所在的行业而定，一般情况下，有如下几种融资渠道。

（一）亲朋好友融资

有资料表明，亲情融资是创业者最普遍的融资方式，也是融资成功率最高的方式。如果你的创业计划需要的资金不是很大，而且你未来的事业也想从小到大慢慢做起，这时，亲戚朋友拿出多年的积蓄来帮助你开业，这种情况在一些传统的小项目融资和南方那些最初创业的年轻人中很常见。因为亲情的关系，大家彼此之间不需要更多的信誉担保，一旦创业失败，亲友的钱还可以慢慢还。但对于比较大的投资项目，一般用亲情融资的方法就不行了。

【案例学习4-11】　　借钱学艺的吴立忠

全国连锁"六十年老磨坊"的创始人吴利忠就是用从亲戚手里借来一万元，去学习沈天智老师傅的手艺，从而开创了自己人生的华丽篇章。

（二）自我融资

有很多成功的创业者是靠自己最初给别人打工来赚取第一桶金和宝贵的职业经验的。用自己打工积累的钱做资金创业，既有一种白手起家的荣耀感，在打工的同时也是一个创

业的实习过程。世界上白手起家的企业家比比皆是。

【案例学习 4-12】　　靠自我融资创业的大学生彭敏

到 2012 年，彭敏的企业已经创建了 4 年。

他创业之前每周末和节假日都会到上海市徐汇区的“百脑汇”里打工，为客户组装电脑。在装机的过程中，他学会了组装计算机的流程并找到了销售电脑的渠道，同时也发现了他们营销的缺点，他便率先在电脑城里提出了“整体装机只挣 100 元”，元部件价格全透明。一时间，他的生意好到一个人忙不过来了。

于是，他用打工积累的钱租了一个摊位，请了几位工人开起了自己的电脑维修、装机服务。到 2009 年毕业那年，他的资产已经超过了 20 万元。于是，他把这个资金作为启动资金，利用自己大学所学的“安防技术专业”知识，注册了“上海讯敏安防技术服务有限公司”，并且在全国大学生创新创业大赛中得了金奖。

如今彭敏已经买了自己的商务车，每年营业额稳定在 300 多万元。彭敏就是用打工积累创业并发展壮大起来的。

（三）信誉融资

信誉融资是指用你或者你亲属的以往信誉获得贷款人的信任，同意给你贷款或者允许一个账期的融资方式。通俗地说，就是先拿货，约定时间或者货物售出之后再付款。

【案例学习 4-13】　　15 岁开始创业的陈光标

被称为“中国首善”的企业家陈光标，在他 15 岁第一次创业时，是用他叔叔的信誉担保，先把邻居家的粮食收走，他运到镇上售出后再回来给邻居们结算，每斤粮食挣取差价 0.2 元，这是他第一次创业的真实故事。

（四）天使投资

天使投资（Angel Investment），是权益资本投资的一种形式，是指富有的个人出资协助具有专门技术或独特概念的原创项目或小型初创企业，进行一次性的前期投资。它是风险投资的一种形式，根据天使投资人的投资数量以及对被投资企业可能提供的综合资源进行投资。

1．设立大学生创业“天使基金”

大学生开办企业可获得 5 万元～100 万元的支持，要求创业者自有资金与天使基金是 1:1 的投入比例，天使基金以股份形式加入创业团队，因此，即使创业失败，也无须创业者承担赔偿。这个基金是专门为了激发大学生创业热情而设立的。

【案例学习 4-14】 天使基金给他的梦想插上了翅膀

范志平是上海海洋大学的2007年硕士毕业生，2000年在湖北荆州大学读书期间因为家庭困难，要自谋学费，先后做过家教、卖过电话卡，甚至还开过餐馆。这些经历促使范志平在一毕业就选择了自主创业。

他申请了上海市大学生科技创业基金，并通过了上海捷联投资咨询服务公司的创业项目评估，获得了30万元的天使基金，捷联董事长、总经理郑捷还亲自担任他的创业导师，“一对一”地对他进行创业辅导，他的“上海齐民信息科技有限公司”便在2008年1月20日开张了。

作为科技型企业，他们研究开发的“农村区域性电子商务与物流”的科研子项目获得了2008年第二批国家科技部中小型企业自主创新基金，无偿资助40万元，使这个毕业不久的创业者干劲更足了。

目前，范志平的公司接纳了多名大学毕业生的创业实训，创造了几十个工作岗位并且优先聘用大学毕业生，他自己也担任“上海市科技创业中心大学生联合党支部”书记，还在业余时间到上海理工大学辅导创业培训班的学生如何撰写《商业计划书》，他经常在创业者交流会上和在校大学生交流时说这样一句话：“试一试才能行，拼一拼就能赢，创业不一定使我们成功，但一定可以叫我们成长。”

2．风险投资基金

风险投资基金又叫创业基金，是当今世界上广泛流行的一种新型投资机构。它以一定的方式吸收机构和个人的资金，投向于那些不具备上市资格的中小企业和新兴企业，尤其是高新技术企业。

风险投资基金无须风险企业的资产抵押担保，手续相对简单。它的经营方针是在高风险中追求高收益。风险投资基金多以股份的形式参与投资，其目的就是为了帮助所投资的企业尽快成熟，取得上市资格，从而使资本增值。一旦公司股票上市后，风险投资基金就可以通过证券市场转让股权而收回资金，继续投向其他风险企业。现在成功的企业雅虎、百度、阿里巴巴等，都是通过得到风险基金的支持而发展起来的。

【案例学习 4-15】 没有风险投资，就没有今日的搜狐

搜狐是互联网上最有影响的中文网上搜索站点之一。在国内综合门户网站的排名中，搜狐也名列前茅。搜狐之所以能够迅速发展壮大，与搜狐的母公司爱特信公司（Internet

Technologies China）引入大量海外风险投资是密切相关的。可以说，没有风险投资，就没有今日的搜狐。

爱特信公司的创办者张朝阳博士在麻省理工学院（MIT）学习、工作的几年深受硅谷创业文化的熏陶，他很希望能获得硅谷风险投资家的“天使”基金来创办自己的公司。1996年，张朝阳利用回国做美国互联网络商务信息公司（ISI）首席代表的机会了解了国内市场状况。他发现1996年中后期，美国的互联网发展得非常快，而中国却几乎是一片空白，只有国联在线、高能所、瀛海威等几家刚起步的小公司。当时，中国网络建设面临许多问题，其中最突出的问题是中文信息严重匮乏，国内真正能提供中文信息内容服务的ISP（Internet服务提供商）寥寥无几，90%以上的ISP只能提供简单的Internet接入服务。

张朝阳看好国内市场的发展前景，并决心在国内创业。他首先遇到的问题是没有资金，向美国著名风险投资专家爱德华·罗伯特求援后，两人共同分析了中国市场，并写了一个简单的商业计划提交给催生Intel的风险投资人——尼葛洛庞蒂，不久争取到数百万美元的起步投资，由此成立了ITC公司。

公司运营一年后，已走过了谨小慎微运作的初创阶段，于1997年取得Intel公司的技术支持，推出了“SOHOO”网上搜索工具，并独家承揽“169”北京信息港1998年整体内容设计和发展的任务，发展速度很快，甚至比一般的美国风险投资公司的成长速度还要快。

【案例学习4-16】“饿了么”二次融资获得风险投资2 000万元

“饿了么”是中国最专业的网络订餐平台，致力于推进整个餐饮行业的数字化发展进程。它为用户带来方便快捷订餐体验的同时，也为餐厅提供一体化的运营解决方案。“饿了么”秉承“极致、创新、务实”的信仰，致力于推进整个餐饮行业的数字化发展进程。

2008年9月，“饿了么”网站正式上线。

2009年2月，平台支持网络订餐。

2009年9月，推出餐厅运营一体化解决方案，获得上海市教委“觉群大学生创业基金”10万元。

2009年10月，日均订单突破1 000单。

2010年5月，网站2.0版本上线，各方面性能均有所提升。

2010年6月，推出超时赔付体系，建立行业新标准。

2010年8月，获得风险投资2 000万元，公司规模扩张，喜迁新址。

2010年9月，订餐范围覆盖全上海，合作餐厅超过10 000家。

2010年11月，手机网页订餐平台上线。

2011年5月，年交易额突破2 000万元。

2011年7月，成立杭州分公司。

2011年7月，成立北京分公司。

（五）商业银行贷款

商业银行贷款是指商业银行为实现其经营目标而制定的指导贷款业务的各项方针和措施的总称，也是商业银行为贯彻安全性、流动性、盈利性三项原则的具体方针与措施。

1．商业银行贷款政策的主要内容

（1）确定指导银行贷款活动的基本原则，即商业银行的经营目标和经营方针。

（2）明确信贷政策委员会或贷款委员会的组织形式和职责。

（3）建立贷款审批的权限责任制及批准贷款的程序。

（4）规定贷款额度，包括对每一位借款人的贷款最高限额、银行贷款额度占存款或资本的比率。

（5）贷款的抵押或担保。

（6）贷款的定价。

（7）贷款的种类及区域的限制。上述贷款政策的内容应当体现商业银行的经营目的与经营策略，决定商业银行的经营特点和业务方向。

2．商业银行制定贷款政策的主要依据

（1）所在国的金融法律、法规、政策的财政政策和中央银行的货币政策。

（2）银行的资金来源及其结构，即资本状况及负债结构。

（3）本国经济发展的状况。

（4）银行工作人员的能力和经验。

（六）担保机构融资

1．开业贷款

开业贷款是上海市促进就业专项资金担保的一种商业贷款，贷款资金用于创业组织的创办和经营发展。

借款人在签订借款合同时，还必须签订还款承诺书，承诺以个人和家庭财产对开业贷款承担无限偿还责任。贷款额最高不超过10万元，如果符合政策优惠条件的，还可以按规定享受贴息扶持。

【案例学习4-17】　　开业贷款助他一臂之力

2003年10月，刚刚毕业于上海交通大学计算机系的丁尚春决心创办一个可以利用自己所学专业的企业。从他的“上海麦捷克数字科技有限公司”开始建立起，丁尚春的目标就

是打造一个小型IT运营服务商。

在创业的初期，开业的启动资金是他向亲友们借的，但由于经营经验不足，一段时期以来，公司一直处于微利状态，要扩大经营，缺少周转资金。当得知有开业贷款时，他如实地把自己的创业情况申报以后，得到了4万元开业贷款。丁尚春说："虽然公司现在还不能说完全走上正轨，但对于一个小公司来说，这笔钱无异于雪中送炭。"

近十年的公司经营，使这个当年刚毕业的大学生稳健了很多，现在的丁尚春已经成长为一名上海市开业指导专家了。他说："很想给刚创业的大学生一些建议，与之共勉：坚持很重要，既然选择创业，不管遇到任何困难，都要积极地去克服，不要轻言放弃。"

2．创业前小额贷款

从2009年4月1日起，上海市试行创业前小额贷款担保，由上海市促进就业专项资金提供担保。

（1）担保对象。具有上海市户籍，35周岁（含）以下，拟在上海市创办小企业、民办非企业单位、农民专业合作社、个体工商户，且有创业项目的，可以申请创业前小额贷款。

（2）申请条件。① 申请人无违法犯罪行为和不良信用记录。② 申请人已有较为完善的创业项目。

（3）贷款金额和期限。贷款金额最高为10万元，贷款期限最长为一年。

按时还款还可以申请全额贴息。总之，这是上海市政府为了扶持创业和开办小企业而设置的优惠政策。

（七）政府创业扶持基金融资

1．YBC基金

YBC是Youth Business China（中国青年创业国际计划）的英文简称。它是共青团中央、中华全国青年联合会、中华全国工商业联合会等8家政府机构共同倡导发起的青年创业教育项目。该项目参考总部在英国的青年创业国际计划（Youth Business International）扶助青年创业的模式，动员社会各界，特别是工商界的力量为青年创业提供咨询以及资金、技术、网络支持，以帮助青年成功创业。

YBC是瀛公益基金会扶持青年创业的公益项目，YBC是其运行的模式标准。YBC的核心帮扶模式是：为创业青年提供无利息、无抵押、免担保的资金支持，"一对一"的陪伴式导师辅导和系统的创业培训，引导青年进入工商网络，帮助青年成功启动创业。

YBC是一项公益基金，口号是"扶持一个青年，成就一个未来企业家"，自2003年11月由共青团中央、中华全国青年联合会、国家劳动社会保障部、中华全国工商业联合会等机构倡导发起。截至 2012 年 10 月，YBC 已扶持青年创业项目 5 349 个。YBC 在全国的志愿者导师已发展到 8 000 人，从项目筛选、预审、实地面试、复审，到“一对一”三年陪伴式辅导，每个环节都凝聚着志愿者导师的心血。志愿者导师已成为 YBC 公益事业发展的不竭源泉。

随着 YBC 网络的不断发展扩大，“YBC 模式标准”的运用更趋成熟完善。YBC 扶持的青年创业企业，也由早期自雇型、生存型企业逐步向创新型项目发展。近两年，有 50 多位 YBC 扶持的青年受邀参加世界经济论坛，登上了世界经济最高端的舞台。

YBC 还创新性地增设了少数民族地区、地震灾区、大学生村官等多个专项扶持资金，推动和促进了这些特殊地区和人群创业和就业。

【案例学习 4-18】　YBC 资助大学生村官实现创业梦想

2011 年 11 月，在中组部的推动下，瀛公益基金和神华集团共同启动了“神华助推大学生村官创业行动”，在未来三年内，重点扶持中西部的 2 000 名大学生村官启动创业，通过给有创业意愿的大学生村官“资金加导师”的公益创业帮扶，帮其实现成功创业，在实现自我人生目标的同时，带动周边村民致富，为新农村建设作贡献。

大学生村官深入农村基层，了解农村现状，与农民建立了相互联系和信任。因此，能否真正地激发大学生村官的创业热情，充分挖掘他们的创业潜能，引导他们成功创业，以创业带动就业，这对于服务社会主义新农村建设，推动社会和谐发展，具有重要意义。

2．政府人保局的小额贷款

非上海市户口、在本市注册开业三年以内的个体工商户、小企业、民办非企业、农民专业合作社可在创业组织经营地或创业前向创业所在地的区县创业就业服务中心申请小额贷款。

从 2009 年 4 月起，贷款金额已提高到 100 万元。

【案例学习 4-19】　政府的小额贷款帮扶起来的创业者吕玲娣

说起吕玲娣的创业路程，确实是坎坷不平的。她第一次创业，是在 1999 年，那时她得到哥哥的担保，并且以自己的房子作抵押，贷款 50 万元，成立了“申浦佳洁发展公司”，自己当起了老板。她的店开在文登路（就是现在的东方路），聘用了 10 名四五十岁的下岗工人。

但由于市场竞争激烈，经营同类商品的公司越来越多，且没有直接的低成本厂家货源，因此，生意一路清淡，最后不得不关门。

但她并没有气馁，一个偶然的机会，听说上海市开业指导中心有很多适合创业的招标项目，她立刻认真地写了标书，并一举拿下了“高校后勤服务”的项目，成立了一个非正规劳动组织，取名“长白灵灵公益服务社”，又不辞辛苦地投入了第二次创业。

吸取上次的教训，吕玲娣这次创业是审慎的。因此，她一步一个脚印，生意越做越大。为了把生意做得更大、更强，她成立了“上海珍灵后勤管理服务公司”。

目前她拥有职工 340 名，服务的企业也有了 20 多家，以自己的创业带动了他人的就业。

3. 上海市青年创业小额贷款

40 岁以下青年在上海市注册的，贷款项目符合国家和本市的产业政策导向，经营状况良好和信用状况良好的，并且具有独立还款能力的中小企业，可申请 100 万元～500 万元贷款，贷款期限一般不超过两年。

如贷款项目符合科技部创新基金申报要求，可以由贷款管理和融资平台向科技部申请相关贷款贴息。凡科技部认定的项目，可给予全额或部分贴息。

拓展阅读　　大学生科技创业基金

上海市设立了专门针对应届大学生的教育培训中心，免费为大学生提供项目风险评估和指导，还有一批经验丰富的开业指导专家免费提供咨询，以帮助大学生更好地把握市场机会。

1. 成立科技创业基金

从 2006 年起，上海市政府将连续五年，每年投入 1 亿元用于大学生科技创业基金，帮助大学生在科技领域创业。

2. 针对青年创业者

上海市 40 岁以下青年创业者只要企业经营状况、信用状况良好，能提供一定的贷款担保，就能申请创业贷款。单笔贷款金额原则上为 100 万元～500 万元。贷款期限一般不超过两年，贷款利率按中国人民银行公布的当期贷款基准利率执行。

该项目由共青团上海市委员会与国家开发银行上海市分行联合推出。共青团各区县团组织推荐、受理符合条件的青年创业贷款项目。

3. 利息低、申报简单

据长宁区团委介绍，该专项贷款利率目前为 6.3%，而一般商业银行贷款利率都上浮 30%以上。贷款有关费用包括不超过 2.5%的担保费和 1%以下的融资平台管理费。一般两个月内可完成申报及发款流程。

如果青年创业贷款项目符合科技部创新基金申报要求，还可以向科技部申请贷款贴息，成功率达到 80%。凡科技部认定的科技项目，可得到贷款期内全额或部分贴息。

4. 贷款对象更高端

与2008年上海出台的开业贷款担保新政策相比，该项贷款相对更高端，申请人必须是已拥有企业的40岁以下青年创业者，贷款最高金额也高了10倍。而且青年创业贷款申请项目重点向先进制造业、现代服务业以及高新技术企业和农业特色产业倾斜。

> ⊙ 企业家提示
>
> 在国家政策的大力支持和各级各类社会组织的关心和帮助下，大学生创业的资金瓶颈已经有所突破，可以说，只要你有好的经营设想，寻找创业贷款并不是一件很难的事。难的是如何找到商机，如何最大限度地体现当代大学生的自身价值。

（八）私募基金

所谓私募基金，是指通过非公开方式，面向少数机构投资者募集资金而设立的基金。在我国，通常而言，私募基金（Privately Offered Fund）是指一种针对少数投资者私下（非公开）地募集资金并成立运作的投资基金。他们也关注创业项目这部分资源，投资数额视他们感兴趣的项目而定。

【案例学习 4-20】　小肥羊在私募基金资助下成功上市

内地首家获得境外私募基金的餐饮企业是内蒙古小肥羊餐饮连锁公司，并且已在香港成功上市。小肥羊之所以得以大力推进上市步伐，要归功于著名私募机构英国3i与普凯基金联手投入的2 500万美元（占30%的股份）。

> ⊙ 企业家提示
>
> 随着社会的发展，大学教育越来越接近大众普及教育，教育目标也从学历教育逐步转向能力教育，因此，创业作为大学生的一种职业选择，必将成为一种潮流。在各级政府的关心和扶持下，大学生创业也迎来了前所未有的高潮。把握时机，把握命运，成功就在脚下！

四、创业融资的选择策略

（一）创业融资不只是一个技术问题，还是一个社会问题

应从建立个人信用、积累社会资本、写作创业计划、测算不同阶段的资金需求量等方

面做好准备。

【案例学习 4-21】　　白手起家的大富翁

对于一个有志于实现自我独立、实现人生价值的创业者，没有钱并不能阻碍他立志创业的志向。古往今来，白手起家的富豪比比皆是。例如，亚洲首富孙正义在他最初创业的时候，要去另外一个城市谈生意，竟然连买火车票的钱都没有。

世界著名的希尔顿大酒店的创始人唐瑞德·希尔顿，就是用他做小生意得来的 5 000 美金作为第一桶金，买下了他人生的第一家酒店，从此做出了辉煌的事业。所有的财富都是一点点积累起来的，只要你有决心，就没有什么困难可以阻碍你创业的步伐。

（二）最佳的融资组合策略

事实证明，创业成功率最高的融资方案，并不是完全依赖外来资金，只有当自我融资和外来资金达到 1:3 的比例时，创业融资策略才是成功率最高的。

创业融资解决的是创业者在企业成立前后最紧迫需要解决的创业启动资金问题。融资最主要的渠道有私人借贷、银行贷款、天使投资者、风险投资和典当等，其他融资方式还包括商业信用融资、补偿贸易融资、代理权融资和租赁融资。

创业资源的整合除了融资和创业团队外，还包括人脉、信息、技术、行业和政府等方面的资源。创业者正确整合资源的方式就是以双赢、共赢为目的，以德为先，用自己的人格魅力征服团队，用自己的真诚取悦客户，不断提升自身素质和品质。

⊙ 企业家提示

俗话说“创业容易守业难”。企业开办，公司开张，仅仅是创业迈出了第一步，更多的考验还在前面等待着年轻的创业者。因此，认真学习企业经营的知识，增强自己企业管理的能力才是最主要的，企业的注册资金并不代表创业者的经营能力。

从小做大，脚踏实地，是大学生创业者最应该树立的经营理念。

第三节　创业资源管理

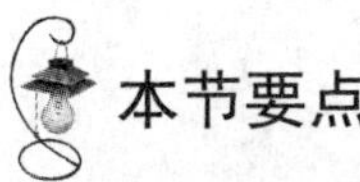

本节要点

使学生了解创业资源整合和有效使用的方法，认识创业资源开发的技巧和策略。

拓展阅读

创业资源的管理

1. 资金管理

因为企业创业在内部发生，一般新业务由旧业务的收入来支撑，所以资金来源显得有保障。在这种资金获取办法下，由于新业务本身不但没有收益，反而必须投入大量的资金而导致“新业务招损”，因此，可能打击旧业务员工的积极性，对企业发展不利，特别是当企业从专业化向多元化转变时更是如此。解决这个问题的办法有：对新业务使用种子资助资金，采取内部风险投资的方式，或其他有偿使用资金的办法。

2. 人才分配

企业创业的另一个问题是人才支持。当项目处于种子阶段时，主要由少数几个人在运作和管理，一旦进入了孵育发展阶段，就必须有得力的人才来进行规划管理，因此，这里也存在一个新、旧项目争夺人才的问题。为了使新、旧项目的发展不受人才问题的影响，企业必须注意在发展过程中培养新的人才，稀释各部门的人才密度，给人才加压力。

3. 工作时间分配

企业创业相对首创业来说，一个大问题是创业者的工作时间和精力难有保障。一般来说，企业内部的创业者既要完成当前的工作，又要进行开发工作，因此，工作时间分配经常顾此失彼。为了保障员工有充足的时间来孵化创新性的想法，组织应该从制度上给他们以保证，同时调整他们的工作负担，避免对员工各方面施加过多的时间压力，允许他们长时间解决创新问题。如柯达公司的创业者可以将 20%的工作时间用于完善创业设想；如果设想可行，创业者可以离开原岗位。

4. 新创企业的营销资源管理，主要是指营销资源的分配和新市场的开拓

创业是一种以市场为导向的活动，市场对新产品的接受程度直接关系到创业成败，但开始时，新产品在市场中几乎不为人所知，因此，企业必须集中销售资源，致力于新产品的市场开拓。这里也存在新、旧项目营销资源竞争的问题。为了解决这个问题，企业必须加大营销投入。

大多数创业者难以整合到充足的创业所需的资源。往往都是在创业资源匮乏的情况下，激发了个人自身的潜力而创造性地成功的，因此我们的身边就有了很多白手起家或者创业团队创造的神话了。

一、行业概要的管理

（一）行业概要

行业概要包括行业格局、技术创新、前景机会、发展趋势等信息。

创业者在创业前，必须获得足够的该行业或领域的相关信息，才可以“知己知彼”地设计进入策略。要获得想要进入的行业概况，市场调研就是最好的方法和途径。传统的市场调研方法有问卷法、访谈法、实验法等。

市场调研，是指为了提高产品的销售决策质量、解决存在于产品销售中的问题或寻找机会等而系统地、客观地识别、收集、分析和传播营销信息的工作。目前的发展趋势是网上市场调研，这种高效的调查手段也被许多调查咨询公司广泛应用，其优点主要表现在提高调研效率、节约调查费用、调查数据处理比较方便、不受地理区域限制等方面。但是在线市场调研并不是轻易可以实现的。

（二）市场调研（Marketing Research）

市场调研是运用科学的方法，有目的、有计划地收集、整理、分析有关供求、资源的各种情报、信息和资料。它是把握供求现状和发展趋势，为制定营销策略和企业决策提供正确依据的信息管理活动，是市场调查与市场研究的统称，是个人或组织根据特定的决策问题而系统地设计、搜集、记录、整理、分析及研究市场各类信息资料、报告调研结果的工作过程。市场调研是市场预测和经营决策过程中必不可少的组成部分。

（三）调研流程

调研流程大致如下：调研计划撰写—调研问卷设计—调研问卷实施—调研问卷收集、整理—数据分析—调研报告撰写。

【案例学习 4-22】　　其他企业调研流程举例

图 4-4 是某企业市场调研分析流程图。当然，市场调研的程序也不是一成不变的，具体操作流程可以根据企业实际需要做适当调整。

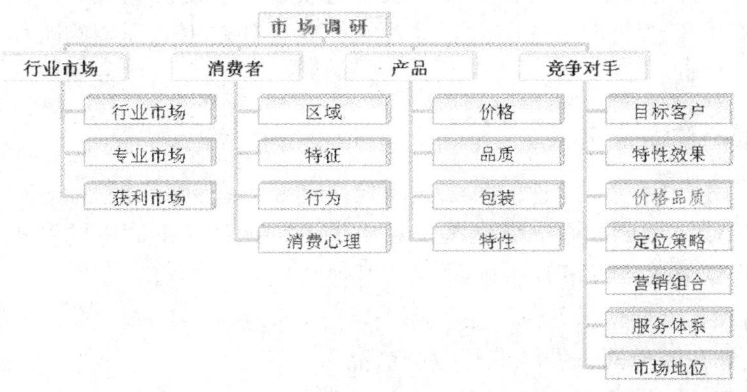

图 4-4　某企业市场调研分析流程图

在市场调研中，利用数据分析手段和电脑软件而形成的柱形图、饼形图等，可以使调研结果更直观，如图4-5所示。

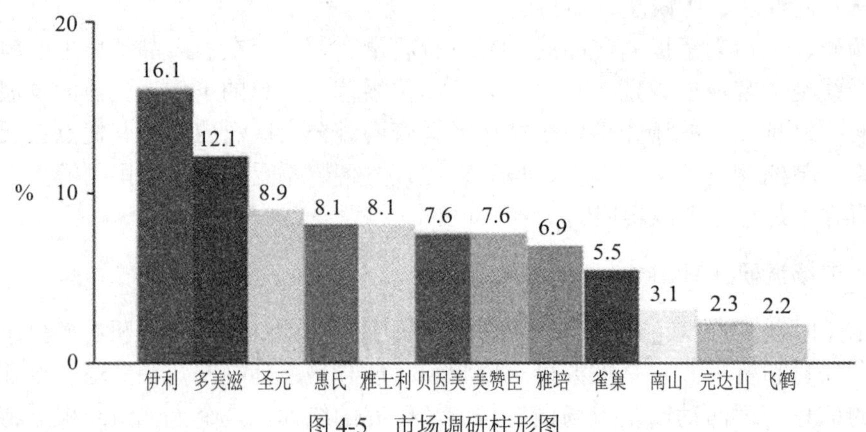

图4-5　市场调研柱形图

资料来源：北京数字100市场研究公司《2008年奶粉行业tracking报告》。

二、信息资源的管理

常见的信息资源包括项目交易数据资源、供求信息资源、研究报告资源、财经数据资源、科研数据资源、学术论文资源、品牌口碑资源及公司名录资源等。

（一）信息资源的获得渠道

信息资源的获得有两种渠道：一种是在市场调研中亲自取得的第一手资料，还有一种就是在网络、行业协会、企业年报等公开资料中获得信息资料。这些资料中的一大部分可以从网络获得，对二手资料的研究不仅可以节约获取一手资料的成本，同时，只有分析研究行业信息才有助于创业者了解自己要进入的行业正处在生命周期的阶段，为产品定位、定价、推广寻求依据。

（二）信息不对称

信息不对称是新创企业经营的第二大风险。创业者在创业过程中时刻要警惕信息不对称带来的经营风险。因此要眼光盯在客户和市场上，抓住转瞬即逝的商机，掌握顾客需求的变化。通常经常要思考以下几个问题。

（1）你的顾客需要什么？

（2）谁跟你在做着同一领域或行业的产品？

（3）谁的产品和服务跟你拥有同一个目标群体？

（4）你的产品或服务是否是可持续发展的？

……

可以说，只要企业存在一天，它所处的外在环境就在无时无刻地变化着，这些变化都可以通过信息资源来体现，因此，要想取得企业长远发展，就要在变化中学会应变，根据外在信息不断调整企业的经营策略。

三、人力资源的管理

创业资源中的人力资源是指创业者具有的体质、文化知识和劳动技能水平。拥有创业所需的人才、团队是创业的必要的先决条件。创业中的人力资源管理内容很多，包括人员的选聘和配置、薪酬计划、股东权益、股权分配、期权收益等，但是对一个创业者来说，在创业之初，最重要的一是要找到可以胜任你工作要求的人；二是要找到值得你信任的人，最好是二者兼而有之的人才。

在国外的人力资源管理中，素质测评是必不可少的。理性成分偏重。在中国，从诸葛亮识人七法，到孔子识人术，基本上是感性成分偏重。

人才测评是综合利用心理学、社会学、统计学、测量学、管理学、行为学和计算机科学等一系列先进的科学方法，对测试者的个性特征、知识能力、发展潜力和身体素质等基本素质方面实施测量和评价的活动。马克思在现代科学刚开始的时候就指出：“一种科学只有成功地运用数学时，才能达到真正完善的地步。”但是人本身的素质和能力，也是处在变化之中的，因此单凭人才测评的数据，也不能完全得出正确的评价结论。

拓展阅读　　**诸葛亮识人七法**

问之以是非而观其志；
穷之以辞辩而观其变；
咨之以计谋而观其识；
告之以祸难而观其勇；
醉之以酒而观其性；
临之以利而观其廉；
期之以事而观其信。

【案例学习 4-23】　　**杰克·韦尔奇的管理理念**

（1）换人不含糊，用人不皱眉。

（2）剔除没有激情的人。

（3）将自己的文化包括自信灌输给公司的每个人。

（4）管理越少，公司越好。

（5）让每个头脑都参加到公司事务中来。

（6）旧组织建立在控制之上，新组织必须添加自由成分。

（7）消除管理中的警察角色。

（8）绝不妥协地向官僚主义开战。

四、资金资源的管理

资金资源：创业需要的启动资金，创业转型或发展所需要的再次融资等，都是创业者应该获取的资金资源。

创业资金资源的管理，最重要的是创业之初的财务管理，因为有调查显示，68%的新创企业，是因为财务管理不善，导致现金流断裂而失败的。

初创企业在成长过程中，大都有“资金饥渴症”，即经营者追求筹集尽可能多的资金，而往往忽视融资的风险。融资不仅有代价，而且还蕴含着风险。应尽可能控制融资规模，尽量不要造成资金闲置和企业负债过高。

其中，创业者最容易犯的错误就是不注意融资成本问题。不同的融资渠道，其融资成本不同；资金资源管理不善，很可能成为企业负担，而且会抵消企业辛苦挣来的利润。

⊙ 企业家提示

新创企业在其发展的各个阶段，对资金管理的要求不尽相同。同时，资金管理也与创业者创办的企业类型有关。例如，你是创办一个小型的传统行业，加盟一个成熟的服务行业，还是高新技术行业，抑或是需要吸引风险投资的创新项目等，类型不同，资金管理的内容和重点必然不同。

在企业里，创业者就是团队的领头人，也是主要的决策者之一。但是，如果没有学过宏观经济学和微观经济学或者财务管理，一些在决策时必须考虑的因素，就会因为没有建立这些概念而被忽略，好多创业者都是在实践中才慢慢懂得了这些概念的。

（一）明确资金时间价值的概念

资金时间价值这个概念，用一句通俗的话来说，就是：今天的一元钱跟明天的一元钱的价值是不相等的。为什么？因为这一元钱在 24 小时内会产生利润或者利息。资金时间价值的表现形式就是利息和利润。

衡量资金时间价值的尺度有两种：其一为绝对尺度，即利息、盈利或收益；其二为相对尺度，即利率、盈利率或收益率。

利率和利润率都是表示原投资所能增加的百分数，因此往往用这两个量来作为衡量资金时间价值的相对尺度，并且经常两者不加区分，统称为利率。

（二）明确资金时间价值的意义

资金时间价值或者说货币时间价值是一个经济学概念，是机会成本的变体。在社会平均利润率一定的情况下，资金时间价值与计息期数成正方向变化，计息期数越多，资金时间价值越大，也就是说，资金周转的快慢以及每次资金循环时间的长短，都决定了资金时间价值的大小。掌握资金时间价值理论，有助于企业科学合理地使用资金，企业任何资产只有参与资金运动才可能作为资金实现其时间价值，而闲置的资产无论是流动资产还是固定资产都不可能创造时间价值，而且随着时间的推移，还会丧失其原有的价值。

（三）充分提高资金的使用效率

以前经常听到有人说“今天的一元钱跟明天的一元钱是不等值的”，这句话的精髓就是“资金的时间价值”。

明确这个观念就可以督促创业者节约使用资金，充分提高资金的使用效果，充分实现资金时间价值，使资金在有限的时间和空间范围内获取最大价值。因此在进行项目可行性分析以及在证券投资方案评价中，资金时间价值就是最重要的依据。不论净现值法、现值指数法，还是内部报酬率法等，都是在充分考虑资金时间价值的基础上评价项目可行性较好的方法，而且已在各企业实践中得到广泛应用。

⊙ 企业家提示

无论进行什么样的经济活动，都必须认真考虑资金时间价值，千方百计地缩短建设周期，加速资金周转，节省资金占用数量和时间，提高资金的经济效益。

（四）懂得机会成本的概念

机会成本是指为了得到某种东西而要放弃的另一样东西，机会成本小的具有比较优势。简单地讲，可以理解为把一定资源投入某一用途后所放弃的在其他用途中所能获得的利益。更加简单地讲，就是指为了从事某件事情而放弃其他事情的价值。

机会成本在经济学上是一种非常特别、既虚又实的成本，是指单笔投资在专注于某一方面后所失去的在另外其他方面的投资获利机会。

在企业经营的过程中，创业者经常要面临一些选择。作为企业经理人，他所做的任何决策都是为了企业的生存，在衡量做与不做时，就看哪个决定可以给企业带来更高的利润。

⊙ 企业家提示

掌握机会成本的概念，会使我们在决策时，多做一些分析，企业家的决策永远是倾向于利润最大化的，当衡量风险时，又是尽量规避风险的，决策时，机会成本越低，风险系数越小。因此，创业者在做决策时，应该多分析问题的各个方面，选择机会成本最低的事去做。

【案例学习 4-24】 如何做出正确的决策

沈老师面临着两项工作要做：一是接受一个培训课程的授课任务，需要用时两个月，可以得授课费 10 000 元；二是利用这两个月的时间她可以完成手里的一本书，出版顺利的话，年底可得稿费 20 000 元。

如果她选择了讲课，好处是可以立刻得到报酬，但她授课的机会成本就是版税 20 000 元；如果她选择写书的话，坏处是眼前得不到任何报酬，写书的机会成本就是授课费 10 000 元。

（五）建立投资风险的意识

投资风险是指创业者由于冒着风险进行投资而获得的超过资金时间价值以外的额外收益，所有的企业发展无不面临着投资的风险性。一个成功的企业必定是一个善于避开不必要投资风险的企业。

由于投资收益率=无风险投资收益率+风险投资收益率，创业者的每一个决策都应该慎之又慎，因为很多时候，你所做的决策就是“开弓没有回头箭”了。用机会成本的概念来思考问题，无疑会增加你决策的正确性。

⊙ 企业家提示

有不少企业家都怀着“奋身一拼”的“大无畏精神”盲目地去投资，他们凭道听途说的小道消息或只是凭感觉进行投资，完全没有进行独立的分析，没有盈利的可靠依据，这样投资难免会招致失败。

由于没有认识到机会成本的潜在损失，也使企业的决策行为并不是“利润最大化”的。

拓展阅读 做了这个就不得不失去另外的获利机会

萨缪尔森在其《经济学》中曾用热狗公司的事例来说明机会成本的概念。热狗公司所

有者每周投入 60 个小时，但不领取工资。到年末结算时公司获得了 22 000 美元的可观利润。但是如果这些所有者能够找到另外收入更高的工作，使他们所获年收入达 45 000 美元，那么这些人所从事的热狗工作就会产生一种机会成本，它表明因他们从事了热狗工作而不得不失去的其他获利更大的机会。

对于此事，经济学家这样理解：如果用他们的实际盈利 22 000 美元减去他们失去的 45 000 美元的机会收益，那他们实际上是亏损的，亏损额是 45 000−22 000=23 000 美元。虽然实际上他们是盈利了，但用机会成本的概念来计算的话，他们还是隐形亏损的。

（六）理解沉没成本的概念

沉没成本是指已经失去的收益或者付出的代价，不论你采取什么方式和方法，均不能挽回的损失。沉没成本与机会成本的不同之处在于它属于非相关成本，有时是间接的，有时是直接的。由于沉没成本好多时候是事后发生的，因此在决策时有时无法考虑在内，如果在决策时就把沉没成本考虑在内的话，恐怕会造成商机错失或者决策失误。

拓展阅读　美国经济学家斯蒂格利茨对沉没成本的解释

假如你花了 7 美元买了一张电影票，又怀疑这个电影是否值 7 美元。看了一会儿，你证实了自己的疑虑：这个影片确实很差。

在这种情况下，你是否选择离开这家影院？在做这个决定时，你就应当忽略那 7 美元，它就是沉没成本，无论你离开影院与否，这 7 美元都不可能被收回了。

⊙ 企业家提示

由于沉没成本发生的延迟性，所以许多创业者在决策并进入实施阶段时，才发现以前的判断是错误的，这个时候，就不要再去考虑已经无法收回的沉没成本了，撤得越快损失越小。

（七）理解准备金和存款准备金率（或货币准备金率）的概念

我们经常在新闻里听到“央行决定自某日起提高存款准备金率 0.25 个百分点”或者“降低存款准备金率 0.25 个百分点”，这是什么意思？提高或者降低这个货币准备金率，与当前的经济发展趋势有什么关系？对企业来说，这样的信息是一个什么信号？

（1）存款准备金。存款准备金是指金融机构为保证客户提取存款和资金清算需要而准备的在中央银行的存款，中央银行要求的存款准备金占其存款总额的比例就是存款准备金率。中央银行通过调整存款准备金率，可以影响金融机构的信贷扩张能力，从而间接调控货币供应量。

简单地说，提高存款准备金率，就是要收缩贷款总量，央行发往市场的贷款总量或者货币总量要减少了；反之，降低存款准备金率就是扩大贷款总量，央行发往社会的贷款或货币总量要增加的意思。

拓展阅读　存款准备金率的浮动与国家经济政策有什么关系

提高存款准备金率：一般经济情况下，经济过热和通货膨胀通常是一对孪生兄弟（除类似津巴布韦这样的国家通过大量发行货币来弥补赤字导致的通货膨胀）。经济过热可以说是利率太过宽松导致贷款成本比较低（也可以理解成市场中货币泛滥），那么经济某个领域就会过热。经济过热后通常会引起对资源（如石油、水泥、钢铁等）大量的需求，结果此类商品价格上涨，扩散到实体经济中就会导致通货膨胀。在这种情况下，国家通常会采取提高存款准备金率的政策，所以，提高存款准备金率是抑制经济过热的措施，预示着下一个阶段的经济增长将放慢步伐。

⊙ 企业家提示

对企业来说，当看到国家宏观经济政策上采取“提高货币准备金率”这样的经济紧缩的措施时，不宜进行大规模投资。反之，当“降低存款准备金率”时，是扩张性的宏观经济政策，属于刺激经济增长的信号，企业应该考虑新的投资和发展了。

当国家开始“降低货币准备金率”时，对创业者来说，你开始创业的机会来临了；对个人和企业来说，这种经济扩张的政策，无疑是有利于投资的。

（2）“货币准备金率”与通货膨胀系数成反比。简单地说，就是“提高货币准备金率”会导致物价下降（通货紧缩）；“降低货币准备金率”会导致物价上升（通货膨胀）。对企业和经营来说，正是在物价上涨时，才是赚钱的好时机！

（3）货币准备金率的变化与企业营销决策息息相关。任何时候都是机遇和挑战并存的，正是因为在危机中有人倒下，才给后来者留出了发展空间。企业间的区别就在于有人看到了机遇，有人看到了风险。而创业者要时刻关注国家宏观经济政策，高瞻远瞩，在别人还没有意识到的时候，做出正确的决策，才可以有效地规避各种风险，使企业基业常青。

那些百年基业无一不在其成长过程中几进几退，经历过好多次经济衰退而生存到今天。

⊙ 企业家提示

创业者的任何决策都是为了企业的生存，进有时，退有时，关键在于把握时机。有时退出比进入更需要智慧。选择时机是着眼于大势的决策，创业者一定要不断学习，提高经营能力，把握好企业的方向盘。

【案例学习 4-25】 季琦在全球金融危机到来前率先急刹车

携程网、如家快捷酒店创始人季琦说："经济增长时加油门，经济衰退时要踩刹车。"季琦从创建携程网到如家快捷酒店，创立了一个新型的深受年轻人和喜欢旅游的顾客欢迎的经营模式，如家快捷连锁酒店的成功，使季琦成为了令人瞩目的成功企业家。

继如家之后，季琦又开始筹建汉庭王国，这个酒店的规模和档次都要超过如家，而价格依然走平民路线。就在季琦奋力争取汉庭连锁上市的时候，全球金融风暴来了。

季琦果断地率先在2007年下半年撤回汉庭上市的计划，是同行业里第一个踩刹车的。最先感觉到了市场的危机，也最先撤退，因此很好地保全了实力。

（八）注意企业的现金流

现金流一般是用来衡量企业收入的一个指标。对一个企业的财务来说，一个阶段的现金流（也称为账面盈余或资产增值）是居于中心位置的指标。现金流是企业经营所得与同期经营支出的一个差额。

（1）企业经营所得。企业经营所得主要是指销售收入，企业支出包括购买原材料的费用及支付劳务工资、税收和利息的费用。两者的差额通常被称为现金流，它被定义为销售所得项减去支出的费用。现金流通常被当作衡量企业盈利能力，以及自身融资潜力的一个指标，即

$$现金流=企业内部融资能力$$

（2）企业内部融资能力。企业内部融资能力是指企业不依靠外部贷款获得资金，而是经过自身经营活动获得资金，并用于企业运作。现金流可以用于生产投资、偿还贷款或分红。

现金流是衡量企业财务情况的一个重要指标，创业者在与贷款方进行洽谈时，常常会被问及现金流的问题。这一指标不仅帮助企业估量自身诚信能力，而且也被外界认为是衡量企业偿还能力的一大标准。

拓展阅读 现金流是银行关注企业还贷能力的指标

企业现金流是你能否获得银行贷款的关键数字，一个企业的盈利好，不一定现金流大（可能用于购买固定资产或者存货占用过大），因此现金流并不反映企业盈利情况，只反映企业的还贷能力。

在创业初期，一定注意资金不要被固定资产占用太多，进而失去足够的流动资金。如贸易公司，一定注意要采用多品种少数量的进货方式，等找到可以给你带来最多利润的产品后，再逐渐放弃那些不畅销的品种，全力发展和扩大盈利品种。

（九）创业者要学会读懂资产负债表

资产负债表是表示企业在一定日期（通常为各会计期末）的财务状况（即资产、负债和业主权益的状况）的主要会计报表。资产负债表利用会计平衡原则，将合乎会计原则的“资产、负债、股东权益”交易科目分为“资产”和“负债及股东权益”两大区块，在经过分录、转账、分类账、试算、调整等会计程序后，以特定日期的静态企业情况为基准，浓缩成一张报表。

⊙ 企业家提示

看过资产负债表，你就会对企业的资产、负债及股东权益的总额及其内部各项目的构成和增减变化有一个初步的认识。

由于企业总资产在一定程度上反映了企业的经营规模，而它的增减变化与企业负债与股东权益的变化有极大的关系，当企业股东权益的增长幅度高于资产总额的增长时，说明企业的资金实力有了相对提高；反之则说明企业规模扩大的主要原因是来自负债的大规模上升，进而说明企业的资金实力在相对降低、偿还债务的安全性在下降。

（1）创业者对资产负债表的一些重要项目，尤其是期初与期末数据变化很大，或出现大额红字的项目要进行进一步分析。如流动资产、流动负债、固定资产、有代价或有息的负债（如短期银行借款、长期银行借款、应付票据等）、应收账款、货币资金以及股东权益中的具体项目等。

（2）创业者应随时关注应收账款。企业应收账款过多、占总资产的比重过高，说明该企业资金被占用的情况较为严重，而其增长速度过快，说明该企业可能因产品的市场竞争能力较弱或受经济环境的影响，企业结算工作的质量有所降低。此外，还应对报表附注说明中的应收账款账龄进行分析，应收账款的账龄越长，其收回的可能性就越小。

⊙ 企业家提示

如果创业者发现财务报表中企业年初及年末的负债较多时，则说明企业每股的利息负担较重，应及时调整经营策略，加大利润收益。但如果企业在这种情况下仍然有较好的盈利水平，说明企业产品的获利能力较佳、经营能力较强，创业者经营的风险意识较强、魄力较大。

（3）计算财务指标的数据来源。主要有以下几个方面：直接从资产负债表中取得，如净资产比率；直接从利润及利润分配表中取得，如销售利润率；同时来源于资产负债表和利润及利润分配表，如应收账款周转率；部分来源于企业的账簿记录，如利息支付能力。

（十）损益表及其重要作用

损益表（或利润表）是用以反映公司在一定期间利润实现（或发生亏损）的财务报表，它是一张动态报表。损益表可以为报表的阅读者提供做出合理的经济决策所需要的有关资料，可以用来分析利润增减变化的原因、公司的经营成本、做出投资价值评价等。

损益表所反映的会计信息，可以用来评价一个企业的经营效率和经营成果，评估投资的价值和报酬，进而衡量一个企业在经营管理上的成功程度。具体来说，有以下几个方面的作用。

（1）损益表可作为经营成果的分配依据。损益表反映企业在一定期间的营业收入、营业成本、营业费用以及营业税金、各项期间费用和营业外收支等项目，最终计算出利润综合指标。损益表上的数据直接影响到许多相关集团的利益，如国家的税收收入、管理人员的奖金、职工的工资与其他报酬、股东的股利等。正是由于这方面的作用，损益表的地位曾经超过资产负债表，成为最重要的财务报表。

（2）损益表能综合反映生产经营活动的各个方面，可以有助于考核企业经营管理人员的工作业绩。企业在生产、经营、投资、筹资等各项活动中的管理效率和效益都可以从利润数额的增减变化中综合地表现出来。通过将收入、成本费用、利润与企业的生产经营计划对比，可以考核生产经营计划的完成情况，进而评价企业管理当局的经营业绩和效率。

（3）损益表可用来分析企业的获利能力、预测企业未来的现金流量。损益表揭示了经营利润、投资净收益和营业外收支净额的详细资料，可据以分析企业的盈利水平，评估企业的获利能力。同时，报表使用者所关注的各种预期的现金来源、金额、时间和不确定性，如股利或利息、出售证券的所得及借款的清偿，都与企业的获利能力密切相关，所以，收益水平在预测未来现金流量方面具有重要作用。

思考与训练

1. 阅读下面两个案例，思考并回答问题。

兰迪·怀斯的鸡用隐形眼镜

兰迪·怀斯从小就有一个梦想：要制作一种鸡用的隐形眼镜，以此来提高鸡蛋的产量，提高养鸡场的经济效益。这个念头形成于 19 世纪 60 年代，那时他的父亲曾经是一位养鸡场的场主。他发现，鸡在一起养殖时，经常有自相残杀的事件发生。为了减少鸡们自相残杀，他幻想可以生产一种红色的专门给鸡佩戴的隐形眼镜，可以使鸡的视力受到影响，从而减少这种影响鸡场效益的行为。

19 世纪 70 年代初，兰迪·怀斯在哈佛商学院深造期间，曾写过一篇颇受欢迎的案例分析。他讲述了父亲事业失败的经历，并且设想了一家新的公司，他不仅研究了鸡蛋生产业的经营状况，还考察了新兴鸡用隐形眼镜的可行性。

当他从商学院毕业以后，兰迪·怀斯就希望自己可以建立这个公司，但是没有投资者给他投资。他认为："投资者并不关心鸡蛋的生产情况。"15 年后，当他在银行有了一定存款之后，又一次充满热情地开始了自己的事业。兰迪·怀斯认为塑模技术已经大大提高，而且蛋农们对于新鲜事物的抵触也比以前有所减轻了，他说："现在最大的危险可能是过于自信，我们一定可以让人们接受我们的产品。"当然，只有当产品卖出去以后，人们才可以确信这一点。

而事实是，蛋农们考虑：谁来给鸡佩戴这个隐形眼镜呢？这个产品并没有让怀斯的公司门庭若市，蛋农们认为这个故事太动听，以至于叫人难以置信。因为，如果是一个 70 万只鸡的鸡场，光给鸡佩戴眼镜这一项工作，就要花费多少时间和人工？戴好以后怎么保证鸡们不乱动，而眼镜的位置准确无误呢？

问题：

（1）你认为兰迪·怀斯"鸡用隐形眼镜"项目会成功吗？为什么？

（2）一个企业要想使自己的经济效益好，就必须生产出受消费者欢迎的产品。这句话你是怎么理解的？

（3）说说你对下面这段话的理解："不是你来决定要生产什么，而是由消费者的需求，也就是市场来决定你来生产什么，只有这样，你的企业才可以成功。"试想，这种隐形眼镜产品要如何改进才可以被客户接受？

（4）如何修改鸡用眼镜的设计方案，才可以使该项目运作成功？试列出改进的三个创新方案。

做自己最喜欢的事

吴限在大学毕业后，先后换了 7 个工作岗位，都感觉不是自己想要做的事，最后他决定自主创业。他开始选择的项目是开办一个电子商务网站——"全球制造网"。虽然这个项目是他喜欢的，但这时的他，一无资金二无技术，亲戚和朋友也没有可以帮助他的人，何况当时已经有了马云的"阿里巴巴"网站，最初的困难可想而知。

他开始利用电话黄页上的信息，对上面登记有电话和地址的公司进行地毯式宣传和推销，几个月下来，不仅没有拉到一个 VIP 客户，反而因房租和员工工资、网站运营欠了一屁股债。

这时，好多人开始劝他放弃，但是他坚决要做下去。为了争取浩博公司这个大客户，他一次次登门，一次次被拒绝，最后他争取到一个给这家公司的管理层讲课的机会，对方说，如果他的课可以打动在座的管理者，他就可以拿到这个合作的机会。但是，在他讲课

的时候，参加听课的人有的竟然都睡着了。

面对这样的挫折，公司里的员工也劝他放弃努力，但是，吴限再次分析了失败的原因，又在众人的反对声中，去说服这家公司。最后吴限锲而不舍的精神终于打动了浩博公司的老总，成为全球制造网第一个 VIP 用户，仅仅浩博公司一家，一年的订单就有 480 万元。正是吴限的不放弃，使他最后成为了赢家。

问题：

（1）当你认为一件事不可能做到时，你还会不会去做？说明你不去做的理由，分析一下如果去做了，会出现什么后果？

（2）当你决定去做一件事的时候，遇到大多数人反对时，你还会不会去做？

（3）是不是每个人都适合创业？如果感觉自己不适合创业，应该如何去做？

2．思考并回答问题。

（1）了解当地对大学生创业的优惠政策，谈谈学习了以上两个案例后的感想。

（2）你觉得当前大学生创业最大的障碍是什么？

（3）你认为大学生创业成功率不高的主要原因是什么？

第五章

创业计划

学习目标

通过本章教学，使学生认识创业计划的作用，了解创业计划的基本结构、编写过程和所需信息等，掌握创业计划书的撰写方法。

（一）撰写创业计划书的思考

在撰写创业计划书之前，你要认真考虑一下，你的创业项目是否具有创新性、是否和其他企业或项目具有差异化？认真考虑以下问题。

你的产品或服务与竞争者相比是否具有以下特点。

- 完全是一个新的想法。
- 是现存产品或服务的升级版本。
- 比其他人更便宜。
- 有更好的销售渠道或售后服务。
- 更便于当地顾客消费。
- 适于网络销售。

只有创新才是企业战胜竞争对手的利器，只有不断创新才能在竞争中始终保持优势。

（二）撰写计划书前的准备

一份标准的创业计划书应具备如下特点。

- 清楚明了：要可以使读者看明白你要做什么？为什么？
- 简明扼要：要可以使读者看懂你要怎么做？在哪做？
- 具有可行性：要可以使读者明白你如何卖？卖给谁？
- 必要时辅以模型或视频、动画或者图表：需要时用数据、图表来说明你的市场需求在哪里？有多大潜在市场？你的竞争对手经营情况如何？

（三）创业计划书的功能

创业计划书就是把创业构想用书面语言来表达的一种文字形式。创业计划书也是包含整个项目产生的过程、决策依据、实现路径、存在问题以及问题的解决途径、财务分析和预测、风险预估和对策、加盟和退出条件等一系列内容的说明文件。它通常具有如下功能。

- 创业计划书不仅是一份书面的计划，而且是一个实实在在的行动纲领。
- 创业计划书是创业成功的基础和起点。计划越周密，成功的可能性越大。
- 创业计划书的内容制定的是企业 1～3 年的规划。
- 创业计划书在实施时要根据实际情况不断调整。
- 创业者撰写创业计划书最容易忽略的是不确定因素，即风险的分析和防范。

第一节　创业计划与创业计划书

本节要点

使学生了解创业计划的基本内容及其重要性，认识创业者在创业过程中准备创业计划的原因，了解做好创业计划所需要开展的准备工作。

在头绪纷繁的创业初期，每个人都不可能拥有所有必备的知识。但是，只要经过学习，并且与其他创业者一起探讨，就可以大大提高创业者的经营管理能力，增长专业知识。通过对管理方法的研究，特别是对成功企业家的观点和行为方式的学习，会对创业者产生巨大的催化作用。

在创业之前，创业者必须开始学习如何“推销”自己的经营思路、设想，因此首先要学会撰写一份专业的完整的创业计划书，去说服团队、客户以及投资人。创业课程教师和创业导师只能起到指路的作用，离开了实践锻炼，不可能在教室里让学生学会和掌握所有的经营技巧，要真正提高和强化自己的经营能力和商机捕捉能力，还需要在实践中慢慢摸索，悉心体会。

当创业者确定了创业项目以后，就需要进一步对这个项目进行更深一步的细化和分解，并通过一系列的调研和论证，最后制定出一份具有可操作性的行动指南。可以说，创业计划书是对创业者整个经营设想的总结和概括。

一、创业计划书的作用

创业计划书是创业的行动导向和路线图，既为创业者行动提供指导和规划，也为创业者与外界沟通提供基本依据。

（一）指导创业行动

在撰写这份计划书的思考过程中，创业者可以清楚地看到，什么才是未来事业成功中最重要的因素。创业者的经营计划以及如何实现它，在计划书中都可以写得清清楚楚。

（二）提供创业信息

一份制作规范、专业的创业计划书就等于创业者的第一张创业名片。它会告诉创业者的资金支持者这不仅是一个浓缩的商业计划，同时也将成就一个未来的有信誉、有实力的企业家，创业者在创业初期获得的信任就从这里开始。

二、创业计划书的内容

创业计划书需要阐明新企业在未来要达成的目标，以及如何达成这些目标。创业计划要随着执行的情况而进行调整。

创业计划书包括以下六大内容（见图5-1）。

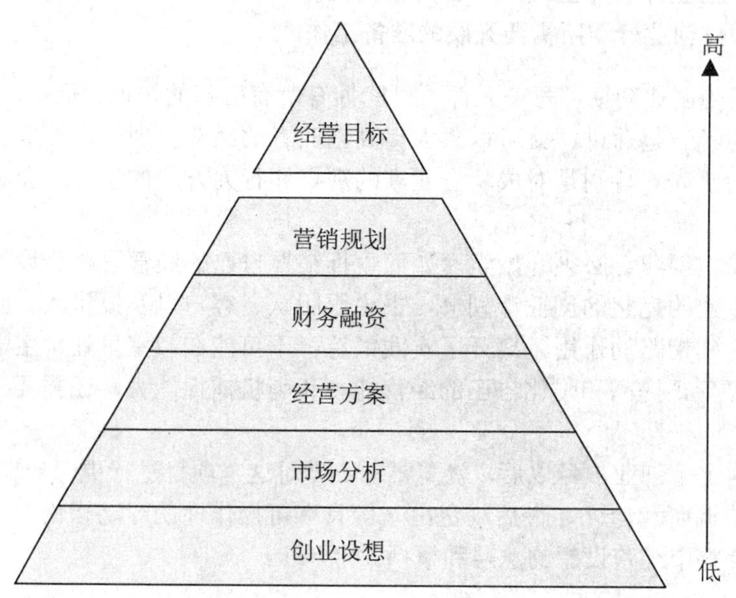

图5-1　创业计划书的六大内容

（一）创业设想

创业设想包括创业项目的具体描述、确定目标客户、产品或服务性能描述、满足顾客

和市场的哪些要求。

创业设想的三大法则：挖刚需、配基因、抓住关键任务。

首先要看创业项目是否是刚需。什么是刚需？

第一是高频。高频打败低频，例如母婴行业的纸尿裤、奶粉、早教、玩具，都属于高频的行为，只要是高频的，就有市场机会。

第二是场景化。要有真实的使用场景，只要做微创新，提高体验就有很大的空间，例如玩具，尤其是老人玩具。技术创新的难度要大于商业模式创新。

第三是真需求。什么是真正的需求？凡是用户愿意花钱的就是真需求，用户不愿意花钱的就是伪需求。经常有人赠送产品，并且要求反馈，其实这样做只能是检验产品有没有BUG（漏洞），并不能检验产品价格。如果不送，甚至连朋友都不送，看用户买不买，这样就可以验证出是否是真需求。

第四是强关系。微信，就是绝对的强关系。陌陌、社区虽然是弱关系社交，但是他们做兴趣组，做网红，其实就是在运营节点式的强关系。强关系打败弱关系，强关系，也是刚需。

（二）市场分析

市场分析包括分析顾客类型并细分市场、未来发展趋势分析、市场现状和需求。

第一，项目的市场规模有多大？如果估计项目的市场规模只有一个亿，即便占了30%的市场份额这么高，也只有三千万，那还不如在一千亿的市场里占0.3%的市场份额，因为那是三个亿的营业收入。这两种选择的结果是截然不同的，投资人怎么看、能吸引什么人才、以及未来市场方向也会完全不同。

第二，从资金周转率看你的产品。假设一年的维度，用户会买几次？一个季度的维度会买几次？一周一天的维度会买几次？就会看到资金周转率的效率。

作为一个CEO要懂得资金周转率，资金周转得越快，公司的现金流越好，越有机会。如果要追求利润以及衍生型的服务，那么才有机会加快资金周转率。周转太慢的业务，企业机会就少。

第三，要有一定的利润率。太薄的利润是有风险的，它的需求就不叫刚需，有可能很快被颠覆。

（三）商业模式设计

1. 经营方案核心内容为商业模式设计

创业者在设计自己的商业模式时，可以从问题开始，具体过程可以描述为：找到问题——提出解决方案——列出关键指标——找出独特卖点——拥有门槛优势——营销渠道——客户群体分类——成本分析——收入分析九项。这个模型更适合在校大学生或者准创业者设计商业模式之用。

2．商业模式的关键三问

当准备创业或者正要创业时，只要能够回答以下三个问题，并能清晰地解释解决问题背后的商业逻辑，就能够定义一个好的商业模式。

问题1．**彼得·德鲁克之问**：谁是用户？用户需要什么？

问题2．**管理者之问**：如何通过商业活动获得经济效益？企业能够为客户提供价值的潜在逻辑是什么？

问题3．**创业者之问**：我们凭什么创业？如何才能创业成功？这里的商业逻辑是：企业通过相关的商业活动，为用户创造价值、传递价值和获取价值，进而使投资者和企业获得利润。

3．商业模式的设计趋势

在“互联网+”和共享经济到来的今天，商业模式设计的趋势是什么？没有展望未来，企业就没有未来，初创企业经营的也是未来。有关研究表明，“互联网+”之后的趋势是产业互联网。因为没有产业的依托，“互联网+”也可能是昙花一现。

4．商业模式不要模仿

未来的商业模式将会是在产业互联网的基础下的大规模私人定制，就是C2M和M2C，完全以客户为中心，与客户共谋产品。

（四）财务融资

财务融资包括启动资金预算、融资计划、股权结构设计。

（五）营销规划

营销规划包括产品定位、定价策略、股权激励计划、广告方式、营销策略。

（六）经营目标

经营目标要全面总结经营思路，篇幅以一页为宜。

⊙ 企业家提示

要坚信创业一定会成功，积极向成功创业的企业家学习，而不要请教那些没有创业经历的总是疑虑重重的人，这种人根本不会提出什么好的建议，他们只会打击和挫伤你的锐气。

三、创业计划的基本结构

创业计划包括产品（服务）创意、创意价值合理性、顾客与市场、创意开发方案、竞

争者分析、资金和资源需求、融资方式和规划以及如何收获回报等内容。

拓展阅读　　　　设计创业计划书的布局

（1）简述计划内容（概要）。

（2）简要评价要进入的市场需求（市场调研数据和结果）。

（3）描述进入市场需要的技术支撑、经验能力和需要的资金。

（4）描述将要提供的产品和服务会给顾客带来怎样的利益。

（5）描述如何进入市场（市场营销策略）。

（6）前景展望。

（7）财务预算指标。

（8）需要申请的资金数额以及将如何支配使用（选址、租金、工资、经营费用、固定资产、开办费等）。

（9）加盟和退出的前提和条件。

（10）团队构成。

附录：现金流和其他财务预测。

四、创业计划中的信息搜集

准备创业计划的过程实质上是信息的搜集过程，是分析并预测环境进而化解未来不确定性的过程。

（一）信息整合

在撰写创业计划书的同时，可以把所有有关这个创业项目的信息进行整合，更加缜密地对创业项目的可操作性进行切实的思考，使之更加具体化。

（二）前景分析

当写完创业计划书之后，仅对创业前景进行深入的分析还是不够的，还需要创业者坚定不移、认真规范地执行。

五、市场调查的内容和方法

现代营销观念认为，实现企业各种目标的关键是正确认识目标市场的需要和愿望，并且比竞争对手更有效、更有力地传送目标市场所期望满足的要求。而市场调研是创业者了解目标市场需求和竞争对手的真正有效的手段。因此，在撰写创业计划书之前，市场调研得到了创业者和投资人共同的重视。

（一）市场调研的功能和作用

简单地说，市场调研是指对与营销决策相关的数据进行计划、收集和分析，并且把分析结果向创业者沟通的过程。

1．市场调研的功能

市场调研具有三种功能：描述、诊断和预测。

市场调研的描述功能是指收集并陈述事实。例如，某行业的历史销售趋势是怎样的？消费者对某产品的态度如何？调研的第二种功能是诊断，即解释信息或活动的影响。例如，新产品生产出来对老产品的销售会带来什么影响？竞争对手的销售额大幅下滑（或上升）的原因是什么？最后一种功能是预测。例如，企业如何更好地利用持续变化的市场中出现的商机？经济周期、人口老化、低碳经济的推动对未来行业的发展有什么影响？传统行业里的创新机会在哪里？

2．市场调研的作用

市场调研的作用主要取决于创业者怎样运用调研结果，主要在下面几个方面发挥作用。

（1）通过了解、分析、提供市场信息，可以避免创业者在制定营销策略时发生错误，只有在实际了解市场情况下才能有针对性地制定市场营销策略和企业经营发展策略。

在创业者要针对产品策略、价格策略、分销策略、广告和促销策略进行制定时，通常要了解的情况和考虑的问题是多方面的，主要有创业者要生产的产品或服务在什么市场上有发展潜力？在目标市场预期可以销售多少？如何制定产品价格才能保证在销售和利润两方面都能上去？怎样组织产品销售？销售费用又将是多少等？

这些问题都只有通过具体的市场调研，才可以得到具体的答复，而且只有通过市场调研得来的具体答案才能作为创业者决策的依据；否则就会形成盲目的脱离实际的决策，而盲目则往往意味着失败和损失。

（2）提供正确的市场信息，可以了解市场可能的变化趋势以及消费者潜在的购买动机和需求，有利于创业者识别最有利可图的商机，为创业提供发展新契机。市场变化瞬息万变，促使市场发生变化的因素大致有产品、价格、产品结构、广告、推销等市场因素和有关的政治、经济、文化、地理条件等市场环境因素两类，这两类因素之间往往又是相关的，并且不断变化的。

创业者只有通过广泛的市场调研，才能了解目前所处市场状况以及变化趋势。对于创业者来说，能否准确了解市场信息，并根据市场需求来设计自己的创业计划，是创业能否取胜的关键。

（3）有助于了解当前相关行业的发展状况和技术经验，为创新创业决策提供信息。当今世界，科技发展迅速，新发明、新创造、新技术、新产品层出不穷，日新月异。这种技术的进步自然会在商品市场上以产品的形式反映出来。市场调研有助于及时地了解市场经济动态和科技信息，为创业者提供最新的市场情报和技术生产情报，以便更好地吸取同行业的先进经验和最新技术，在传统行业里挖掘新商机，用创意整合原有产业，创新性地设计自己的创业项目。

（4）创业项目的整体宣传策略需要为新建企业的产品和服务在市场地位、产品宣传等方面提供信息和支持。新创企业在最初的市场宣传推广中，需要了解各种信息的传播渠道和传播机制，以寻找合适的宣传推广载体和方式，以及制订详细的营销计划，这些都需要市场调研来提供数据和分析。

⊙ 企业家提示

在高速变化的环境下，过去的经验只能减少犯错误的机会，但要保证企业宣传推广的有效性，更需要实时的信息更新和不断地关注市场变化，随机应变。

（5）根据市场调研所获得的资料，除了可供了解目前市场的情况外，还可以依据过去市场发展变化的数据对未来市场变化趋势进行预测，从而使创业计划更具前瞻性和创新性。

（二）市场调研的内容和方法

市场调研的内容涵盖新创企业从事市场营销活动将要涉及的全部领域，所以市场调研的内容相当广泛。主要的内容和方法有以下几点。

1. 市场调研的内容

（1）市场环境调研。市场环境调研包括政治与法律环境的变化调研、经济和科技的发展调研、人口状况调研、社会时尚变化和竞争状况调研。其中重要的一步是行业现状与需求调研。

行业调研：在行业分析中应该正确评价所选行业的基本特点、竞争状况以及未来的发展趋势等内容，具体内容包括以下几方面。

- 该行业的发展程度如何？现在的发展动态如何？
- 经济发展对该行业的影响程度如何？政府是如何影响该行业的？
- 是什么因素决定着它的发展？过去十年的价格趋势如何？
- 该行业竞争的本质是什么？你将采取何种战略？
- 进入该行业的障碍是什么？你将如何克服？
- 该行业中典型企业的回报率是多少？未来十年的价格走向如何？

（2）市场需求调研。市场需求调研包括市场需求总量及其构成的调研、各细分市场及目标市场的需求调研、市场份额及变化情况构成调研。

需求调研就是要通过调研搞清楚你的项目的产品或服务在多大程度上可以解决顾客现实生活中的问题和困难，或者你的产品或服务可以为顾客节省多少开支、增加多少收入？具体包括以下几方面。

- 顾客希望企业的产品能解决什么问题？顾客能从企业的产品中获得什么好处？
- 企业的产品或服务与竞争对手相比有哪些优缺点？顾客为什么会选择本企业的产品或服务？

（3）消费者行为调研。包括消费者需求调研、购买心理调研、动机调研、购买模式和购买行为调研，影响消费者购买决策的主要因素和消费者需求变化趋势分析等。

- 目前该行业还存在哪些“不方便”？有哪些未被满足的需求？
- 创新和技术进步在该行业扮演着一个怎样的角色？
- 顾客更喜欢什么样的销售模式？
- 你的产品可以满足顾客哪些物质或精神的需求？

（4）营销组合调研。包括产品状况调研、产品价格调研、销售渠道调研、广告和促销状况调研等。

- 市场上同类或类似产品的技术水平和受欢迎程度如何？
- 同类或类似产品的价格如何？判断未来的价格走向。
- 竞争对手的销售渠道和网络如何？
- 本企业产品可否进行电子商务？怎么进行网络或微博营销？
- 选择怎样的宣传渠道和广告形式？
- 企业为自己的产品采取了何种保护措施？企业拥有哪些专利、许可证，或与已申请专利的哪些厂家达成了协议？

2．市场调研的方法

（1）调查问卷法。调查问卷又称调查表，是由一系列事先拟定好的、需要调查对象书面或口头回答的问题组成的一种印件。调查问卷是市场调查中用于收集资料的一种最普遍、最常用的工具。其目的是从调查对象那里获取信息。问卷可以是表格式、卡片式或簿记式。完美的问卷具有两个功能，即能将问题传达给被问人和使被问人乐于回答。

（2）测量量表法。测量是指按照特定的规则对测量对象（目标、人物或事件）的某种属性赋予数字或符号，将其属性量化的过程。根据调查的问题需要，有类别量表、顺序量表、等距量表和等比量表等。

① 类别量表：是市场调研中最普通的量表之一，它将数据分成各种互相排斥、互不相容的各种类别。

【案例学习 5-1】　　调查表

性别：（1）男（2）女

地理区域：（1）城市（2）农村（3）郊区

类别量表中唯一的量化是对每一类别客体进行频次和百分比计算。例如，有 50 位男性（占 48.5%）和 53 位女性（占 51.5%）。

② 顺序量表：除了具有类别量表用数字代表特征的特点外，还增加了对数据进行排序的能力。顺序量表是基于可传递假设的应用，可以这样加以描述："如果 a 大于 b，而 b 大于 c，则 a 大于 c。"

【案例学习 5-2】　　调查表

请对下列品牌的传真机按 1～5 进行排序，1 表示最喜欢的，5 表示最不喜欢的，请将序号填写在选项后的括号内：

松下（　）东芝（　）夏普（　）Savin（　）理光（　）

③ 等距量表：除了包含顺序量表的所有特征外，还增加了量表范围内各点之间的间距相等这一维度。温度的概念就是等距量表。这一量表具有顺序和差距的特征，但是零点时是任意的。对顺序量表而言，等距量表在分析时更受欢迎，因为它能表示某一消费者之间所具有的特征超过另一消费群体多少，能够研究出两个目标对象之间的差距。

等距量表常用于访问人员要搜集消费者对新产品的有关态度，或者所有品牌进行排序的信息之中。

【案例学习 5-3】　　温度表法

温度的表示法有两种，一种是华氏，一种是摄氏，华氏结冰点表示为 32℉，摄氏的结冰点表示为 0℃。

④ 等比量表：除综合了上面所讨论的三种量表的功能之外，加上绝对零点或原点的概念。等比量表起源于零，因为有一个绝对的实证含义。例如，投资可能没有回报，或者西部某个地区的人口为零。量表上的数值表明了被测事物特性的实际值。

【案例学习 5-4】　　比较

麦当劳的一个大包法式薯条重 8 盎司，而汉堡王的一包薯条重 4 盎司。因此，一大包

麦当劳薯条的重量是一包汉堡王薯条的2倍。

（3）专家访谈法。如果要进入一个行业，可先找到一位在此专业里工作了三十年的专家进行访谈。可以跟他了解一下过去十年里这个行业的发展状况，并听他叙述一下对未来十年此行业发展的看法，以此获得要进入行业生命周期的判断。如果要进入的是一个新兴的行业或者原有产品的替代者，可以访问一下原来产品的使用者，有哪里“不方便”？对新产品有什么要求？以此获得新产品试用的感受。

（4）陌生拜访。有时候，一些家用日用品，可以在上市前到目标客户家里进行陌生拜访，赠送小样品或者请他们回答一些问题，也可以赠送一些印有新公司或产品广告的小礼品，以宣传企业和产品，扩大知名度。

（5）街访。街访是采访的一种方式，顾名思义，就是在大街上采访。街访是一种被广泛采用的采访方式，它可用于市场调查、民意调查或其他相关的调查。其应用范围极其广泛，随机且具有代表性。现代社会街访被视为最接近事实真相的采访，在街上得到的第一手资料才是准确的和代表最广大消费者的意见的。图5-2是2010年市民对就业形势的看法。

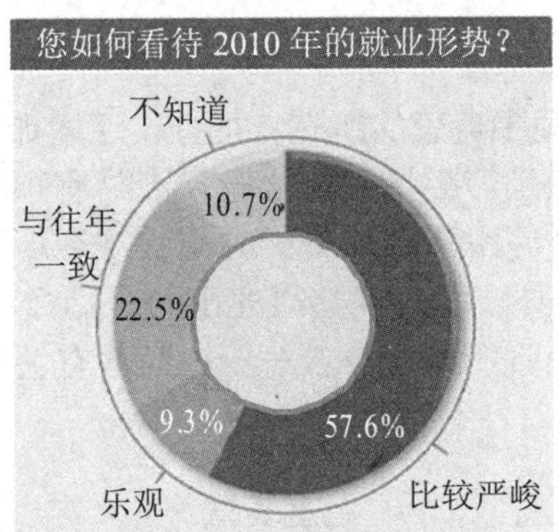

图5-2　2010年市民对就业的看法

（6）网络调查法。泛指在网络上发布调研信息，并在互联网上收集、记录、整理、分析和公布网民反馈信息的调查方法。它是传统调查方法在网络上的应用和发展。

网络调查法是通过互联网、计算机通信和数字交互式媒体，按照事先已知的被调查者的E-mail地址发出问卷收集信息的调查方法。网络调查的大规模发展源于20世纪90年代。网络调查具有自愿性、定向性、及时性、互动性、经济性与匿名性。

网络调查法也叫网上调查法，是指企业利用互联网了解和掌握市场信息的方式。与传统的调查方法相比，在组织实施、信息采集、调查效果方面具有明显的优势。网络调查的优点：组织简单、费用低廉、客观性好、不受时空与地域限制、速度快。

⊙ 企业家提示

只有在充分了解消费者需要的基础上，发现消费者真正需要的产品，才有可能发现更多的机会，不断改进产品和营销组合，真正满足消费者的需要。

第二节　撰写与展示创业计划

本节要点

使学生了解撰写创业计划书的方法，创业计划展示过程中需要注意的问题，以及创业计划书各构成部分的相对重要性。

一、研讨创业构想

一个好的商业想法，未必是一个好的商业机会。创业者在撰写创业计划书之前，还必须认真思考和研讨如下问题（见图 5-3）。

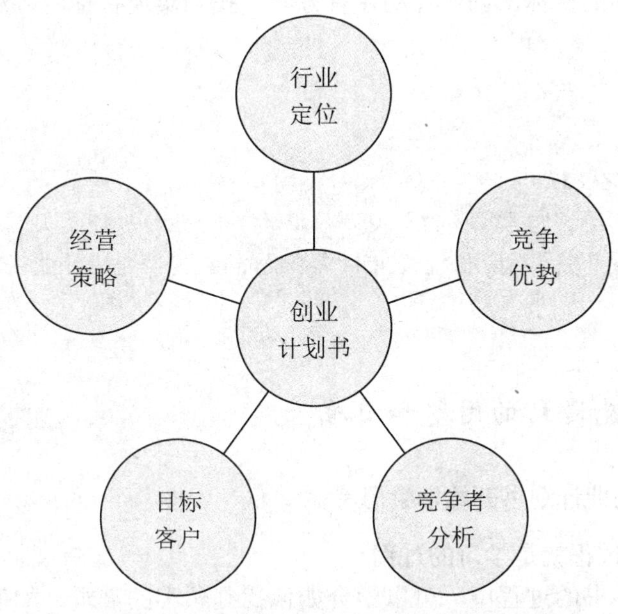

图 5-3　撰写创业计划书需要研讨的问题

（一）行业定位

创业项目目前所处市场是空白市场还是成熟行业？如果是空白市场，要详细说明为什么要施行这个创业项目。

（二）竞争优势

如果是成熟行业的话，需要说明项目的创新之处，或者竞争优势在哪里。这里需要你对即将开始的这个创业项目具有相当的了解。

（三）竞争者分析

这个项目目前有没有市场竞争者？分析竞争者的优势和劣势，怎样才能在竞争中获胜？谁跟你的项目拥有同样的目标客户？

（四）目标客户

如果项目属于新兴行业，目前还没有竞争者或竞争者较少，那目标客户在哪里？如何去赢得客户的信任并占领市场？

（五）经营策略

只有确立了明确的目标，创业行动才有方向。找到实现目标的方法和途径，就可以开始行动了。

⊙ 企业家提示

【不打无准备之仗】

诸如上述这类问题，思考得越详细、越具体越好，孔子曰：“凡事预则立，不预则废。”没有事前周密的计划，是不会取得最后的成功的，“不打无准备之仗”是初次创业者开始创业行动前必须知道的原则。

二、分析创业可能遇到的问题和困难

（一）从撰写创业计划书开始学会思考

1．制订计划的过程就是学习的过程

在撰写创业计划书的过程中，可以学会如何找到顾客的需求、如何分析市场、制定怎样的竞争策略、如何建立自己有特色的盈利模式等。但是，一个再好的创业计划，如果没有资金的支持，最终也只是纸上谈兵。要想让创业梦想变成现实，必须去寻找创业种子基

金，以启动创业行动。

2．创业计划书就是融资报告

不论创业资金最后的来源是亲朋好友的资助，还是YBC基金、天使基金、风险投资，都需要有一个尽量详尽的、可以把创业梦想表达清楚完整的创业计划书。同样，一份好的创业计划书，不仅可以带来创业启动资金，有时还可以带来强大的合作伙伴，使创业团队更加坚强有力。

（二）从写创业计划书开始学习理财

1．当家理财的感觉

目前大多数年轻人在树立创业意识之前，对挣钱、花钱的了解仅限于日常生活消费的层次，而在撰写创业计划书的时候，必须考虑创业项目如何选址，需要购置什么设备和固定资产，预算一下房租和人员工资最少需要多少。同时还要想到，任何一个创业项目都有潜伏期，潜伏期就是开始创业到自身盈利可以周转的时期，要确定维持这段时间需要多少预算。

2．不当家不知柴米贵

以上这些问题都是一个创业者必须思考的问题，就是说，撰写创业计划书就是给创业者一个强迫自己去思考和关注这些问题的考验，创业者的创新意识和责任感，也会在这期间得到加强。这时，也使准创业者在企业孕育期陡然增加了一种“不当家不知柴米贵”的感觉。

（三）从写创业计划书开始学会协作

1．做头雁的感觉

作为一个创业者，也是创业团队的带头人，因此必须要为了维持好创业期间资金的良好运转开动脑筋，思考清楚盈利模式，思考如何提高团队的核心竞争力，任何一个开办起来的企业，不论大小都要维护好自身的现金流，因为企业就和一个生命机体一样，资金就是它的血液，没有新鲜血液的良好循环，企业就会生病，进而不能生存。

2．团队合作的开始

创业计划书是否专业、完整、务实、可行，是否具有良好的市场容量、美好的市场前景和创新的盈利模式，是创业者是否可以获得创业基金支持的关键。因此在撰写创业计划书时，创业团队事实上就开始了第一次合作。

（四）制定战略要考虑好可行性

创业前不仅要考量创业项目的产品或服务是否可以被实现？盈利模式是否是可行的？同时也应该考虑好采取什么样的经营策略。是大企业的追随者？还是低价策略？还是品牌战略？无论采取哪种策略，都需要根据自身的情况来具体研究。

【案例学习 5-5】　　为什么品牌传播要简单要重复

（1）建立品牌需要的投入是昂贵的。

（2）顾客需要花时间来理解一个品牌，并且对品牌信息做出反应，频繁变化，顾客会感到迷惑。

（3）顾客对品牌体验的“不一致”非常敏感。

（4）公司内部很多不同力量总是想改变品牌，但只有长期一致性的管理之后，品牌的最大收益才能体现出来。

三、凝练创业计划的执行概要

所谓执行概要或者执行总结，就是要求创业者用简单凝练的文字，把要做的事、怎么做、在哪做、卖给谁、如何卖的问题简单叙述一下，使读者可以在计划书的执行总结里，对整个创业计划书有一个大概的了解。

四、把创业构想变成文字方案

（一）成功的创业永远是和周密的计划息息相关的

1．创业计划要有可操作性

踏踏实实的行动加上对未来发展的规划，可以让创业者学会如何在计划和行动中找到一个最佳位置。并不是所有的计划都可以实现，也不是所有的行动都会有结果。只有那些以行动为导向的计划才可以实现，任何脱离实际的空想，都会在现实面前碰壁。

2．脚踏实地，不要幻想

不要梦想无法企及的空中楼阁，只停留在纸上的设想永远也无法使人成为百万富翁，一个经过缜密思考的未来经营方案会为企业的稳步发展提供很大的帮助。

拓展阅读　　**大学生创业计划书大赛的起源**

最初的创业计划书竞赛起源于美国高校。那是在1983年，美国德克萨斯州大学奥斯汀分校的两位MBA学生，参照模拟法庭的形式，举办了一次创业计划书竞赛，目的是演练企业策划的过程。当他们历经千辛万苦，终于成功举办了这个世界上第一次创业计划书竞赛时，也因此得到了风险投资家的关注。从此，越来越多的创业基金、风险投资基金、律师事务所、会计师事务所和投资咨询公司也都参与到这类活动中来。

（二）创业计划书大赛和风险基金有不解之缘

1．风险投资基金可以让你一夜成名

风险投资基金让很多有创意的年轻人一夜之间成就了梦想。因此，创业计划是否有新意，是否可以吸引风险投资家的关注，也是创业者是否可以做大的关键。

2．高科技产业备受风投青睐

对那些有市场前景的新技术、新能源，引领潮流的、吸引眼球的以及可以改变传统行业生产方式、服务方式、经营模式、盈利模式，符合未来发展趋势的项目都会让风险投资家们感兴趣。

【案例学习 5-6】　雅虎在创业计划书大赛中获得风险基金

家喻户晓的雅虎公司就是在创业计划书竞赛中脱颖而出，从而获得了 400 万美元的风险投资而起步的。如今，杨致远和他的团队创造了近 70 亿美元的市场价值。

雅虎创办人杨致远，在 1993 年与斯坦福大学一名研究生大卫·费罗合创雅虎。三年后在纽约股票市场上市，每股股价由 13 美元飙升到 33 美元，个人身价高达 1.32 亿美元。杨致远说："人人都说美国机会多，没想到机会就降临得这么偶然"，而就是风险投资帮助他抓住这个机会的。

原来，杨致远在 1995 年上半年便开始与风险投资公司接触，希望公司得到更理想的发展。他明白硅谷是一个风险投资的乐园，在那里平均每天就有一家公司上市，故此当时微软、美国在线（AOL）等想收购雅虎都遭到拒绝。结果，他终于得到风险投资基金的支持，而公司也得以成功上市。

3．灵活性和创造性是企业发展的关键因素

获得了基金只是第一步，而持续的创造力和坚韧不拔的毅力对创业者最后是否取得成功来说，则更关键。撰写计划书的目标不要瞄准获得基金，只有把眼光始终关注在市场上，创业计划才可以实现。

【案例学习 5-7】　我国首届大学生创业计划书大赛

国内首届"挑战杯"大学生创业计划书竞赛是于 1999 年 2 月 10 日在清华大学举办的。就在这次大赛中，共收到了全国 120 所高校的 400 件作品，其中"美视乐"团队就是在这次竞赛中获得了上海第一百货股份有限公司的 5 250 万元风险投资，成为中国大学生创业获得风险投资的第一例。

（三）参赛的创业计划书尽量不用虚拟的项目

1．现实的项目

在写计划书时要考虑两点：一是离目标还有多远；二是怎样才能达到目标。写计划书的过程其实也是创业者创业立项、筹措资金、办理手续，直至如何创造性地开展营销的思考全过程的总结。

2．真实的理想

在写创业计划书时，不要当成是虚拟的幻想，而是要结合学科内容的真实项目，尽管有的项目还不很成熟或者缺乏必要的现实性，但是在大赛中绽放的智慧火花，还是值得赞赏的。

3．重在撰写的过程

撰写创业计划书是创业开始走出的关键一步。撰写创业计划书也是学生参与社会实践、增长职业经验的有效途径。创业者在市场调研、研究创业项目可行性的同时，也使创业意识和团队合作意识得到增强。

4．企业策划的实训

创业者在编写创业计划书的过程中，首先需要对项目的预计销售额有一个基本的估算，然后按照估算的销售额或者市场占有率，推算一下企业1～3年的经济指标。在此基础上，实际上是要求创业者模拟地把开办一个企业以及完成企业目标所要做的工作都在创业前认真地思考和演练一下。

5．向导师学习的机会

在目前大学生的创业培训中，每个创业者的计划书都会有创业指导专家来辅导，创业计划书也是创业者与创业导师和开业指导专家进行咨询的基础材料。要在此基础上，倾听企业家的建设性意见，把他们对设想中的潜力和不足的意见认真思考一下，力求使创业计划更加完善。

⊙ 企业家提示

一份计划书是否吸引人不在于篇幅长短，但是太短的计划书也不可能把你的盈利模式阐述清楚。建议20～50页为好。

五、创业计划书的撰写和展示

创业计划书包括封面、目录、执行概要、主体内容和附件等。撰写创业计划是创业者

（团队）反复思考、推理并讨论的过程。

（一）目前使用的几种创业计划书文本

目前，全国各地各种申请基金和参加比赛的创业者所使用的创业计划书版本也不尽相同，如申请 YBC（中国青年创业国际计划）的是 YBC 提供的文本；申请天使基金的，是一种项目商务计划书文本，要求比较复杂，内容也很详尽；而申请上海银行开业贷款、创业前贷款和小企业贷款的创业项目，一般是使用上海市劳动局编制的文本格式。

（二）创业计划书实例

虽然各种创业计划书（商业计划书）的格式不尽相同，但基本内容不会差别很大，在这里你要学会的是如何做好撰写创业计划书的相关知识和内容的准备，以及书写时应把握的语气和基本内容的写法。具体在撰写时，还要按照各种基金或银行要求的文本格式填写。

【示范案例说明】

本创业计划书通过项目评估后，获得了 30 万元的大学生科技创业基金（也称天使基金）扶持，已经在 2007 年成立了有限责任公司。

因商业机密要求，隐去创业者真实姓名和所开发项目名称，因此以下用虚拟的软件名称和地址，旨在说明创业计划书的写法。

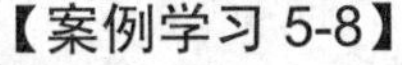

【案例学习 5-8】　　撰写创业计划书的基本内容

- 公司概况
- 经营思路
- 市场分析
- 未来经营计划
- 财务规划
- 市场营销

附录

下面结合实例来讲解创业计划书的写作方法。

上海正奇信息技术有限公司的创业计划书（公司为化名）

第一部分　公司概况

位于上海的“上海正奇信息技术有限公司”是办公软件包“创业者助手”的生产商，

这个软件涵盖了微小型企业商用办公以及通信管理所需要的所有功能。

除了生产本软件外，正奇公司还经营如下业务。

（1）为上海地区的微小型企业提供相关软件咨询和管理软件开发等经营项目。

（2）除了为小企业服务外，也为广大顾客提供广泛的服务和信息支持、软件定制等。

我们的市场调研显示：微小型企业在将来几年的发展势头会很好，因此我们计划把“创业者助手”软件推广到全国，把小型企业确定为我们产品的主要销售对象。市场调研报告还告诉我们：目前市场将对电子产品和相关的咨询服务产生巨大的需求。

在经营策略上，我们的市场定位是：帮助小企业实现增值，“创业者助手”软件将随附一促销产品推向市场。

上海正奇信息技术有限公司由范平和李其创立，并负责公司的经营和管理，另外公司还签约了一些同学作为兼职职工，主要进行软件开发工作。

公司正式成立时间是2007年9月1日，注册资本100万元。

公司30%的资产属于范平的亲属集资，40%的资产来源于创业贷款，另外30%的资产属于李其筹集的创业援助。在第一个经营年度里，公司计划实现税前利润54万元，在第二个经营年度争取达到税前利润160万元。

第二部分　经营思路

上海正奇信息技术有限公司将推出最新开发的办公软件，经营广泛的软件咨询、软件管理以及软件开发业务，为广大小型企业提供细致周到和富有创意的服务。

目前市场上现有的大量办公软件，由于无法兼容而给消费者带来了巨大的损失和使用的不便。尽管一般的办公软件具有文字图像处理和图表设计的功能，可消费者将其与通信软件（传真、网络等）、商用软件、数据库和专业软件连接时，往往会遇到极大的麻烦。因为小企业创业者很少是电脑专家，他们无法充分利用电脑的多种功能。更何况，他们基本也无法在这方面花费更多的时间。

因此，“兼容—自如”是我们设计“创业者助手”软件的宗旨：它兼容了完整的办公和商用软件功能，还拥有通信和数据库程序，以及简洁美观的人机对话界面设计。至于文字图像处理和图表统计功能，我们采用的是一家著名生产厂商的标准化软件，并对它的界面稍加简化。

此外，正奇信息技术服务还具有为小企业提供广泛的咨询服务和个性化软件开发的功能。

1. 销售对象

我们把本公司最主要的销售群体定位为拥有1～15名员工的小型企业，其中最具潜力的顾客是已经开始创业的年轻企业主和大学毕业生创业者。软件咨询和开发业务的服务对

象则是上海地区的小型企业。

2. 产品特点

① 功能齐全。

② 操作简单。

③ 价格低廉。

④ 省时省电。

⑤ 易学易懂。

⑥ 产品规范、专业。

⑦ 拥有完善的服务和咨询。

⑧ 技术先进。

⑨ 适应性强。

⑩ 结构严密。

3. 产品特性

（1）方便舒适

- 一个软件包里应有尽有。
- 简单实用的使用说明。

（2）安全可靠

- 功能强大，执行一切指令。
- 即时更新，跟随潮流。

（3）走向成功

- 为小型企业进入市场提供专业的服务。
- 低廉的价格为新开办的企业降低成本。
- 不同凡响的效果帮助创业者达到事半功倍的目的。

4. 其他服务

除了售后服务外，我们还可以为小企业在协调和管理中遇到的各种问题提供必要的解决方案，如：

- 应该如何管理公司财务？
- 应该如何为公司设计账单？
- 应该如何通过计算机直接与外部通信或发传真？
- 怎样建立一个客户群数据库？
- 怎样才能进行准确的核算？
- 公司的专用信函怎样设计较为规范？

第三部分　市场分析

首先要写你对目前此项目的市场预期，以及你的目标顾客、目标市场和在创业初必将遇到的竞争对手等问题，也应该列出你的营销措施。

⊙ 企业家提示

这部分不要掉以轻心。你除了要思考关于项目的可行性分析之外，对本项目的预计投资回收期和盈利平衡点都应该非常清晰地计算好。

1. 找到你的潜在客户群

经过市场调研和分析，我们的目标客户大致有以下三类。

- A 类：购买“创业者助手”的新创企业。
- B 类：接受软件和管理咨询服务的小企业。
- C 类：接受软件开发定制的小企业。

下面进行顾客消费偏好的详细分析。

（1）A 类——购买“创业者助手”的新创企业

行业：服务业和咨询业、工业制造。

年销售额：100 万元以下。

员工数量：10 人以下。

公司驻地：全国各一线、二线城市。

客户需求：可以解决小企业所有综合管理和协调方案。

购买标准：价格低廉，功能齐全，能够有完善的售后服务。

供应商：目前尚无固定供应商，正在选择中。

企业文化：富有创新精神。

购买者：使用者/决策者。

订购金额：3 500 元（一次性购买软件的费用）。

（2）B 类——接受软件和管理咨询服务的小企业

行业：生产和服务业。

年销售额：500 万元以上。

员工数量：20 名及以上。

公司驻地：上海/华东地区。

客户需求：高效率的计算机产品以及软件开发。

购买标准：价格低廉，使用简便，产品规范。

供应商：目前根据少数小企业咨询人员的建议正在使用其他品牌的同类产品。

企业文化：富有创新精神。

购买者：决策者。

订购金额：5 000 元以上。

信誉：良好。

（3）C 类——接受软件开发定制的小企业

行业：生产和服务业。

年销售额：250 万元以上。

员工人数：5～50 名。

公司驻地：上海/华东地区。

客户需求：价格低廉，满足顾客的特殊要求。

供应商：目前选择其他供应商的产品。

企业文化：富有创新精神。

购买者：使用者/决策者。

订购金额：7 000 元以上。

信誉：良好。

2. 对你的竞争者进行必要的分析

主要可以分为以下两类竞争者。

① “创业者助手”软件的同类者。

② 上海地区软件咨询和开发业界的同行们。

⊙ 企业家提示

看看谁和你拥有同样的客户群体？在你的目标市场中有几个竞争对手？他们目前的经营情况如何？他们的优势和劣势分析，这个市场中你的优势和劣势在哪里？你预计采取哪些营销策略来赢得你的目标客户？这些问题都是必须考虑的。

可以从以下两个方面分析竞争者。

（1）分析“创业者助手”软件的竞争对手

竞争者类型：各类办公/商用软件的供应商。

产品种类：标准化软件，缺点是常常无法与其他软件兼容。

销售对象：从家庭到大企业，没有特定的销售对象。

年销售额：5 000 万元以上。

利润情况：各不相同，多数盈利状况较好。

员工数量：各不相同。

投资能力：投资能力很强。

生产现状：生产满负荷，盈利状况很好。

① 竞争对手采用何种营销策略？

利用很多促销手段，提供帮助客户增值的产品。

② 未来主要目标客户是谁？

在家办公的SOHO一族。

③ 目前，何种产品销售最好？

标准化办公软件。

④ 他们成功的关键因素是什么？

丰富的市场经验，杰出的编程能力，产品的规范化。

⑤ 竞争对手共占有多少市场份额？

A类：30%；　B类：20%；　C类：13%；　其他：37%。

⑥ 竞争对手将要推出什么产品和服务？

功能完备的多媒体家庭办公软件并附带通信功能；简单易操作的统计和核算软件。

⑦ 当前市场上同类产品的优点是什么？

使用范围广，种类众多的标准化产品。

⑧ 当前市场上同类产品的缺点是什么？

产品无法兼容，设计繁琐，功能庞杂，没有客户绝对满意的功能齐备的产品。

⑨ 竞争对手的产品价格是多少？

能够完全具备“创业者助手”功能的同类产品，至少需4 500元。

⑩ 竞争对手的广告推广手段是什么？

在报纸上刊登广告和邮寄广告（目前尚没有使用电视广告的）。

⑪ 竞争对手拥有怎样的销售渠道？

覆盖全国的销售网络和电子商务。

⑫ 竞争对手的员工素质如何？

有的很好，有的不行。但我们的一定会比他们的好。

⑬ 竞争对手目前拥有怎样的客户群？

大型企业、大学生、在家办公者、服务业公司和中产阶级。

⑭ 顾客对竞争者的口碑如何？

从一般到很好，并不统一。

（2）分析上海地区软件咨询和开发业的竞争者

竞争者名单：银蝶软件、好友软件（仅作为举例）。

产品/服务种类：软件开发（含咨询）。

销售对象：中产阶级、小型企业、学校等。

年销售额：300 万元。

盈利情况：有较好的利润收入。

投资能力：投资能力有限。

生产能力：基本满负荷。

① 竞争对手的经营战略是什么？

经营重点是提供各类关于商用软件的服务。

② 未来市场的销售对象趋势如何？

没有根本变化。

③ 目前销售最好的是哪个产品/服务？

实用软件开发。

④ 他们成功的因素是什么？

可以快速完成客户的要求；具有出色的编程能力；以用户就是上帝，全力满足客户需求为经营宗旨。

⑤ 竞争对手目前占有的市场份额是多少？

占上海地区市场份额的 7%。

⑥ 竞争对手即将推出什么新产品/服务？

尚未发现这类动向。

⑦ 竞争对手的服务有什么特色？

能满足客户的特殊要求，为客户定制他们需要的产品/服务。

⑧ 竞争对手的产品/服务有什么弱点？

产品更新不及时，依附于某大软件公司。

⑨ 竞争对手的营销策略是怎样的？

直接与客户联系。

⑩ 竞争对手的销售通路有哪些？

跟随大企业的软件客户，直接推销自己的配套产品。

⑪ 竞争对手的员工素质如何？

良好。

⑫ 竞争对手有哪些固定的大客户？

贝斯特电器公司、俏佳人美容公司、真美印刷公司、捷达机械制造公司、尼克咨询公司和博士书店。

⑬ 顾客对竞争者的口碑如何？

良好。

⊙ 企业家提示

所谓“知己知彼，百战不殆”，市场调研时还要看你的经营地点附近的商圈情况，步行五分钟之内商圈的人口，车行十五分钟以内的人口及消费水平；你的项目所在地的交通状况，停车场地面积，与你具有同业竞争的对手情况、与你可以异业联盟的同伴在哪里？

3．市场调研和商机分析结果（5 分制，从 1～5，越来越大）

（1）关于“创业者助手”

市场规模：4。

产品潜力：5。

顾客兴趣：4。

购买潜力：5。

价格承受：3。

竞争程度：3。

市场容量：4。

再次购买：4。

结论：市场吸引力巨大，可以开发。

（2）关于软件定制和咨询业务

市场规模：3。

产品潜力：5。

顾客兴趣：3。

购买潜力：4。

价格承受：5。

竞争程度：4。

市场容量：5。

再次购买：4。

结论：市场潜力极其巨大，可以立项。

第四部分　未来经营计划

1．目标

“创业者助手”——中国小型企业的首选软件！

⊙ 企业家提示

无论做什么事，都需要在事前明确你的目标。目标明确之后，还应该找到实现目标的方法和策略，最好把长远目标分解成近期目标和执行时间表，一点点接近自己的理想目标。

2. 产品特点

“兼容—自如”是我们设计“创业者助手”软件的宗旨。

它包括完整的办公和商用软件，同时还拥有通信和数据库程序，以及人性化的界面。软件的文字图像处理和图表统计功能，我们采用的是著名厂商出品的标准化软件，并且对它的界面做了些许简化。

“创业者助手”包括以下功能。

（1）文字处理

- 更加简单、人性化的标准化文字处理软件。
- 提供菜单式文件固定处理模板（传真、账单、信函等）。

（2）图表设计

- 简洁、人性化的标准化图表统计软件。
- 现成的统计核算程序。

（3）图像处理

- 更加简单、人性化的标准化图像处理软件。
- 现成的图像固定样式。

（4）数据库

- 标准化产品。
- 适宜开发新数据库的环境。
- 适宜性能良好的客户情况数据库。

（5）通信软件（传真、网络）

（6）商用软件

- 功能齐全的财务软件。

……（略去更多关于本产品的详细资料）

3. 软件服务

设立服务热线：我们为购买“创业者助手”软件的用户提供热线服务，并保证在 24 小时内给使用本产品的用户以满意的答复。

用户免费培训：客户可在固定的时间获得免费的培训。将定期讲解关于“创业者助手”的各种问题和小型企业在软件使用中可能会遇到的问题以及处理方法。

举办用户俱乐部：提供信息服务，提供各类软件咨询，进行专用软件开发。

4. 销售对象

“创业者助手”软件包的预期销售对象为国内拥有十名以上员工的小型企业，它可以满足服务业、工业（含手工业）企业需要的商用和管理功能需要。

软件咨询和开发业务的预期服务对象是本地区拥有五名以上员工的小型企业。

5. 经营战略

为了尽快把“创业者助手”软件包推向市场，我们准备以低价战略进入市场，同时首先打进小型企业，因为目前这类客户使用的软件较为庞杂和繁琐，并不适合小型企业的特点和要求。

软件咨询和开发业务，计划用广告的形式把信息散发到目标客户群。

⊙ 企业家提示

目前在产品链的低端充满了竞争，很少会有标新立异的没有竞争对手的产品，如何在竞争夹缝中生存，是每个创业者不得不思考的问题。即使你的产品属于专利新产品，还应考虑如何设置进入壁垒来阻止竞争者很快模仿或跟上，因此，建立属于你的盈利模式很重要。

6. 成功关键因素

“创业者助手”的竞争优势：

- 积极深入的市场营销手段。
- 良好的销售渠道。
- 无可挑剔的齐全功能。

（具体实施方案见附录）

软件咨询和开发业务的优势：

- 细致周到的服务。
- 对客户需要具体深入的了解。
- 与客户紧密的联系。

（具体实施方案见附录）

⊙ 企业家提示

多数创业者在创业之初，都对风险预计得过小，对自己产品的市场预计过高，因此，客观冷静地分析隐藏的危机和不利因素，制定出相应的经营策略，有益于你提早做好危机防范。

7. 公司管理情况

上海正奇信息技术有限公司由范平和李其创立，李其因投资额与范平相同，都是30%，因此作为平等权利的经营者，与范平共同领导公司的发展。范平和李其均是计算机专业的硕士研究生，并且其亲属在软件行业工作多年，经验非常丰富。

在自主创业以前，范平就曾经是某软件公司的兼职业务经理，做软件的推广工作，积累了一定的职业经验。李其在校读书期间，就多次在大学生科技发明竞赛中获奖，具有很强的创新能力和解决问题的能力，并且在创业前就拥有了多项专利。因此，范平主要负责市场营销、销售和软件业务、咨询业务；李其主要负责软件开发和内部管理，他们共同负责软件个性化定制业务。

（关于管理层的详细情况见附录中的公司创建者简历）

8. 组织管理模式

公司计划建立一个以项目为导向的组织模式。管理层的情况见第三部分，另有一名半日制雇员和一名实习生协助他们工作。

正奇公司还招收了10～15名计算机专业的同学做兼职人员，公司与这群同学保持长期可靠的合作关系。

⊙ 企业家提示

这部分要创业者仔细考虑后，如实填写。如果是有限责任公司，还应按要求写出公司有关协议和章程，并附在附录中。

9. 经营驻地

我们选择大学生创业园区作为公司驻地，这里不仅有适合创业的氛围，同时也给大学生创业提供免费的办公场地和经营的优惠政策。另外，我们在此地区发现了很多优秀的编程人员；这个场地也靠近我们的“创业者助手”软件的目标客户；软件咨询和定制业务在这里也有较大的需求客户群。这里交通便利、设施齐全，没有其他任何一个地方拥有如此多的新办小企业，这正是正奇公司要寻找的理想驻地。

⊙ 企业家提示

在选址时要考察你的经营场地的周边概况，如地理位置、地处何方、周围有何干道、靠近什么中心？经营场地以接近你的目标客户为宜。不宜在交通干道设立消费品的零售店（要充分考虑顾客是否可以停车或者是否有时间停留）；不宜在闹市区和客流量很大的地铁口、公园门口经营选择性或理智消费的产品（即需要考虑才会购买或者比较品牌才会买的商品）。

第五部分　财务规划

也许你以前不会计算花销，不会记账，但是，就从你决定创业的那一刻起，必须要学会计算你手里的钱，并且要做到收入和支出心中有数。在计算投资额预算和资金筹措计划时主要应考虑以下四部分。

（1）一次性投入：包括房租押金（通常付三押一）、装修费、初始货物资金、设备购置费。

（2）流动资金：低值易耗品费用、办公费、工资、房租、进货款。

（3）不可预见费用：按总投入的5%～10%计算（即把前两项之和乘以5%～10%）。

（4）总投资额：累计前三项。

1. 资本构成

正奇公司的资本构成如下所示。

- 范平自筹资本投资：30万元。
- 李其募集资本投资：30万元。
- 自有资本援助：10万元。
- 天使基金：30万元。

2. 投资和折旧

公司第一期投入资金82 800元，主要用于购置电脑和办公设备。

（购置物品的详细清单见附录）

月折旧费用为800元。

3. 物资和材料消耗

在经营中的物资和材料消耗较少，每月500～700元。

（详细支出清单见附录）

4. 劳务费用

第一个经营年度内的劳务费用预计为每月17 000～18 000元。第二个经营年度里，劳务费用预计为每月20 000元。

5. 市场开发及公司开办费用

市场开发费用预计为97 000元。

公司开办费用预计为2 500元。

（支出清单见附录）

6. 固定投资

第一个经营年度的固定投资预计为每月25 000元。

第二个经营年度的固定投资预计为每月27 000元。

（投资构成见附录）

7. 可变资本

根据正奇公司承担的项目不同，可变资本（包括软件开发的费用）在20 000～47 000元浮动。

（投资构成见附录）

8. 销售计划

在软件开发和咨询业务领域，正奇公司计划在2007年9月实现一期销售额20 000元，在此业务领域的月均销售额预计为50 000～60 000元。

2007年10月，计划将“创业者助手”软件推向市场，预计月销售额在50 000～12 000元。这样，月销售额将上升到185 000元。

（详细的销售计划见附录）

9. 投资回收期

从下面的账目中可以看出，首期投资（公司筹建之前的投资）将在第一和第二个经营年度中收回。

⊙ 企业家提示

创业者对投资回收期和盈亏平衡点一定要会计算。

投资回收期的计算公式：

投资回收期=总投资÷年利润，一般为12～24个月。

盈亏平衡点的计算公式：

盈亏平衡时，即：总收入-总支出=总成本

预计经营成果如表5-1所示（大学生创业享受税收优惠政策，此处税收记为0）。

表5-1 经营结果

	第一年度（元）	第二年度（元）
销售额	1 370 000	2 400 000
-变动资本	330 500	453 000
-固定资本	302 400	325 400
-进入市场费用	182 400	15 000
-折旧	9 600	9 600
=税前利润	545 100	1 597 000
-税收	0	0
=纯利润	545 100	1 597 000

注：每月经营成果损益表略，假定税收为0。

10. 流动资金

正奇公司通过融资和初期销售额（已经有了第一批订单）而获得可靠的流动资金来源。它将从投资阶段的260 700元增长到观察期末的2 600 000元。

（流动资金计划见附录、第一批订单见附录）

第六部分　市场营销

1. 关于“创业者助手”的营销计划

（1）产品及软件的销售策略

在产品正式面世之初，我们计划先推出一个标准化版本（见未来经营计划和附录），以倾听顾客对该产品的反映。当此版本成功地打开市场后，我们再向市场推出第二个结构更加规范统一的版本。通过这一方式，我们将会赢得新的客户，他们曾因1.0版本过大而未采用，同时，老客户也会继续选用改进了的2.0版本。除此之外，公司还计划推出规模更大的“创业者助手”版本，以及一个简化的便捷版。

软件将在12个月内逐步被新版本替代。此外，用户还会不断地收到我们的补丁，对产品进行更新，这些费用也有必要计入财务的收支账目。

（2）服务设想

售后服务热线电话、VIP用户俱乐部、定期发送信息、提供使用者免费培训计划、免费会员咨询等。

（3）定价策略

经过市场调研，正奇公司决定采取低价策略进入市场。“创业者助手”1.0 版本定价为3 395元。将来，随着产品种类的增多，价格再逐步调整。

（4）广告宣传策略

通过和商业伙伴的合作，“创业者助手”只需支付10%的广告费，就可以出现在《电脑报》《计算机信息月刊》等专业杂志上。

（详细的广告宣传计划见附录）

另外，我们准备在2007年10月进行一次大型的广告邮寄，主要邮寄对象为2007年新成立的公司。同时，关于这个软件的测评文章将出现在专业论坛和专业杂志上。

2007年9—11月为公司的初创阶段，从2008年1月起，将开始又一轮关于“创业者助手”的广告宣传活动。

（5）产品分销渠道

“创业者助手”主要通过以下两个分销渠道送到客户手中。

① 通过邮发业务和网络订购。

- 由正奇公司直接邮寄。

- 由邮递公司派送（特快专递或快递公司）。

② 通过零售商。

与代理商、超市、软件专卖店等零售商签订供销合同。

2. 软件咨询和定制业务的营销策略

（1）产品及软件的销售策略

立足于高品质的服务，提供最专业的咨询和软件定向开发业务。除了给用户提供“入门咨询”，帮助客户挖掘软件使用及管理中的潜力外，我们还提供软件开发和软件标准化咨询服务。

我们的增值服务有：

- 商用软件开发。
- 软件兼容。
- 建立数据库。

我们还将定期给客户提供关于软件使用和管理的建议，力求最大效益地用好“创业者助手”，为客户着想。

（2）服务设想

定期给客户免费邮寄关于软件使用和管理的相关信息，同时为使用“创业者助手”的客户提供购买计算机软件和硬件的免费咨询，以保证他们购买到物美价廉的产品。

（3）价格策略

我们在公司开创之初，原则上只接受有一定规模的用户的咨询和软件定制，这样便于很快提高我们的知名度，价格也不会太低。

广告宣传策略：在 2007 年 10 月开始邮寄广告，同时还会以电话联络的方式争取一批新用户。到 2007 年 12 月，预计可以争取到 7～12 个新项目，他们将构成第一年度的主要业务。

（4）产品分销渠道

① 概念。

所谓产品分销渠道，是指某种产品和服务在从生产者向消费者转移过程中，取得这种产品和服务的所有权或帮助所有权转移的所有企业和个人。因此，分销渠道包括商人中间商（因为他们取得所有权）和代理中间商（因为他们帮助转移所有权），此外，还包括处于渠道起点和终点的生产者和最终消费者或用户。但是不包括供应商、辅助商。

② 特点。

第一，分销渠道反映某一特定商品价值实现的过程和商品实体的转移过程。分销渠道一端连接生产，另一端连接消费，是从生产领域到消费领域的完整的商品流通过程。在这个过程中，主要包含两种运动：一是商品价值形式的运动（商品所有权的转移，即商流）；二是商品实体的运动（即物流）。

第二，分销渠道的主体是参与商品流通过程的商人中间商和代理中间商。

第三，商品从生产者流向消费者的过程中，商品所有权至少转移一次。大多数情况下，生产者必须经过一系列中介机构转卖或代理转卖产品。所有权转移的次数越多，商品的分销渠道就越长；反之，也是。

第四，在分销渠道中，与商品所有权转移直接或间接相关的，还有一系列流通辅助形式，如物流、信息流、资金流等，它们发挥着相当重要的协调和辅助作用。

（三）确定未来的发展方向

1. 确定企业目标

如果你现在要出发了，那么你是不是应该先确定要去哪里？显然，在你创业之初，也必须明确你未来的经营目标和企业未来的发展方向。

古人云："人无远虑，必有近忧。"如果你没有明确的企业发展目标，得过且过的话，等你感觉到混乱时，恐怕为时已晚。关于未来的思考包括：你要建立一个中等企业还是生意兴隆的个体户？你是在本地经营到老还是把业务做到全球？在你经营的第一年里，你要做到销售额10万元还是100万元？你想成为有影响的企业家还是小富即安的企业主？

表5-2为某创业者企业目标。

表5-2　某创业者企业目标

目　标	内　容	细　节	分级目标
目标1	筹建计划	我的公司将于2010年1月1日成立	
目标2	销售计划	在经营的第一个年度里我计划完成销售额205万元	首先完成每月拟定计划。此外，以年初计划确定销售计划。如：在第一个经营年度里，我计划完成两个40万元以上的订单，五个15万元以上的订单，十个5万元以上的订单。本年度我预计完成销售额205万元
目标3	还款计划	到2010年6月，我将实现收支平衡，即：毛利润=成本	通过创业培训，已经知道了初创阶段应减少固定成本支出，如果在公司成立6个月的时候，还不能实现收支平衡，就应该加大市场开发和宣传力度，或者重新考虑市场接受程度和市场潜力问题
目标4	利润目标	到第一个经营年度末，我将实现净利润50万元	利润目标也应该分解到月，甚至周、日，一点一点地完成

2．确定行动策略

在创业前有一个设想，对你的企业未来非常有帮助。因为你只有做得像一个企业家，才会成为企业家，如果你的做法处处与个体户的行为方式一样，那你注定就是个体户了。所以，你的定位就是你行动的指南。如果你有了创业的打算，不妨坐下来静静地思考一下：五年后的你是怎样的？你的工厂是否拥有了全套的先进设备？你是坐飞机在和客户联系业务，还是在给创业者出谋划策？不要以为这些是幻想，正因为你想到了，你才可以做到。

（四）为了未来的目标，创业者应该制定几个准则

1．尽快把产品推向市场

一些年轻的创业者都犯了追求完美的毛病，尽管很有思路和创新精神，但是显得不够实际。索尼公司的创始人在经营初期，只是因为想成为一名企业家，就坚持在实践中不断地完善自己的产品，以期最大限度地符合顾客的需求。

2．不要把时间浪费在琐事上，要懂得授权

你的主要精力应该放在关注顾客上，你的时间应该放在市场开拓和维护客户上。有关财务、法律、税务等事务应该交给专业人员来打理。

⊙ 企业家提示

刚开始创业时，万事开头难，事务繁杂，事事都需要创业者去关心、签字、决策。但是，创业者要学会掌握大局，抓住主要矛盾；不要充当多面手，把所有事务都揽在自己身上；要学会把精力放在市场开拓上，用最短的时间去争取第一份订单！

3．不要动摇创业的决心

不要盲目听信关于经营风险的故事，没有风险的地方注定没有机遇，你应该自信地按照自己的计划去做！

4．尽量做到规范化

不管是刚开始还是经营中，企业上下，每一个决策都应该做到规范有序。只有这样，你的事业才会有一个良好的开端。

⊙ 企业家提示

做公司，就是做品牌，没有品牌的公司永远都是小本买卖，无法成为强有力的竞争对手。品牌从何而来？从创业者一开始就坚持规范开始。规范化不是讲排场，而是做事规范化，形象规范化。

5．所有的行动都遵循着一个不变的准则

为了企业灿烂的明天、辉煌的目标而努力！

六、创业计划书的展示技巧

（一）计划书的适宜长度

一份计划书是否吸引人不在于篇幅长短，但是太短的计划书也不可能把你的盈利模式阐述清楚。关键在于你的商业模式是否可以打动人心。

很多参加创业大赛的创业计划书动辄上百页，其实没有必要。适宜的长度一般为20～50页为宜。

⊙ 企业家提示

培根说过："写作使人精确"。认真撰写商业计划将会使你对创业项目有更深刻的认识，写作过程可以有效检验你思想的逻辑性和一致性。

（二）展示创业计划的基本方法

一份好的计划书，在展示时同样需要注意以下几点。

1．激情在创业计划展示中发挥重要作用

拓展阅读　　乔布斯演讲

乔布斯在斯坦福大学2005年毕业典礼上说："我很清楚唯一使我一直走下去的，就是我做的事情令我无比钟爱。你需要去找到你所爱的东西。对于工作是如此，对于你的爱人也是如此。你的工作将会占据生活中很大的一部分。你只有相信自己所做的是伟大的工作，你才能怡然自得。如果你现在还没有找到，那么继续找，不要停下来，只要全心全意地去找，在你找到的时候，你的心会告诉你的。"

激情的英文原词Passion能更全面、更准确地表述这种状态。激情是指一种强烈的内驱力，一种极度的喜爱，一种偏执的信念。人在激情的支配下，常能调动身心的巨大潜力，完成看起来不可能完成的事情。很多投资家和基金都很看重创业者的激情，因此在你的字里行间、你的PPT展示时，要充满发自内心的激情。

⊙ 企业家提示

【马云：加速你成功的 5 种好习惯】

(1) 保持激情。只有有激情你才有动力，才能感染自己和其他人。

(2) 做事专注。抓准一个点，然后做深、做透。

(3) 执行力。不仅知道，更要做到！

(4) 学习的习惯。学习是最便宜的投资！

(5) 反省的习惯。“事不过三”，经常反省自己的得失，会使自己成功得更快一些！

2．将作品尽量制作成模型

如果你的作品可以制作成模型，这是最直观的。如果不能制作成模型，但可以把生产过程、服务模式用动画来表示，也有助于别人理解项目的可行性。

3．在能用图表表示时，一定要利用图表

俗话说：“一表胜千言。”例如，竞争与竞争形势分析时的对比图、财务状况预测等。

【案例学习 5-9】　　亚马逊的 doordesk

亚马逊的创始人贝佐斯在 1994 年时是投资管理公司 D.E.Shaw 最年轻的资深副总裁，他在寻找投资机会时得知网络用户一年激增 23 倍的信息，于是产生了创业的想法，几周后便辞去了工资丰厚的职位，和太太一起驾车去西雅图，路上起草商业计划，到西雅图后立即在租的房子的车库里架起电脑，聘了四名助手开始编写软件。当时的办公桌是用门安上四根柱子上做成的称为 doordesk，后来这种 doordesk 成了亚马逊的标配，以提醒大家仍在创业。激情让贝佐斯抓住了机会，他在 1995 年 7 月成立的亚马逊书城在早期就取得了出乎意料的成功：没有任何广告宣传，30 天内亚马逊的书就卖到了美国和其他的 45 个国家。

资料来源：于刚．给创业者的忠告[J]．福布斯，2012（8）.

4．进行“一分钟电梯演讲”训练

要求你在一分钟之内必须简明地告诉读者商业计划的内容。用第一句话概括清楚你要做的事；在第二句话中，说明申请资金的数量和用途；第三句话说明未来的市场潜力有多大。

【案例学习 5-10】　　一分钟电梯演讲

这是英国剑桥大学驻校企业家、创业讲师道森来中国时带领中国学生进行的一次实践训练，据说在剑桥创业学习中心经常有这样的训练。

道森说，通常银行家和基金管理人都很忙，而大学生的创业计划一般都要去融资，这时最好的办法也许就是在他的办公楼下等他。也许他的办公室就在这所 CBD 的 30 层，那你恰好、也只有在电梯上楼的 1 分钟内有机会跟他说明你的创业计划。

七、创业计划书常见误区及应对措施

（一）市场情况阐述模糊

应对措施如下。

（1）从最有可能打动读者的部分开始；首先要写你对目前此项目的市场预期，以及你的目标顾客、目标市场和在创业初必将遇到的竞争对手问题等，也应该列出你的营销措施。

（2）大多数投资商认为：在创业中取得成功的秘诀就是要找到并开拓一个足够大的市场。

（3）一般情况下，市场需求应给出肯定描述。

（4）市场调研非常重要。对给出的数据要做注释，权威数据应该给出来源，以增加可信度。

尽量避免使用一些诸如“前景乐观”“潜力巨大”等形容词来描述未来的市场，而应该对市场调研的数据结果进行如下分析。

1．关于创业者计划中将要开发的产品或服务（见表 5-3）

表 5-3　产品和服务分析

	5	4	3	2	1
市场规模					
产品潜力					
顾客兴趣					
购买潜力					
竞争程度					
市场容量					
再次购买					

用数据和分析结果来说明，最后根据分值做出项目是否可以开发的结论。

2．关于你要进入的行业

同样对于行业也做一个分析（同表 5-3），最后根据分析做出市场潜力大小是否可以立项的结论。

⊙ 企业家提示

市场调研和分析这部分不要掉以轻心。你除了要思考关于项目的可行性分析之外，对项目的预计投资回收期和盈利平衡点都应该非常清晰。

（二）缺少对竞争者和竞争形势的详细分析

如果没有做好这部分调研分析，就会使创业者对自己的产品或服务盲目自信，对市场预期超过实际需求，导致在产品一上市就遭遇冷遇，因此应对措施是：你要进入某个领域和市场前，必须要“谋定而后动”，做好如下分析。

（1）找到你的潜在客户群。

（2）对你的竞争者进行必要的分析。

（3）分析本行业处在生命周期的哪个阶段。

（三）缺少对不确定因素的分析和应对措施的分析

在创业的过程中，从开始选择项目、选择组建团队、制定规划和目标、融资和取得经营执照，到正式开业，这期间无时无刻不存在着不确定因素，只有你事前预料到了风险，制定了应对策略，才可能使创业路上少走弯路。

应对策略：主动向在此行业里成功经营的企业家或创业导师咨询，请他们帮你分析一下计划书，有些经验是值得借鉴的，但是专家和导师的意见也只能是供创业者参考，而不能代替决策。

（四）财务数据预估的数字缺少依据

凡是出现在计划书的财务报表中的数字都应该是有依据的，或者是有相关资料参考预估的，不能凭空想象就写上去，要经得住推敲，经得住基金或投资商、银行家的追问，他们经常问到这些数字是怎么来的？

最需要说明白的数字如下。

（1）第一年期望的营业额是多少？

（2）第一年期望的净收益是多少？

（3）第一年将会偿还多少贷款？

（4）需要多久可以完全偿还贷款？

（5）计算你的总投资额、盈亏平衡点、保本销量、投资回收期，这些数据对投资商非常重要。

（五）创业团队要均衡

有些团队是由同学组成，因此在性格、专业，甚至性别上都一样，这样的团队是不均衡的。因为创业者需要互补，需要在决策时有人提出不同意见，往往太相似的人看问题的视角也类似，这是应该避免的。

应对措施：团队成员在专业、性格、经验、经历甚至性别上要力求互补，不要都是某一专业的人员组成，这样不利于人岗匹配和协同作战。

思考与训练

1．思考并回答问题。

（1）你目前有写创业计划书的打算吗？

（2）在创业计划书中，创业者最容易忽略的是风险防范，你认为通常市场风险有哪些？

2．进行《三小时网络创业学习法》的练习。

参照案例中的创业计划书的格式，找几个同学一起来模拟一下：假如你来开办这个公司，将如何运作？要求所有资料都在网络搜索得来，时间控制在三小时左右（团队成员可以分工协作，也可以独立完成）。在练习中掌握书写商业计划书的要素和写作方式。经过多次练习后，就会掌握创业计划书的写作流程和企业家的思维方式了。

第六章

新企业的开办

学习目标

通过本章教学，使学生对企业本质、建立企业流程、新企业成立相关的法律问题和新企业风险管理等有所了解，进而认识到创办企业所必须关注的问题。

第一节　成立新企业前的思考

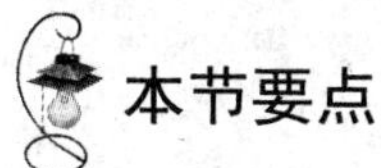

本节要点

使学生了解注册成立新企业的原因，新企业注册的程序与步骤和新企业选址的影响因素等；认识新企业获得社会认同的必要性和基本方式。

拓展阅读　　设立前须思考的问题

以下问题须在企业设立前给予仔细思考、权衡利弊、事先策划。

（1）一般新办企业可以享有哪些法定的税收优惠政策？

（2）大学生创业有哪些扶持政策？

（3）如何合理运用不同的产业政策、区域政策、科技政策获得税收及投资优惠？

（4）新创办企业的市场发展方向及商业营运模式是否明确？

（5）如何筹划新创办企业未来业务经营项目涉及的税种及税率？

（6）不同组织形式的企业在法律责任、税费标准、组织架构方面有哪些不同？

（7）如何根据创业者自身特点和业务内容，选择恰当的企业组织形式？

（8）自己或是请律师准备合伙协议或公司章程？

（9）如何明确投资人的股份比例，各方的责、权、利关系？

（10）股东会、董事会、监事会职权划分及其对未来企业的影响？

（11）国家禁止私营企业进入经营的领域有哪些？开放趋势如何？

（12）目前经营哪些产品或服务（经营范围）须通过政府授权部门的前置审批？

（13）新创办企业营业项目涉及哪些政府行业管理部门？准入程度如何？

（14）新办企业涉及的工商、银行、技术监督、会计事务所、公安、地税、国税等机构的办事程序与管理权限范围有哪些？

（15）怎样办理企业机构代码证、银行开户许可证、铸刻许可证、国（地）税税务登记证？

（16）新办企业须向注册所涉及的七家政府部门机构缴纳哪些费用？收费标准是什么？

（17）企业正常营运一年须缴纳各项规费明细，如何有效拒绝政府部门不正当收费行为？

（18）新办企业如何能既方便、省钱又快捷、合法地办理申报注册手续？

（19）是否需要委托企业登记代理机构帮助办理注册？如何寻找这些机构？费用如何？

（20）企业开业需哪些文件？

（21）企业起名应遵循哪些具体规定？须综合考虑哪些因素？

（22）会计事务所通过什么方法验证注册资本？如何顺利通过验资？

（23）不动产、商标、专利及专有技术等无形资产作价入股有什么影响？

（24）如何申请一般纳税人资格、取得增值税发票？

（25）如何选择有利于与之发生结算、融资及提现业务的往来银行？

一、企业组织形式选择

⊙ 企业家提示

选择企业形态考虑因素：

- 从承担的法律后果看，是有限或者无限责任。
- 税务规划（能否节税、注册地点与税收）。
- 是否增加额外的企业成本。
- 是否分散创业或投资风险。
- 是否仍然取得企业管理控制权。
- 是否有利持续融资。
- 是否有更好的商业信用和社会信誉。

一家新创企业可以选择的组织形式有多种，主要有个人独资企业、合伙企业、有限责

任公司（包括一人有限责任公司）和股份有限公司。

在注册企业之前，创业者应对适合企业的几种法定组织形式的特点、设立条件以及设立程序有一定的了解，如注册资本金限定、设立条件以及到哪里申办等；要熟悉这几种法定组织形式的法律特征，然后结合自身条件选择一个最适合自己的企业形式。

二、企业的组织形式

根据目前我国现行法律规定，对个人独资企业、合伙企业、有限责任公司（包括一人有限责任公司）和股份有限公司均规定了不同的要求。从《中华人民共和国公司法》（以下简称《公司法》）规定的设立条件看，股份有限公司明显不适合微小型企业采用。

拓展阅读　　目前适合新创企业的组织形式

（1）个人独资企业：具体规定参照《中华人民共和国个人独资企业法》。

（2）合伙企业：具体规定参照《民法通则》中有关合伙的规定和《中华人民共和国合伙企业法》。

（3）有限责任公司（包括一人有限责任公司）：具体规定参照《公司法》。

（4）民办非企业：具体规定参照国家民政部《民办非企业单位登记管理暂行条例》。

（一）预先核名

起名前，需要先把自己预先想好的四个名字（一正三副），按顺序排好，到工商部门预先审核，看有无重名，名字审核下来以后方可采用。

（二）有限公司名称的规范格式

行政区域+字号（2 字以上）+行业关键词+组织形式。

例如，上海　大众　汽车销售　有限公司

上海　正奇　信息科技　有限公司

（三）行业类型

按照创业项目的性质类型，只能选一个。

三、选定创业者要创建的组织形式

（一）应注意几种经营形式的区别

最新规定的有限责任公司最低注册资金为 1 万元，而且股东人数最少可以是一人。通

常有限公司比个体户等经营形式在人们心目中的信任度高，经营行业项目限制较少，未来发展空间大，还可以取得一般纳税人资格。股东对企业债务承担有限责任，即最高清偿不得高于注册资本金的数额。

⊙ 企业家提示

目前，在中国个人所得税（最高45%）和企业所得税（17%、33%）差别比较大，个人投资经营亏损不能抵消个人收入、个人收入不能减除相关费用的情况下，有些高收入的人期望以成立公司逃避高额个人所得税，把一些个人收入转移到公司作为经营收入，并减去一些开支费用，通过缩小净利润来避税。

（二）主要产品（服务）和经营范围

这些内容是创业者在选定创业项目、筹集启动资金时必须考虑的。

⊙ 企业家提示

要注意仔细阅读和学习有关符合该种组织形式的法律法规，如需要行业主管部门批准的，与饮食有关的行业需环保行政管理部门和卫生防疫站审批；从事药品和保健品行业的需要医药管理局和卫生防疫站审批；社会力量办学须经教育部门审批；创办养老院，须经民政部门审批；从事娱乐场所经营的须经文化部门、公安局治安科、消防科审批等。

（三）创业者个人情况

创业者个人情况包括创业者年龄、性别、文化程度、技能特长、兴趣爱好及相关工作经历等。

（四）创业的基本条件

创业的基本条件包括创业项目、资金、场地等。

这部分内容就是本书要求创业者学习和思考的问题。如果项目还没确定，就应填写创业的意向；面积、租金以及场地的位置，要与你的创业项目相匹配。

1. 创业场地要靠近你的目标客户群体

不同的行业需要不同的场地，在选择场地时，首先应该考虑的是是否和你的行业吻合。例如，要开一个办公服务配套型公司，就应该选择在办公楼宇聚集区；如果要开大型制造或者生产的工厂，就要选择在郊区比较空旷的场地；如果是开茶坊，就要在喧闹的市区；

如果是开有情调的咖啡馆，就要在幽静的地方。总之，公司的氛围一定要与周围的环境协调一致，并且要靠近目标客户群体。

【案例学习 6-1】　　大、小型超市因为靠近目标客户而生意兴隆

目前在我们的一线、二线城市里，到处可见那种大型的综合超市，它们因为紧紧靠近它的目标客户——都市里的居民而大多生意兴隆。

而规模较小的便利店，因为营业时间长，通常开在社区门口，方便社区的居民购买，而成为顾客频繁光顾的地方。

2．初次创业还要考虑租金的承受力

如果你的项目没有能力或者不需要自己造房子，那你就要考虑租房。开业之初，千头万绪，都是需要花钱的地方，往往还会出现意想不到的支出。通常在租房时，租金的支付方式是押一付三，就是你需要一次性支出四个月的房租。这时，你既要考虑启动资金够不够，还要考虑在生意只投入未产出利润期间你的储备金是否充足。同时还要对这个场地的销售额做出初步的预算，看你的盈利是否可以满足你租金和管理费用的支出？如果营业额足够大，就算租金贵，也可以租用；但是，如果此地没有生意，就算再便宜也不要租用。

【案例学习 6-2】　　不同地段、不同租金的建材店

孙毅和刘立在大学毕业后一起到上海创业，并同时担任一家建材企业的驻沪代表。货源不成问题，也不需要占用自己的资金，但是厂家规定要自负盈亏，就是经营期间的费用，如水电费、人员工资和房租，都要自己挣出来。

因为人生地不熟，朋友们给他们推荐了宜山路建材市场和一家市区工厂旁的两个店面。位于建材市场内的摊位比较贵，小孙害怕生意做不出而选择了便宜的路边的店面；而小刘比较大胆，租下了建材市场昂贵的店面。

一年以后，小刘的销量和利润已经远远超过了小孙，并且开了分店。

为什么租金便宜的反而不如租金贵的挣钱呢？因为小刘所在的建材市场知名度高，顾客盈门；而租金便宜的店面，虽然不贵，但前来购买的顾客很少。

所以，地段对生意很重要，利润是由顾客的购买力来实现的。

3．创业场地要符合国家有关行业的规定

国家对各行各业都有一定的规定，如经营餐饮业的场地应该满足环保和卫生部门的要求；有噪声和污染的企业要远离居民区，同时还要达到国家环保部门的有关标准；经营一

些特殊行业的，还应该获得有关部门的资质鉴定，如社会力量办学，需要教育部门审批，学校的场地也有相应的硬件规定等。总之，不论是哪种行业，你一定要先看好是否符合国家规定再从事，否则就会造成不必要的损失。

【案例学习6-3】　沈懿枚的汉草食餐饮有限公司

沈懿枚大学里学的是对外贸易专业，长得文静而秀美，因为家庭有中医渊源，所以，一直对药食同源的食疗感兴趣。在YBC创业种子基金的资助下，她在上海西区一个白领聚集的小区楼下开办了一家“汉草世家中医食疗健康会所”，很受爱美容和想瘦身的女孩青睐，还吸引了一些喜欢中医的外国客人。但是，由于这里是居民楼底商，不符合餐饮的环保要求，无奈她的餐厅搬迁了。

最后，她在新的地方又重新开了一家“知味屋茶餐厅”，在她的经营下生意日渐兴旺，但她心底里还是对药膳情有独钟，只是这个地段不适合开食疗餐厅。

4．选择创业场地还要搞清市政规划

有的创业者在选择场地时，感觉样样都满意，就是忘了市政规划，结果刚刚建立客户群就因为市政动迁而需要搬迁。这样的情况确实很常见，还希望创业者考虑未来三年里这个地方的规划，这些可以到市政规划部门咨询。

【案例学习6-4】　几经搬迁的蓝花酒店

蓝花餐厅是一家经营很好的酒店，因为几家连锁店都靠近大学，加上饭菜口味很适合大学生，价格公道，生意真是门庭若市。

但2000年因为市政工程马路拓宽，位于复旦大学和同济大学门口的两家饭店被迫关掉了。当能干的女老板庄蓝在2002年选好一个位于宝山区的新地址并刚刚装修好时，又遇到了高架桥拓宽的市政工程，无奈只好再次搬迁；第三次她用了两年时间融资了1 000万元，在当时比较偏僻的靠近新江湾地区盖起了一座四层楼的蓝花大酒楼，以为这次可以一劳永逸了，谁知道又赶上城市规划大学城，这个地区要动迁，所以，刚刚盖起两年的大酒楼，在2006年被迫拆除，最后这家酒楼只好搬进了星级酒店，做起了酒店餐饮。

几次搬迁，不仅使酒店的老客户流失了，不仅没赚到钱，还把老板本人搞得身心疲惫。

5．选择创业地址还应考察周边的邻居

创业者的企业在制定竞争战略时要与公司所处的环境联系起来，如果周边都是同业经营，那竞争形势会很严峻，价格和利润都会削减；如果周围是异业经营，也要看他们的

顾客群体里有没有你的目标客户，例如，类似于他经营饭店你经营停车场，就是很好的异业联盟。

【案例学习 6-5】　　产品的价格取决于环境

孙小茜 2007 年从东华大学毕业时，在网络上看到郎咸平教授的一次演讲，他说，他在大陆和台湾的两所大学里分别做了一个调查，问大学毕业后干什么？大陆的名牌大学毕业生大多都填“我要当 CEO”，而在台湾，大学毕业生大都填“我要开咖啡馆”。于是她便在亲友的协助下，在上海佳木斯路上一个幽静的地段开了一家二层共计 60 多个座位的咖啡馆，环境幽雅舒适，很有品位和格调。

但是，过了一段时间，她发现她的咖啡就算 18 元一杯顾客也很少，而在徐家汇，48 元一杯同样的咖啡，也一样生意兴隆。后来她才发现，是她咖啡店所处的地区消费能力不行，而且周边的社区以老住户的上海本地居民居多。在家的大多是退休的老人，而工作的又无暇光顾，回到家已经是晚上了。所以因为地段不好，而价格提不上去，效益一般。

最后，她把咖啡馆承包给一对刚好关闭了自己公司的小夫妻，自己去应聘到了一家室内设计公司，回到了自己大学的专业上。咖啡馆在这对夫妇的经营下，已经变成棋牌室的风格了。

6. 交通和停车情况都要考虑是否方便客户驻留

如果创业项目是传统经营类，需要开店，或者是经营餐厅类，有时很好的地段，就因为无法停车也会阻碍顾客的光临。交通是否便捷，也是考虑是否利于远道或者步行顾客的光顾；门前有绿化带，也不方便顾客进店购买。

如果创业项目是开公司，需要在楼宇办公，也要考虑停车位是否充足，地铁、公交是否便捷。创业者的任何决策都是为了顾客的利益，顾客至上永远是企业决策的依据。

【案例学习 6-6】　　位于高架桥边上的建材市场

上海五角场的翔殷路是一条比较繁华的马路，这里有一家很大的建材市场，名字叫“春申江建材市场”，地段繁忙，而且还就在路边，在市场后边还有不少停车位，一时间生意兴隆，顾客盈门。

随着中环线的建设，马路向两边拓宽了，这家建材市场就成了高架桥引桥下边紧靠路边的一溜门面了。关键是高架桥的高度把它的整个门面挡住了，而且下边的马路改成了封闭道路，这下马路对面的顾客过来极不方便，要绕一个很大的圈子到前边一百米左右的路口，才可以步行过去。因为门口被挡住了，开车的顾客也必须把车开到前边路口，才可以调头过来。

这里虽然地处交通要道，车水马龙，但是顾客无法驻足，甚至进门都很困难，导致本来生意很好的市场，由于市政建设而大受影响。

⊙ 企业家提示

总的来说，在选择场地时要考虑的因素很多，但是最根本的一个原则雷打不动，就是是否方便顾客上门，是否有利于企业经营。这一点很关键。

7. 按照创业场地综合评估表（见表6-1）给选定的场地做一个全面评估

表6-1 创业场地综合评估表

考察因素	重要性	地点1		地点2		地点3	
		满意度	得分	满意度	得分	满意度	得分
接近顾客							
交通物流							
环境设施							
招工水平							
竞争情况							
房租							
市政规划							
总分							

在选择经营场地时，除了要考虑目标客户和竞争情况外，还需考察其基本设施是否齐全、交通是否便捷、物流系统是否通畅、能源供应是否充足、劳动力成本高低、是否符合政府关于经营项目的环境规定等，甚至当地对创业者的支持力度，都是很重要的因素。

评分标准：

（1）重要性：5～1，重要性递减。

（2）满意度：5～1，满意度递减。

（3）得分：重要性分×满意度分=场地总评价。得分最高的应该就是最佳选择。

⊙ 企业家提示

选择合适的经营场地，对创业初期的启动很关键。开业大吉，会让你信心倍增；出师不利，容易使你沮丧。因此，要充分考虑租金、位置、经营商品和客流量的关系，还要对店铺周边的人口及消费能力进行切实调查。

四、有限公司和股份合作公司的特点

（一）有限责任公司（Corporation or Limited Company）

有限责任公司的特点如表 6-2 所示。

表 6-2　有限责任公司的特点

含义	由若干股东（1～50 个自然人或法人）共同出资，每个股东以其认缴出资额对公司负责，公司以其全部资产对其债务负责
特点	1．具有独立法人地位，法人实体与其股份持有者相分离； 2．股东承担有限责任，不必担心因为生意方面债务或问题而危及私人财产； 3．在公司各股东分别纳税，即公司缴纳法人所得税，股东从公司取得的收入以个人名义纳税
法律方面	1．政府出台《公司法》，有限公司受到更多政府法律监管； 2．企业可以以独立股东生命而永续存在，股权转让方便； 3．法律规定公司须设正规法人治理结构，但实施有弹性
财税方面	1．公司视规模大小，可把所有权和经营权分离或者不分离； 2．公司可把产权多元化，分散投资风险； 3．可能公司受大股东操纵而损害小股东利益； 4．经营成本增大
运作方面	1．需要定期填报公司财务报表； 2．小公司贷款时，银行或者债权人可能要求以股东个人资产担保； 3．在某些特定场合“责任有限”仍有例外，如有限公司不缴税或缴不起税、拖欠员工工资、渎职行为，公司的董事应负个人责任
适用场合	1．有限公司是最常见的企业形态，适用大多数成立企业的情形； 2．经营风险比较大的行业和生意
经营管理方面	1．公司视规模大小，可把所有权和经营权分离或者不分离； 2．公司可把产权多元化，分散投资风险； 3．可能公司受大股东操纵而损害小股东利益； 4．经营成本增大

（二）股份合作企业（Co-operative）

股份合作企业是一种中国特色的企业体制，如表 6-3 所示。

表 6-3 股份合作企业的特点

含义	合作企业成员既是企业股东又是雇员
特点	1. 企业具有独立法人地位； 2. 采用“一人一票”的民主管理原则； 3. 股东承担有限责任
法律方面	1. 没有完整的法律，各地各部门有不同的法规； 2. 体现一种民主决策制度，但成员可能不熟悉集体决策方式； 3. 股权过于平均，可能不利于激励企业经营管理层
财税方面	1. 资本来源多元化，对个人投资额要求较低，容纳更多人参与； 2. 一般按股份比例分红； 3. 政府对股份合作制有优惠支持政策
经营管理方面	1. 合作企业成员互相提供支持，但是决策不能向企业精英管理人才集中； 2. 有利地方经济发展，职位、资金和利润都可保留在当地； 3. 企业迁就当地社会发展需求，而盈利和追求投资回报动机不足
运作方面	1. 需要定期填写企业报表； 2. 合作制难以满足大投资股东的经营需求； 3. 目前由国有企业改制的股份合作制不规范
适用场合	股份合作制可在许多行业和产业上成立运作（信用合作社、劳动合作组织、消费合作社、供销合作社）

第二节　如何申办成立公司

本节要点

本节主要介绍各种企业组织形式的特点以及注册资金的要求，使创业者可以根据自身情况来选择适合的企业组织形式。

公司申办程序的内容是创业者必须了解的重要内容。通过学习各种组织形式的特点以及注册资金的要求，有利于创业者根据自己的实际情况来选择要申办的组织形式，确定好创业项目的组织形式之后，创业者就要根据法律规定进行企业申办了。

具体手续办理方法如表 6-4 所示。

表 6-4　各种组织形式申办手续一览表

组织名称	登记机关	法律依据	设立条件	注册资金	提交文件
个人独资企业	企业所在地工商所	《个人独资企业法》	有民事能力的一个自然人	最低 3 万元	1. 投资人登记申请书 2. 投资人身份证 3. 经营场所证明 4. 企业名称核准通知 5. 规定的其他文件
合伙企业	工商行政部门	《合伙企业法》	合伙人数不少于两人	最低 3 万元	1. 合伙人登记申请书 2. 合伙人身份证 3. 合伙人委托书 4. 合伙协议 5. 出资证明 6. 经营场所证明 7. 规定的其他文件
有限责任公司	工商行政部门	《公司法》	1～50 人	最低 3 万元	1. 登记申请书 2. 公司章程 3. 验资证明 4. 规定的其他文件

一、企业注册流程

注册有限公司的流程如图 6-1 所示。

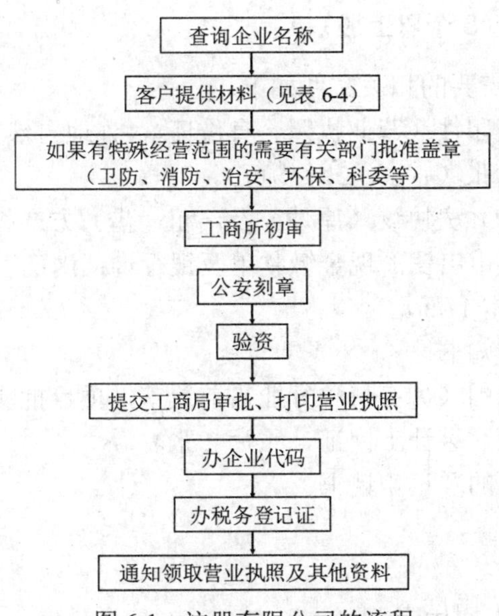

图 6-1　注册有限公司的流程

二、企业注册相关文件的编写

（一）有限公司（1～50个股东）

有限公司注册时需要的相关文件如下。

（1）股东身份证明复印件（法人为营业执照、自然人为身份证）、外地自然人需办暂住证、无业证明。

（2）法定代表人照片6张（1寸、2寸均可）。

（3）办公场所租（借）房协议原件及出租（借）方产权证明（复印件）。

（4）验资凭证：以货币出资的现金缴款单及银行询证函；以实物出资的购货发票及货物销售证明。

（5）法人股东需提交上月资产负债表及损益表、股东会决议。

（6）企业名称核准通知书。

（7）拟报批的经营范围（如有特种行业需前置审批项目批文）。

（8）财务人员身份证、会计上岗证、照片2张。

（9）公司董事长签署的《公司设立登记申请书》。

（10）全体股东委托代理人的证明，被委托人的身份证复印件。

（11）公司章程。

（二）股份合作企业（8个以上股东）

股份合作企业注册时需要的相关文件如下。

（1）股东身份证明复印件（营业执照、身份证），外地自然人需办暂住证、无业证明。

（2）法人代表照片5张（1寸、2寸均可）。

（3）办公场所租（借）房协议（原件）及出租（借）方产权证明（复印件）。

（4）验资凭证：以货币出资的现金缴款单及银行询证函；以实物出资的购货发票及货物销售证明（最低注册资本1万元）。

（5）企业名称核准通知书。

（6）拟报批的经营范围（如有特种行业需前置审批项目批文）。

（7）财务人员身份证、会计上岗证、照片2张。

（8）组建负责人签署的登记申请书。

（9）企业章程。

（10）资金来源证明。

（11）企业主要负责人履历表。

（12）企业从业人员名册。

（13）申请报告。

（三）企业类型的转换升级

创业者可能希望创业的企业形态在经营过程进行转换。如从个人独资起步，逐步转变成合伙企业、有限公司，甚至最后成为上市公司，一步一个台阶地发展。

企业形态转换涉及事务包括以下几方面。

（1）个人或家庭财产与企业财产的分离。

（2）债权、债务的清理。

（3）清产核资，资产重新评估。

（4）法律主体改变的社会公告。

（5）相关权利证照（如专利权、房产证、特许权、合同）的过户及费用。

（6）增加工商注册费用。

（7）视同销售（增值、贬值）的税务后果。

（8）注意原有的优惠政策是否能够延续到新企业。

如果企业在开办费用预算上允许，还是一步到位注册成有限公司为好。

（四）企业名称

1．构成企业名称基本要素

企业名称由四个基本要素构成，即行政区划、字号、行业特征、组织形式。

例如：| 上海 | 申沪 | 咨询 | 有限公司

| 行政区划 | 字号 | 行业特征 | 组织形式

2．企业名称的规范要求

（1）企业法人必须使用独立的企业名称，不得含有另一个企业名称。

（2）企业名称应当使用符合国家规范的汉字，民族自治地区的企业名称可以使用该地区通用的民族文字。

（3）企业名称不得含有外国文字、汉语拼音字母、阿拉伯数字。

（4）企业名称不得含有有损国家利益或社会公共利益、违背社会公共道德、不符合民族宗教习俗的内容。

（5）企业名称不得含有违反公共竞争原则、对公众造成误认、可能损害他人利益的内容。

（6）企业名称不得含有法律或行政法规禁止的内容。

3．企业名称核准的内容

（1）符合法律规范的企业名称，必须符合《企业名称登记管理规定》及《企业名称登记管理实施办法》对企业名称规范的要求。

（2）申请在先设立在先的原则。

（3）规定范围内同行业企业名称不得相同或近似。

4．企业名称预先核准

（1）首先提供 4（1 主 3 副）个候选企业名称。

（2）预先核准的企业名称保留期为 6 个月。

（3）有正当理由在保留期内未完成企业设立登记的，在保留期届满前，可以申请延期保留期，延长的保留期不得超过 6 个月。

5．企业取名的原则（大众认同又与众不同）

（1）形象力。具有表现企业、产品、理念功能的形象张力。

（2）个性化。具有差异性，与众不同，表现行业特征与企业个性。

（3）关联度。与企业产品、行业或企业理念精神紧密相关，因而具有独特性和排他性。

（4）现代感。与国际接轨，利于现代企业形象塑造。

（5）文化力。注入企业文化或理念精神内涵，与企业性质、员工素质、思想水平、文明程度相契合，因而具有渗透力、号召力。

（6）亲和力。字面优美、字义纯正，有亲近感，蕴含理念为社会认同。

（7）读音。读音响亮、利于传诵。

（8）书写。简洁明快、利于传播。

6．字号命名心理

（1）吸引注意，激发兴趣。如森林饭店、金龙绸布店。

（2）引导方向，方便顾客。如舒适床上用品公司。

（3）反映特色，突出传统。如同仁堂国药店。

（4）加深记忆，易于传播。如全聚德烤鸭店。

7．字号命名方法

（1）特色命名法。

（2）服务宗旨命名法。

（3）名人名事命名法。

（4）吉利命名法。

（五）商品名称

1．名实相符，形意一致

（1）按主要功能命名。如洗衣机、摄像机等。

（2）按主要效用命名。如止痛片、降压灵等。

（3）按主要成分命名。如虎骨酒、绿豆糕等。

（4）按主要产地命名。如高丽参、宁波汤圆等。

（5）按创始人名字命名。如张小泉剪刀、麻婆豆腐等。

（6）按产品外形命名。如动物饼干、宝塔糖等。

（7）按制作方法命名。如二锅头、666 粉等。

（8）按外语译音命名。如美能达、三洋等。

（9）按褒义词命名。如百岁酒、万金油等。

2．词句恰当，便于记忆

3．诱发情感，引起联想

第三节　投资股东与创业团队选择

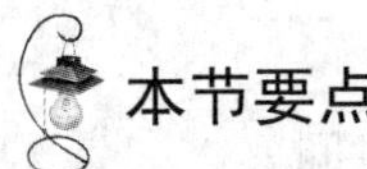

本节要点

本节介绍了创业资金、股东、团队成员的来源与选择原则，目的是使学生懂得一些创业前股东选择的基本方法，使准创业者少走弯路。

一、投资股东的选择

（一）从何处寻找投资人

（1）打工积累。

（2）创业基金。

（3）亲戚：父母、子女、其他近亲和远亲。

（4）朋友、同事和同学。

（5）商业合作伙伴、竞争对手的员工。

（6）对你的生意感兴趣的人：商人、企业、商业或公共服务机构。

（7）专业或者风险投资公司。

（二）选择的原则

（1）是否参与企业实际的经营管理活动。

（2）企业的控制权是否能够把握。

（3）是否带来企业必需的资金、技术、技能、人际关系和管理经验。

（4）是否增加企业的信用和声誉。

二、创业团队的组成

（一）从何处寻找创业团队成员

（1）从股东队伍中选择，既是企业拥有者，也是企业经营者。
（2）亲戚、朋友、同学。
（3）商业上的合作伙伴。
（4）从商业顾问、律师、会计师、公关、政府官员中选择。
（5）聘请职业经理人。

（二）选择的原则

（1）创业者的天赋、素质、知识结构必须能够弥补，相辅相成。
（2）是否增加企业的信用和声誉，对顾客有号召力。
（3）最好原来这些团队成员是熟悉和相互了解的，减少创业初期磨合时间。
（4）能够在创业团队中形成一个权威中心。
（5）通常需要由3～5位创业者组成一个创业团队。

（三）优秀管理团队的特点

（1）拥有共同的奋斗目标（每个成员都希望成功）。
（2）各个成员的优势互补。
（3）至少有三个成员，但通常最多不超过六个。
（4）能够共患难共吃苦（今后也能够共富裕）。

第四节　注册企业必须考虑的法律与法规

本节要点

本节通过对企业注册前置条件的介绍，提醒学生要创业就要首先学习相关的法律法规，遵纪守法并且建立必要的自我保护意识。

创业者在创建和经营企业前，必须了解国家关于企业注册的有关前置条件（见表6-5）。在创建企业的过程中，必须了解和遵守有关法律法规，以确保自身和他人的利益没有受到非法侵害。与创业有关的法律主要包括《专利法》《商标法》《著作权法》《反不正当竞

争法》《合同法》《产品质量法》《劳动法》等。

表 6-5　国家法律法规规定的前置审批项目（节选）

序　号	企 业 类 型	前置审批项目
1	广告经营	市工商局广告处发《广告经营许可证》
2	旅行社	三类旅行社由省级旅游局发给《经营许可证》
3	旅馆（招待所）、浴室、刻字、打字、复印、印刷、废品收购	公安部门发给《特种行业许可证》
4	邮电通信企业	邮电部门审查；非邮电部门代办业务由县级以上邮电部门审查
5	图书报刊和录音制品的出版发行	新闻出版部门审批录音、录像制品的复录生产单位； 广电部审批录音录像制品的批发； 文化市场管理办公室审批经营图书、报刊零售
6	水路运输/公路运输	县级以上交通局审批/交通管理部门批准
7	进出口贸易	经贸部审批
8	娱乐场所（歌厅、舞厅等）	文化部门发给《文化经营许可证》；公安局治安科、消防科审批
9	文物经营	省级文化行政主管部门审批
10	小轿车经营	国家工商局审批
11	会计事务所/审计事务所	财政部门审批/审计机关批准
12	房地产经营	建设部门核发资质等级证书
13	股票发行	地方政府或中央企业主管部门审批
14	卫星电视广播地面接收设施经营	工商局市场处会同有关部门审批
15	物业管理	房产管理局审批，办理物业管理资质证书
16	商标印刷	工商局商广处核发《商标印刷指定证书》
17	报关企业	海关署审定
18	法律咨询服务	市司法局审批
19	环境保护	环保部门审批
20	餐饮行业	环保行政主管部门审批、卫生防疫站审批
21	肥料、农药经营或直供	工商局专项审批
22	医疗器械	医药管理局审批
23	汽车维修	汽车维修行业管理处审批
24	信息中介	工商局经纪人管理办公室审批
25	网吧	公安局、电信局、文化局审批
26	职介所	劳动局审批
27	美容、美发	公安局、卫生防疫站审批

续表

序号	企业类型	前置审批项目
28	保健品销售（“健”“药”）	卫生防疫站或医药管理局审批
29	药品销售	县级卫生行政部门核发《经营许可证》
30	锅炉、压力容器制造	由劳动局审查同意
31	化学危险品经营	经营由市化学危险品管理办公室审批
32	建筑施工	建设部门发给《资质等级证书》和《资质审查证书》
33	金银收购、金银制品加工、经营、回收金银	人民银行批准
34	食品（含饲料、添加剂）生产销售	由卫生防疫部门核发《卫生许可证》
35	社会力量办学	教育部门
36	养老院	民政部门

注：注册时以当时当地国家和地方政府政策为准。

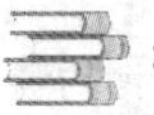

拓展阅读　　今后创业零门槛

从2013年3月1日起，深圳、珠海将在全市范围内实施商事登记改革：企业登记从“审批许可”向“核准登记”转变，不收取登记费用，注册资金实施企业自主认缴……好消息又来了，据《大众日报》报道，全国政协委员、国家工商行政管理总局局长周伯华透露，类似改革将向全国推广，方案已经初步形成，“既有时间表，也有路线图”。

只要你提出想办企业的申请，工商行政管理部门就发给你营业执照，你就可以先开业，这意味着创业不再有门槛。周伯华介绍说，这项举措有效地解决了行政审批前置的难题。本次商事制度改革后，工商部门“无门槛”地先发营业执照。如金融业等需要审批的，企业可以持营业执照再去审批。

资料来源：工商总局。

第五节　开业资金预算

本节要点

通过对开业资金预算内容的介绍，使学生了解创业启动资金的各项费用明细，从而学会估算创业启动资金。

通过表6-6计算开业需要资金，考虑前几个月经营亏损，一般需要计算2～4个月宽裕期。

表 6-6　开业启动费用预算表

费 用 项 目	估计每月费用	估计启动费用
雇主/经理工资	________×2 个月=	
其他人员工资	________×3 个月=	
租金	________×4 个月=	
广告宣传费用	________×3 个月=	
运输、托运费用	________×3 个月=	
原材料供应品	________×3 个月=	
电话电信费用	________×3 个月=	
其他公用事业费（水电气）	________×3 个月=	
保险费	________×3 个月=	
税项	________×4 个月=	
办公行政费	________×3 个月=	
招待费	________×3 个月=	
律师和会计费	________×3 个月=	
其他每月杂费	________×3 个月=	
固定资产购置		
固定资产安装调试		
更新改造费		
初始库存		
经营许可执照费		
过户费		
开业前广告和促销费用		
不可预见费用		
合　计		

思考与训练

1. 为创业计划书项目选择企业组织形式，并给创业项目的企业、产品或服务起名。

2. 讨论如何寻找自己的股东和创业团队。

3. 估算一下自己项目的开业启动资金。

第七章

创业初期的营销管理

学习目标

通过本章教学，使创业者掌握在合适的时机进入市场以及产品生命周期和产品定价策略，通过学习企业生命周期的概念，引导创业者建立企业成长到衰亡的整体概念，从而建立经营需要不断创新的创业意识。

任何一个企业都有自己的产品，任何产品的生产都是为了给企业带来利润，而利润应该是消费者和企业双方都可以接受的价格。但是，怎样才能确定产品的价格？怎样才可以使企业实现利润最大化？怎样才可以实现企业的良性发展呢？我们分几节来阐述这个问题。

第一节　产品和企业都有生命周期

本节要点

产品和企业的生命周期理论是创业者需要着重理解的概念，通过了解生命周期理论，有利于学生对产品和行业发展大势进行研判，有利于创业者把控企业发展阶段而做出正确决策。

一、产品的生命周期

（一）产品生命周期理论

产品生命周期理论是美国哈佛大学教授费农 1966 年在其《产品周期中的国际投资与国际贸易》一文中首次提出的。费农认为，产品生命是指市场上的营销生命，产品和人的生命一样，要经历形成、成长、成熟、衰退这样的周期，而这个周期在不同技术水平的国家里，发生的时间和过程是不一样的，其间存在一个较大的差距和时差。正是这一时差，表

现为不同国家在技术上的差距，它反映了同一产品在不同国家市场上的竞争地位的差异，从而决定了国际贸易和国际投资的变化。

（二）产品生命周期概念

产品生命周期（Product Life Cycle，PLC），是把一个产品的销售历史比作人的生命周期，要经历出生、成长、成熟、老化、死亡等阶段。就产品而言，也就是要经历一个开发、引进、成长、成熟、衰退的阶段。

（三）产品在各个时期的特点

1．开发期

从开发产品的设想到产品制造成功的时期。此期间该产品销售额为零，公司投资不断增加。

2．引进期

新产品上市，销售缓慢。由于引进产品的费用太高，初期通常利润偏低或为负数，但此时没有或只有极少的竞争者。

3．成长期

产品经过一段时间已有相当知名度，销售快速增长，利润也显著增加。但由于市场及利润成长较快，容易吸引更多的竞争者。

4．成熟期

此时市场成长趋势减缓或饱和，产品已被大多数潜在购买者所接受，利润在达到顶点后逐渐走下坡路。此时市场竞争激烈，公司为保持产品地位需投入大量的营销费用。

5．衰退期

这期间产品销售量显著衰退，利润也大幅度滑落。优胜劣汰，市场竞争者也越来越少。

（四）产品在生命周期各个阶段的销售规律（见图 7-1）

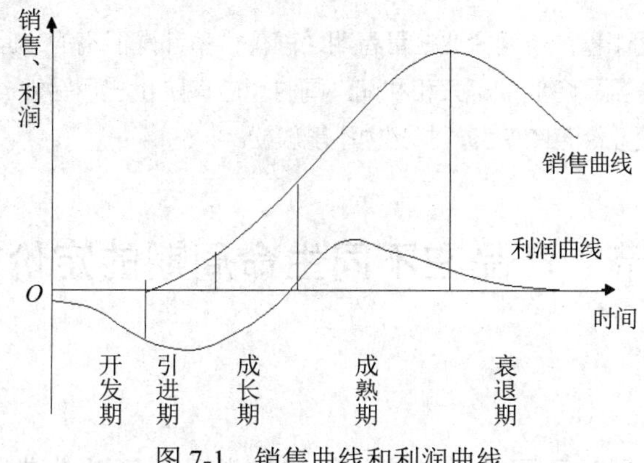

图 7-1　销售曲线和利润曲线

> **⊙ 企业家提示**
>
> 明白了产品的生命周期之后，创业者就应该建立"干着今天、想着明天、设计着后天"的经营思路，在第一个产品进入成熟期之后，就要开始启动第二个新产品的开发，或者第一个产品的升级换代产品了，等第一个产品进入衰退期时，第二个正好跟上来。唯有如此，企业的利润才可以保持在一定的稳定水平。

二、企业的生命周期

企业的生命周期如图 7-2 所示。

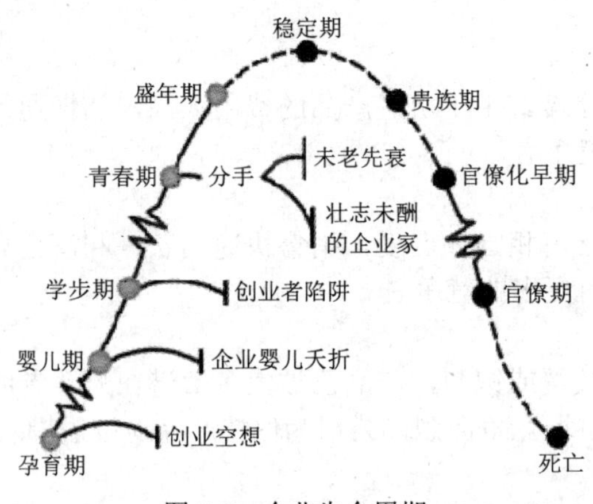

图 7-2　企业生命周期

> **⊙ 企业家提示**
>
> 从企业的生命周期来看，任何企业在青春期之前死亡率都是很高的，但是，平安度过青春期之后，在稳定期虽然看到了企业的繁荣和利润，同时也应该防止出现另外一些弊病，所以，创业意识应该贯穿在整个企业经营的始终，时刻也不能放松。

第二节　产品在不同生命周期的定价策略

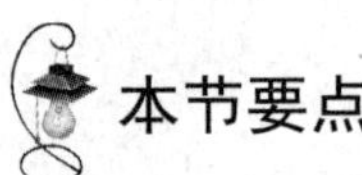

本节要点

通过对产品在生命周期不同阶段的定价策略的学习，可以增进学生对市场和价格的认

识和理解，有利于创业者学会正确的产品定价方法。

一、产品在不同阶段的定价策略不同

在电脑刚刚进入市场的时候，那时的价格与今天的价格已经不可同日而语；当手机还是一种身价的象征时，谁也不曾想到，今天的手机已经普及到小学生了。所以，不管创业者生产的产品质量有多好，你的价格还得由市场说了算。

具体地说，一个产品在它的生命周期的不同阶段，价格不同。

（1）开发阶段：在产品开发阶段进入市场，定价较高，但利润较低，因为营销成本偏高。

（2）发展阶段：产品逐渐得到市场认可，定价较高，利润开始增长。

（3）成熟阶段：因为大多数潜在顾客已经买了，新顾客很少，价格降低或打折销售，盈利减少，营销费用加大。应在此时开发新产品并迅速引进市场。

（4）衰退阶段：原有产品销售额和利润开始下降，宜退出市场，新产品开始盈利。

二、产品进入市场的最佳阶段

作为创业者，你应该分析你进入的市场正处于哪个阶段，从而确定你的营销策略。最佳的时机当然就是及早进入市场，以在市场的发展阶段获得最大的利润。而且，这个阶段的竞争也不是很激烈。

如果你想在产品的发展和成熟期获利，那就需要在产品的开发阶段就进入市场，这个阶段的营销任务就是向顾客介绍新产品，使顾客了解新产品将给他们带来什么。但是，营销费用相对要高些。

⊙ 企业家提示

研究显示，市场的开发者往往能够在较长的时间内保持竞争优势。原因之一是他们通常在产品质量和品种上都占有优势；二是他们在消费者心中树立起了品牌。

第三节　创业初期的营销方式

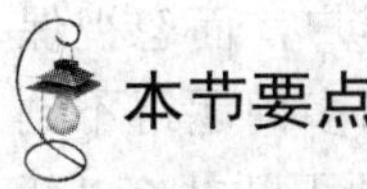

本节要点

使学生懂得创业初期的营销方式和成熟企业的营销方式是迥然不同的。创业者在创业

初期都是第一线的推销员，而最好的经理人首先应该是最好的推销员。

如果用一句话来概括营销的话，就是：营销就是有利益的满足需求。也就是说，在营销的过程中，企业要实现利润。事实上，不同行业、不同规模的企业，在营销手段上，所采取的方法都是大相径庭的，因此，不管你用任何形式的营销手段，最终目的是把企业的产品卖出去，并且给企业换取利润，以维持企业的正常运转。

一、创业初期的营销——企业家营销

大多数公司都是由一些聪明而有理想的创业者个人创建的，而每个企业在创建之初都经历了一个艰苦奋斗的过程，如很多现在非常成功的企业，最初的营销竟然就是创业者个人自己去推销自己的产品。

【案例学习 7-1】　　波士顿啤酒老板的上门推销

波士顿啤酒公司的创立者吉姆·科克在公司创立的1984年，就是带着一瓶瓶的啤酒，到一间间酒吧上门劝说酒吧老板试饮他们的啤酒。他极力恳求他们把他的啤酒加入到他们的菜单中去。在将近十年的创业时间里，他的企业由于担负不起广告费用，而不得不通过这种直接销售渠道和人际关系来推销啤酒。

但是，今天，波士顿啤酒公司的啤酒已经成为美国同行业销量最好的啤酒了，他们每年的利润已经达到了2.1亿美元，成为了该行业的领头羊。

拓展阅读　　初创公司营销过程中易犯的7个致命错误

（1）不够理解客户。

（2）产品卖点并不能满足目标客户的需求。

（3）创始人没有和顾客“亲密接触”。

（4）初创公司没有保持持续不断的跟进。

（5）只对UI/UE进行优化，却忽视了销售漏斗。

（6）价格定位不合理。

（7）创始人并不过问产品营销业务。

漏斗原理：以往在企业营销活动中，有相当一部分企业只重视吸引新客户，而忽视保持现有客户，使企业将管理重心置于售前和售中，造成售后服务中存在的诸多问题得不到及时有效的解决，从而使现有客户大量流失。然而企业为保持销售额，则必须不断补充“新客户”，如此不断循环。这就是著名的“漏斗原理”。

⊙ 企业家提示

企业可以在一周内失去100个客户，而同时又得到另外100个客户，从表面看来，销售业绩没有受到任何影响，而实际上为争取这些新客户所花费的宣传、促销等成本显然要比保持老客户昂贵得多，从企业投资回报程度的角度考虑是非常不经济的。因此，以“漏斗”原理作为制定企业的营销策略的指导思想，只适用于传统的生产观念以及产品观念和推销观念为主导的时代。

二、成熟创业的营销——惯例式营销

随着公司的发展和客户群体的壮大，一般的企业在成长期都采用了惯例式营销，即细分市场、建立营销队伍、构建营销网络。

【案例学习 7-2】　　波士顿啤酒成长后的惯例式营销

随着啤酒销量的增加，波士顿公司现在雇用了 175 名销售人员，且在目标市场投放了大约 1 500 万美元的广告，同时也更加注重市场调研，进而采用了大公司专业化营销的一些惯例式手段。

三、协调式营销——两种营销方式兼顾的模式

许多大公司进行了惯例式营销之后，花了大量的精力来阅读最新的市场数据，浏览市场调研报告，力求最好地调节与经销商的关系和利用广告的威力。但是，经过比较，我们不难发现，惯例式营销模式缺乏企业家营销模式的那种灵活性、创造力和热情，于是，更多的企业要求在惯例式营销模式下，企业的品牌经理和生产经理有必要走出办公室，面对面地倾听顾客的反映，以保证企业的产品能更好地满足客户的要求。

四、做大企业的小伙伴

创业初期的企业力量还不够大，势单力薄，靠自己单枪匹马地奋战，不仅会因为相互撞车而自取灭亡，还会由于老是生活在巨人的阴影下，难以取得长足进步。硬拼不行，创业者只有以巧取胜，凭借自身的优势，取长补短，依附大企业成长，充分利用大企业的资源来发展自己，做他们的小伙伴。

> ⊙ 企业家提示
>
> 找到与大企业的共同利益，主动与他们结盟，将强大的竞争对手转化为依存伙伴，借船出海，借梯登高，用他们的优势来发展自己，这种盈利模式就是依附成长模式。

创业的路上有很多风险，但是就像长跑和自行车比赛一样，领先的最累，而紧紧跟随的就要省力很多。小企业先给大品牌代理销售或者做大企业的配套零件发家的数不胜数，有一家波兰的企业只是生产红酒瓶的软木塞，就取得了骄人的业绩。小东西不一定做不大，做一个市场的追随者和补缺者，也许会省力很多。

【案例学习 7-3】　　从追随者起步的华为

深圳华为是一家知名的大公司，专门为电信运营商提供光网络、固定网、移动网和增值业务领域的网络解决方案，是中国电信市场的主要供应商之一，而中国电信凭借垄断优势，成为大腕中的大腕。

随着电信事业的发展壮大，华为销售额猛增，早在2001年就达到255亿元，华为并没有很先进的管理手段和技术，但为什么会取得突飞猛进的成果？就像牛顿所说的："我是站在巨人的肩膀上，所以站得更高。"

第四节　企业的发展需要正确的经营理念

本节要点

本节主要介绍经营理念对企业经营的重要性，使学生明白创业者的境界是在企业逐渐做大的过程中逐渐提升的，创业者的每一个决策都是为了企业的生存，而初创企业最初的目标也是为了独立地生存下去，但是，没有国家的稳定繁荣，企业也将无法生存。

一、创业者最初的创业目标大多是为了独立生存

创业者的企业为什么而生存？企业追求的目标是什么？创业者以什么样的理念来经营和管理企业？这些才是最重要的。有关经营理念，我们在撰写创业计划书时已经谈过这个问题，但是，一旦企业创立以后，尤其是在遇到种种困难和问题的时候，创业者应该坚持什么样的经营理念呢？创业者在自己的企业开创前和开创后对这个问题都会有不同的认识。

所谓经营理念，就是企业的经营目标。但在现实中我们发现，很多没有制定经营理念的企业也照样在运行。还有的企业似乎并没有经过深思熟虑本企业的特点，就照着别人的样子拼凑一些句子，如“以人为本”“为社会作贡献”，这样的经营理念看起来不过是一句随处可见的口号，并不能表达创业者的真实意图。通常员工也会因为太雷同和抽象而不能完全理解。

无论是创业者本人还是企业，在创业之初一个简单的动机和目的就是要企业健康地生存下去，只有这样才可以实现创业者的独立和人生价值。因此企业经营之初，聘请外来的员工也较少，有的甚至是自己的亲戚和朋友居多，因此，经营理念相对简单而实在。

【案例学习 7-4】　　松下幸之助最初的经营理念

松下幸之助被人称为“经营之神”，那些应用于日本企业管理的著名的“事业部”“终身雇佣制”“年功序列”等企业管理制度，都是他首创的。

少年时的松下幸之助只受过四年小学教育，因为父亲的生意经营失败，为了生存，他不得不离开家而去大阪学徒。1918 年，23 岁的松下幸之助在大阪建立了自己的“松下电气器具制造所”，并且开始推出他的产品：先进的配线器具、炮弹形电灯泡、电熨斗、电子管、晶体管、真空管等，那时他的经营理念非常朴素，就是为了满足生活的需要，理想并不宏大。

为了生活，就是他最初创业时最朴实的经营理念。

随着企业客户群体的增多、销售量的增大，仅靠亲戚朋友参与经营显然是不够的，于是不同背景、不同家庭的人，就开始因为企业的需要而走到了一起。

为了满足生活的需要，并不一定是所有员工追求的目标，因此，创业者的思维方式和观念也会因此而发生变化。

二、创业者从“为自己”演变成“为职工”

但是，企业的经营永远是变幻莫测的，假如当企业遇到突发事件，员工们齐心协力地克服了；或者在创业者出差不在或因生病住院离开公司时，原来还担心企业会一片混乱、工作停顿，可实际上却是员工以强烈的危机意识，比创业者在的时候做得更好了，原因是他们抛开了个人杂念，而将企业的利益放在了第一位。此时，创业者就会意识到，只考虑自己和家人的生存是不够的！正是因为有了这些忘我的员工们的辛勤劳动和付出，才有了公司的繁荣和未来。就算为了这些员工的利益，也必须让企业做大、做强。

就这样，随着时间的推移，企业的发展，创业者的经营理念，就从“为自己”而逐渐发展成了“为员工”。

三、创业者为社会做贡献的理念是逐步形成的

当创业者意识到："自己可以安稳地开办企业，不就是得益于社会上这么多人的帮助和提携吗？如果没有国家的稳定和繁荣富强作保障，我的企业怎么可以发展壮大？为了维护这种稳定的局面，自己的企业向国家缴税做贡献也是理所应当的事。"创业者的企业经营理念就这样从"为自己"扩展到"为员工"，最后就发展成"为国家"了，企业经营理念的内涵也有了进一步的发展，成为一种创业者自觉的行动。

【案例学习 7-5】　　松下株式会社的经营理念

在创业的第 7 年，松下幸之助的收入已经成为全日本的第一名了，从这个时期开始一直到 1988 年的 63 年，松下幸之助有 10 年收入在日本排行第一，6 年排行第二，到 1989 年他逝世那年，留下了 15 亿美元的资产。

在企业壮大以后，松下株式会社一直以"为使人们生活更加丰富、更加舒适，并为了世界文化的发展而作贡献"为理念，在这个理念的指引下，企业进入了高速发展阶段。

目前，松下公司在全球有 230 家分公司，员工总人数为 250 000 人，其中，中国有 54 000 人，在 2001 年已经达到年销售额 610 多亿美元，位居世界制造业 500 强的第 26 位。

在松下公司，松下幸之助经常这样激励他的员工：多出利润才可以多缴税，多缴税才可以为国家多作贡献！

⊙ 企业家提示

只有企业家和员工都认识到"企业的发展是为了给国家作贡献"的时候，企业的发展才可以步入新的阶段。

第五节　发展迅猛的电子商务不容忽视

本节要点

本节着重介绍电子商务对传统经济的冲击、电子商务的优点，以及电子商务创业的误区等内容，目的是使学生明白在互联网经济下，给传统经济带来的不仅是商机，同时也有危机和挑战。

一、异军突起的电子商务

传统的市场营销，都是从自身产品的角度去考虑如何建立一支最好的营销队伍。零售业也是由百货商店、大型超市、品牌连锁店和不计其数的夫妻店所组成的。企业的营销观念都集中在如何实现营销上。每一个企业在进行市场营销管理时，都必须根据商品的特征和质量建立起必要的配套服务措施、制定产品价格、决定分销渠道、选择广告和推广模式、建立分级销售团队。

但是，随着互联网的渗透，繁忙的消费者们也在改变着他们的生活方式，为了节省时间，很多消费者通过邮购、电话购物、网络购物来实现他们的购买行为。今天的消费者，已经可以在互联网上自由地寻找到他们需要的商品的价格，由于厂方的信息量集中，他们还可以进行竞价比较来选择最适合他们的产品。消费者可以用电话和网络来进行股票和银行的业务交易，甚至可以通过网络订购，让厂商送货上门。

这种消费形式的变化，给人们的消费理念带来的变化是深刻的，同时也给企业的营销模式带来了变化。

【案例学习 7-6】　著名公司的电子商务

通用公司就建立了一个贸易流程网站，在这个网站上，通用电气公司和订购他们产品的客户们，可以要求对方报价，谈判合同条款，并且与全球的供应商磋商订购活动。还有戴尔计算机公司，采购代理人只要登录戴尔的销售网站，就可以订购为他们特别定制的计算机。

【案例学习 7-7】　淘宝成就电子商务创业者的乐园

目前，淘宝网的迅猛发展已经为立志网络创业开店的人提供了很便利的条件，很多企业也把他们的产品搬到网络上直销，有的竟然在很短的时间内取得了骄人的业绩，例如，风靡一时的 PPG 公司，在短短的三年里就在网络上把衬衫的营业量做到了日销售 3 万件，月营业额过亿元，看来，电子商务的魅力实在不可小觑。

⊙ 企业家提示

作为一个新生企业的创业者，不能无视这种变革，任何科技进步都既是机遇也是挑战，只有充分认识到这场在市场和营销领域内发生的重大变革，你才可以更好地融入市场，取得你应有的市场份额。

二、电子商务的优点

（一）便捷

网店永远不会关门。一些工作节奏很快的白领们，在下班后去商店购物，费时又费力不说，有时还会遇到关门的情况。而网络购物，可以时间随意、选择随意，不需要特别安排时间来购物，因此，便捷性为网络商店招来了大批的年轻顾客。

（二）经济

由于网店没有门面租金和营业员的工资成本支出，因此开店成本较低，这样他们就可以让利给消费者，进而降低商品售价，使同样的货品在网店购买，更实惠、更便宜。由于支付宝作为中间人，可以在收到顾客汇款后通知卖方发货，当顾客收到货物确认满意后，再将货款支付给卖方，为顾客提供了资金安全和信誉保证，因此也使越来越多的人喜欢到网店购物。

（三）选择

随着网络的普及，绝大多数的企业都建立了自己的网站，介绍自己的企业和产品。通常，在网络购物的人们会首先在网络里查询相关的信息，通过比较以后买到的商品会感觉更加满意，也更加合算。

（四）个性化

由于网络的便捷和无边界，使远在千里之外的顾客可以与卖家在网络上轻松沟通，可以把自己的需求更充分地表达给制造者，因此，个性化的服务比传统营销更加有效率。

【案例学习 7-8】　　网络造就的富豪

搜索引擎百度，大家一定很熟悉，他们的收入非常可观，但他们的盈利模式与其他网站不同，没有从事任何买卖，连销售一支铅笔的小生意也没有做过。

那么百度的收入来自哪里呢？他们的利润就来源于搜索技术服务和广告，关注技术给百度带来了财源和幸运。因为越来越多的网站上都遍布散乱的广告，网民已不堪其扰，而百度的主页始终保持着清新的风格，一下子就给人留下了好印象。

网站没花一分广告费就吸引了全球每天过亿的访问量，凭借良好的技术优势和服务态度，使许多人成为其忠实客户。现在人们对搜索引擎的依赖也越来越强，利润只会增加。技术好比教练一样，你越有才华，智慧越高，就越吸引更多的学员投奔你的门下，学员是

你的客户，那收的学费不就越来越多吗？

三、电子商务的创业误区

（一）电子商务的兴起

从市场营销的角度来看，电子商务营销这种营销方式与邮购、电话电视购物等方式并列，从属于直接营销这一概念。它的先进性体现在买者做出购买决定的自由度、交易自由化程度、交互能力、购买决定对计算机的客观依赖性、成长为完整的电子市场的潜力等。

电子商务的应用范围主要包括证券市场、在线交易（如食品百货、鲜花礼品、家用电器等）、家庭银行、旅游服务、在线信息服务、在线游戏、书籍报告、应用软件及计算机产品等。目前，国际电子商务市场已成为发展最快的市场之一，从事电子商务营销的企业已在世界经济领域崭露头角。

拓展阅读　　**互联网创业需要过的几关**

（1）产品关：发现真正的市场需求，说服自己创业。

（2）团队关：找到合适的创业伙伴。

（3）资金关：募集初期资金。

（4）运营关：产品做出来怎么推出去，用户来了服务是否撑得住。

（5）管理关：人治到法治，个人英雄到团队管理。

（6）人才关：老员工和空降兵关系。

（7）欲望关：个人膨胀。

⊙ 企业家提示

其实最难过的应该是生存关。因为初创企业平均寿命不到两年。

（二）电子商务营销是市场营销发展的一个方向

电子商务能实现营销成本的降低和营销质量的提高，最终是提高企业竞争力。企业发展电子商务营销，目前在通信网络技术和安全技术方面已走完“技术实现”阶段，现正进入“技术开放和普及”阶段；而宏观和微观环境方面，思想观念、经济体制和政策、法律体系、人口情况以及从事营销的企业本身，都还存在不完善的情况，直接或间接地作用和影响营销的实现。

（三）我国企业发展电子商务营销要因地制宜

根据自己的行业特点、目标市场消费者的行为特征、本企业的经济实力、营销环境状况等因素来制定本企业营销目标，选择适合上网交易的产品，利用网络工具进行营销策划，选择合适的营销金融中介开展网上交易，并利用网上工具进行数据统计和评估，及时调整策略，赢得市场主导地位。在现阶段，结合国情，跟踪技术，踏实试点，推广发展，同时保护市场资源和民族文化，走可持续发展道路，这是发展的根本。

（四）电商创业的误区

拓展阅读 电商创业的几个误区

在电子商务领域从业和创业这些年来，不断在实践和摸索中学习，从自己犯错和纠错以及观察研究其他电商的成功和失败的过程中，有了一些感悟和体会。与不少电商界新创业或正准备创业的朋友们交流时，发现大家在创业时仍存在多个误区。这里将我的见解分享，若能帮助大家少走一些弯路，乃吾之幸事。

误区一：只要有流量，就会有销售

不少人误认为有流量就会带来销售。不错，电商有句名言称“流量为王”（Traffic is the King），流量是电商的基础，但千万不要忽视流量质量的重要性。销售额=流量×转换率×客单价，流量只是其中的一个因素。转换率定义为顾客到网站上来到最后下单完成购买的比例，客单价是顾客从该网站一次购物的平均消费。低质量的流量转换率低，且即使顾客下单也只是领取赠品或只购买深度折扣的商品，对利润和价值的贡献为零甚至是负的，这种流量应该果断地过滤掉，不要让其占用服务器、物流和客服资源。我们曾和一些游戏和视频网站合作，但效果都不理想，因为这些网站的用户目的性很强，就是玩游戏和观看视频，没兴趣做其他事情。

在获取有质量的流量这一点上，我们的做法是将各个不同渠道来的流量细化管理，制定不同的流量策略和转换率目标值，详细分析各渠道来的流量特征并用不同的营销方法来应对。例如，门户、游戏、视频网站大多用来做品牌宣传；返利类的网站联盟来的流量则用促销信息促成购买，并对网盟的量加以一定的控制以降低对其的依赖；由搜索引擎或导航网站来的流量则用精准的搜索内容、关联推荐、丰富的品类中心内容促使其转换；社交网站用热门话题和相关联的商品利用口碑营销来传播。

误区二：好的线下零售商线上也一定能做好

不少人认为，线上线下都是零售，只是渠道不同，只要商品好，在哪里都好卖。这里轻视了这两者的巨大差别。线下和线上的零售各有各的优劣势，若不能扬长避短则可能一事无成。线下零售具有实体商品体验性、商品立即可得性、通过场景刺激临时冲动性购买、

店员近距离服务等特征。线上零售具有无店面虚拟购物，拥有大量顾客信息精准营销，口碑营销传播的速度和广度，不受地域、时间和货架空间的限制等特征。

这里以营销举例。线下零售多数依赖海报和平面广告来推广，利用店铺场所的环境及声、光、味等效果刺激购买，也有通过销售人员与顾客面对面交流来推介商品。而线上零售通过SEO/SEM、EDM、网盟、门户网站广告、SNS合作来获取流量；同时拥有大量的顾客搜索、收藏、购买、关联商品的数据和信息，可进行精准营销。并用Landing Page、链接、用户评论、打分系统等方式为顾客提供知识性、经验性、权威性的推荐。我们曾经尝试过借用线下零售通过发放目录和海报的方法来推广，发现效果奇差。首先由于需要先让顾客上网，多一个环节导致顾客流失和转换率低，再则顾客多数仅通过电话购买海报和目录上展示的数百个商品，不上网去浏览我们在线的数万个商品，导致价值贡献低。加上海报和目录上商品的库存和价格不能进行实时调整，导致其更新速度慢而无法适应电商的动态运营。

误区三：只要抓好某一个关键点顾客体验就好了

不少电商创业者问我是做了哪件事把顾客体验做好的？一般人都认为，把和顾客有直接接触的配送和售后客服做好就把顾客体验做好了，这是一个很大的误区。顾客体验是一个综合考量，涉及商品的丰富度，销售价格，送货的及时性，售后服务的优劣，系统和用户界面的简单、方便、易用等。顾客体验的改善是一个从一点一滴做起的长期的过程，没有Magic和一蹴而就的方法。

首先，从上线的第一周就开始每天由客服经理发出一个日报（Daily Report），内容是顾客通过各个渠道（电话、邮件、论坛、网上调研等）给我们的反馈，这份日报将这些反馈意见系统化地归纳分类，指定责任人和解决时间。每周我们都要把这个问题清单给清掉。这种繁琐的事情做几天几周不难，可一年365天每天坚持却是不容易的。

其次，我们将每个部门的KPI都和顾客体验关联起来，例如，我们产品部和顾客体验相关的KPI有商品丰富度、缺货率、动销率等；配送部有送货及时率、配送成功率、错货少货破损率等；客服部有一次问题解决率、24小时问题解决率、顾客满意度等。通过这些KPI，我们让每一个岗位员工都明确他们的工作是如何影响到顾客体验的。

最后，我们把第三方机构每周通过问卷调查所得到的顾客满意度指标和我们所有员工的奖金、薪资和提升挂钩，让顾客体验的改善成为每个员工的必需关注点。每周我们用Pareto分析将影响顾客体验的主要问题找出来并形成项目去逐一解决。通过这一系列举动，我们才将顾客体验持续提升。

误区四：只要规模做大了成本自然就降下去了

电商是一个规模游戏。由于电商早期需要在人才、IT技术及硬件和物流设施上有可观的投入，需要一定的规模才能摊薄这些成本。从而容易形成一个误区，认为有了规模，成本就自然会降下去。不错，有了规模就有了谈判砝码，增加的量可以帮助降低采购、物流以及营销成本。但容易忽略的是对商务模式的可扩性（Scalability）的重视。当一个商务模式不可扩时规模越大、成本越高，或者成本的降低远远达不到预期。例如，有网友提议在小区里通过物业和保安建提货点，管提货点的兼职人员也可以做小区推广和区内送货。这种模式完全不可扩，它增加了一个中间层和其相应的时间和成本，如何招聘和管理这么多小区的兼职人员将是一场噩梦。

还有不少其他的误区，如垂直电商较容易成功、电商的成本一定比传统零售低等，篇幅有限，不多赘述。

资料来源：于刚．福布斯，2012（11）.

电子商务已经对传统行业的营销模式提出了挑战，在互联网时代，也将有越来越多的传统行业的营销模式被电商替代，但不容忽视的是，电子商务营销也同样面临着危机，任何产品和服务模式唯有不断地创新，才能保持不竭的生命力。

⊙ 企业家提示

电子商务的发展，给企业带来了更大的发展空间，我们必须正视这个现实，进而在公司的营销策略上，充分考虑电子商务的发展空间，在网络营销上寻找和创建适合自己企业的方式。

（五）电商创业不只是网上开店

电子商务的模式据说有300多种，网上开商店只是其中的一种。

电子商务远远没有那么简单。网上销售只是电子商务的一部分，就像“网下”销售也只是“商务”的一部分。最早提出电子商务概念的是美国麻省理工学院的托马斯·马龙，他认为，广义的电子商务是指所有的商业活动都得到信息技术的支持，这些活动不仅包括买卖，还有设计、制造和管理等。

四、移动互联网对传统商业模式的冲击

（一）互联网时代的商机

互联网为创业者提供了一个不需要资金、经验与关系的绝好时机。

白手起家是许多年轻人梦寐以求的，然而，创业是一项新事业的产生，绝不仅仅是一项美妙但模糊的“创意”。创业者在完成创业构思和在创业过程中必然会面临一个企业所需要解决的那些现实问题，如市场机会与资源配置，资金、人才、协调、管理……如果没有很好的经验、很好的社会资源，那么一腔热血很可能会败兴而归。

互联网时代由于信息获得的渠道增加、成本下降，竞争对手之间的信息更加公开，希

望依靠个人的创意获得和保持竞争优势的可能性越来越小，竞争更加激烈。一项创新在互联网时代非常容易被竞争对手“Copy”，领先只能是暂时的事。因此，更加重要的反而是如何更好地管理企业，组成优秀的团队，保持企业能不断创新，以此来保持企业的领先优势。风险投资中有一个原则是“宁愿投资于二流的商业计划和一流的管理人员，也不能投资于一流的商业计划和二流的管理人员”。最近众多的互联网创业项目的失败再次证明了管理与经验的重要性。

（二）移动互联网对人们消费模式的改变

随着移动互联网的迅速发展，人们的生活方式和消费模式也随之发生了变化。新的消费方式的改变，既是对传统经营方式的挑战，也是大学生创业的机遇。

SOHO 地产 CEO 潘石屹说：“马云在光棍节一天的成交额为 191 亿元，而中国最大商场一年的成交额也只有四五十亿元，这趋势还会继续下去。”因此，有人预言：未来商铺需求会缩水，商铺将转型成餐馆。

从实地来看，2012 年年底，北京的大悦城、上海的龙之梦的餐厅都有三层，每个餐厅都满员，服装店却门可罗雀。电子商务的兴起深刻影响了零售快销、上游实业，乃至开发商。

拓展阅读　　**银泰网 CEO 廖斌：传统零售业的末日**

如果目前的传统零售业不做任何改变和调整，接下来会面临崩塌，事实上也越来越差。零售店的营业员不知道门口的消费者是谁，而移动互联网可以根据你携带的电子设备，立刻知道谁来了。

从市场营销的角度来看，要不断地发现和跟踪用户行为，通过用户识别，感知他的需求和消费习惯，精准营销，满足他的需求。未来的销售渠道，也许不是零售商选定的消费渠道，甚至也不在商业中心。以用户需求设定的零售业态将越来越多，如微信可以购物，旅游 APP 可以购买户外用品，餐饮网站可以购买蔬菜半成品等。

未来的零售业不是单纯由零售商来设计渠道。

思考与训练

1．阅读下面三个案例，并回答问题。

大众化定制时代已经来临

设想你走进一个房间，一组白光向你投射过来，只用几秒钟，你身体的三围立体曲线就被收集，数字化后存在一张信用卡内，用这张卡你就可以订取为你量身定做的服装，这个不是幻想，而是目前很多企业正在规划的未来制作衣服的方式。他们正在合作开发这种人体扫描技术，期望这种大众化定制在普通人中可以实现。

在人体扫描及智能卡携带人体数据技术正在研发的同时，许多公司正用现有技术为顾客提供定制化服务。如众所周知的戴尔计算机公司，在为它的顾客定制个性化计算机。其实还有很多公司也正在进行这样的服务。

问题：

（1）你理解的创新是什么？

（2）设想一下，这款软件开发出来以后应怎样做好营销？

（3）你认为在传统行业里怎样找到新的商机？

互联网时代新的消费模式

从美国亚马逊书店的书架边上，人们看到这样一个条幅："在这里看到，就在这里买吧！请让我们生存下去吧！"不知从何时开始，女生们买衣服的习惯悄悄地发生了变化：首先，网购的品种和数量越来越多了；其次，购物的方式也变了。通常情况下，女生在网上看到一件品牌服装，但是对面料、是否合身还拿不准时，往往就来到现实中的品牌店了。她们根据自己在网上看到的服装，按图索骥地找到该服装，然后试衣、挑选，最后回到网上购买。

因此，当她们网购的服装寄来时，女孩已经知道这件衣服肯定是自己满意的了。

问题：

（1）你认为互联网时代的购物与传统商业模式的购物有哪些不同？

（2）分析女孩们为什么喜欢这样网购？说明了女孩的什么心理？

（3）给未来品牌服装设计一个新的营销模式，并说明道理。

外资零售巨头纷纷撤出中国

2013年3月11日，欧洲最大的电器零售巨头万得城宣布退出中国，关闭在华所有的七家门店。这时，距离万得城进军中国仅仅两年时间。同时，我们发现这并不是个案：美颂巴黎宣布退出中国；芭比中国唯一旗舰店永久关门；百思买退出中国……外资零售在华缘何水土不服？解读巨头们撤出中国背后的原因。

问题：

（1）在互联网时代，哪个行业没有受到冲击？

（2）思考传统电器如何贯通线上和线下？

（3）设计一个未来的创新模式并说明原因。

2．根据已学内容，填写表 7-1，试模拟创建一个公司。

表 7-1　经营思路表

阐述你的经营思想	
产品和服务设想	
预计销售对象	
产品和服务十大优点	1. 2. 3. 4. 5. 6. 7. 8. 9. 10.
满足了顾客哪些需求	
你的经营策略	

第八章

创业初期的财务管理

学习目标

财务管理在企业经营中至关重要，前文介绍的仅仅是开业前的一些财务方面的思考，真正开业后，创业者需要学会和培养高瞻远瞩的眼光和魄力，因此，在这里介绍的都是对企业经营至关重要的概念，希望创业者可以做好学习和知识准备。

新创企业在其发展的各个阶段，对财务管理的要求不尽相同。同时，财务管理也与创业者创办的企业类型有关。例如，你是创办一个小型的传统行业，是加盟一个成熟的服务行业，还是高新技术行业，抑或是需要吸引风险投资的创新项目等，类型不同，财务管理的内容和重点必然不同。

第一节　创业初期应记好的几笔账

本节要点

通过对创业初期四个基础账目的记账方法的介绍，使学生明白企业初创期可以没有成熟企业那样的正规账目，但是必须要清楚的账目有哪些，以及这些账目清晰与否对企业未来经营的利弊。

一、企业初创期和成熟期的主要区别

（一）初创期

企业只有很少的人，这些人几乎全部是企业的股东，大家拿着很少的资金，仅凭一个想法在做，制度和管理都尚未成熟。

（二）成熟期

企业这个时候形成了一套确实可行的管理办法和盈利模式，公司管理趋于正规化。

二、初创企业和成熟企业财务管理的主要特点

（1）初创企业因为业务量少，大多初期采取外聘专业会计记账+自己记账的方法，有时为了财税等方面的考虑，会计账目并不是完全与现实统一的。也有个别的创业者甚至只有粗放型的账目记录，这样做是非常危险的。

（2）成熟企业已经步入正规化，一般需要做四张财务报表，即资产负债表、损益表、现金流量表和股东权益变动表，这是成熟企业最基础的四个报表，如果要做大做全的话，还有更多报表，在此不一一列举。

三、初创企业账目不清的弊端

（1）由于账目不清，容易使创业者对现金流量预测不准；企业现金流量一旦断流，给企业带来的就是致命的风险。

（2）企业账目不清，极易导致创业者不清楚到底是盈利还是亏损，因为有时看起来生意很忙，但是经营费用很高，最终结果仅仅是微利甚至亏损，企业的经营风险不易早期发现。

（3）账目不清，必然导致员工勤懒不分，创业者没有准确的奖惩依据，对其员工激励机制无疑是具有破坏力的。

（4）账目不清还容易导致成本不清，这将对企业产品和服务定价带来不利因素。

四、初创企业应记好的四本最基础的账目

（一）现金账

（1）建议以月度为周期，目的是防止现金流断流。

（2）要详细记录每月几个重要的现金结算日期。例如，何时发工资、何时交房租、何时交水电费、上网费等，还要记住重要的回款账期，即每月几日某项工程（或某长期客户）结账？重要的缴费和结算节点必须心中有数，账上记录。这样可以有效避免出现赤字或支付能力不足。

（3）月末、月初何时资金最紧张？何时资金最富裕？紧张的节点到来前，就要准备出相应的现金预备支付；宽裕的节点到来前，就要预算好如何支配这笔钱？何时进货？何时

预付？创业者都要清清楚楚。

（二）销售账

（1）建议以单日为周期记录，即每天记，最好就是日清月结。

（2）用流水账方式记录，即每天卖掉多少（销售额）？每天进货花多少（进货成本）？毛利是多少？发生在这笔销售的人工费多少？交通费运输费多少？每一笔都要按时间顺序详细记载。

（三）费用账

（1）建议以表格形式把所有已经发生的费用都呈现出来，每月记录一次即可。

（2）企业经营期间发生的费用都要记录在费用账内，包括人员工资、房租、水电费、上网费、交通费、通信费、办公室耗材、设备折旧等。因为这些都将会从毛利里支出。如果创业者对于必然要发生的费用心中无数，就会造成“表面上赚钱，实际上赔钱”的结果。

（3）为计算保本销量提供依据。因为利润=销售额-总成本，总成本=进货成本+经营成本。

当然，不同性质的企业，其经营成本也各不相同。例如，创意设计类、服务类企业，产品的成本大多在设计费、劳务费上；经营生产类企业，成本大多在进货和原料成本上；而餐饮类和某些电商的经营成本，既有进货费、材料费，又有劳务费、管理费。

（四）库存账

（1）初创企业最初由于经营初始，业务量小，都不具备完善、合格的库房，库房管理制度也是在经营中逐渐建立和完善起来的，因此有时理货或盘库不及时，就会出现库存与账目不符的现象。

（2）要建立定期盘库和专人理货的制度。每次盘库和理货都需要两人以上，及时记录，及时整理。尤其是超市类企业，有时理货不及时，进货早的在库房最里边，进货晚的在外边，就容易造成提货时从最近处提货，新进的新鲜货物卖出去了，早进的货反而留下了。如果是食品类有保质期的货物，就会因为盘库和理货不及时而造成不必要的损失。

（3）库存账要注意记录进货日期和出货日期、进货批次、批量、存放货架等信息。这样便于创业者及时掌握库存周转周期，有利于资金的分配使用。进货是需要出钱的，卖货是要进钱的，因此说，库存与资金运筹管理是密不可分的。

初创业企业成功的关键就是正确、严格的财务控制。处于初创期的企业往往把管理的重点放在经营上，而忽略财务管理。这是创业者对财务管理认识上的偏差。许多企业融资顺利、计划书完美、产品适销对路、组织高效、营销有力，最后却因财务管理不善失败了。

⊙ 企业家提示

对于初创企业来说，虽然刚建立的企业各方面都需要完善，但是“人财物，进销存”，是最重要也是最根本的基础，万不可大意。初创企业弱小而脆弱，抗风险能力差，“人财物，进销存”这六个方面中的任何方面一旦出现失误，都将给企业带来致命的打击。

第二节　初创企业的财务风险与应对措施

本节要点

通过对初创企业常见风险和应对措施的分析，使学生明白财务风险是初创企业失败的第一风险，必须要重视起来，并且要在经营中注意防范风险，才能使企业生存下去。

一、个体经营、微小型企业应做好日记账和流水账

俗话说：“麻雀虽小，五脏俱全。”就是说，不论你的企业在开始创业之初是几个人、有多少资金、规模多大，都要做好来往账目，记好企业日记账和流水账，并且要日清月结，这样就可以及时发现企业现金流的情况，对你的下一步决策提供参考。不要这兜进那兜出，也不要把个人的钱和经营的钱混在一起。

⊙ 企业家提示

作为创业者，必须了解资产、负债和所有者权益的概念，同时要明白收入、支出、成本、利润等会计基础知识，只有这样，你才可能知道你每天做了多少生意，挣了还是赔了，以便于及时调整经营策略和营销方式。

（一）流水账

流水账就是按照企业每天发生的收入和支出事项的时间顺序，把所花费和收入的金额及时记录下来。这是企业和个人理财最基本也是最有效的方法。

（二）流水账记账步骤

（1）及时收集日常发票、单据，并注意发票上要注明时间、金额、品名、数量等。

（2）按时间顺序把收入和支出登记在账本上。

（3）每天及时记录，最好做到日清月结。最起码每周、月都要把余额统计出来。

（4）分析这些数据，保存好凭证备查。

（三）日记账

方便、简单的日记账并不是规范的财务记账方法，是创业者在企业开办初期常用的方法，可以根据实际情况分设几本日记账。

- 现金日记账主要记录每日的现金收支情况。
- 银行日记账主要记录每天银行账户收支情况。
- 销售日记账用来记录每天的销售收入情况。
- 采购日记账用来记录每天采购的物品和支出情况等。

日记账应该以月为单位进行核算，日记账也叫借贷记账法。

⊙ 企业家提示

创业者要记住："有借必有贷，借贷必相等"。通过对盈利，支出，应收、应付账款的及时分析，把握企业发展方向，合理控制成本。

二、初创企业如何渡过财务难关

创业者拿到了资金，开始建立了自己的企业。这时的企业到处都需要花钱，而很少有进钱的机会。例如，注册公司需要开办费；招聘来的员工尽管还没有销售利润，也要开工资；新产品开发需要设计费、市场开拓需要营销费用、房租、水电费、上网费等，每一样都需要在启动资金中列支。

（一）创业初期常见的财务风险

（1）赊销和账期造成回款困难，甚至坏账。由于新产品尚未被市场和客户接受，赊销和账期是难免的，也就是说，让客户先拿货后付款，但是产品的原料费、包装费、运输费等都是不能拖欠的，对于服务类公司新产品的调研费、设计费、开发费用，也是必不可少的支出。风险就在于赊销出去的货物不能及时回收货款，给超市或者客户的账期过长，货款被拖延支付，或者干脆成为坏账。

（2）货物积压或销售不畅。由于刚开始经营时，市场尚未打开，客户少，销售额少，致使货物销售缓慢，资金被货物占用，导致资金周转不灵。

（3）房租等固定支出在经营利润中占有比例太大。由于当初选址考虑地段、市口等因素，忽略了房租等费用在营业利润中的比例，结果是生意很好，但等于是给房东打工。

（4）创业之初考虑公司形象问题，租用面积太大。本想一步到位，结果刚开始并没有很多业务，错误地高估了产品的受欢迎程度，造成了租金压力过大的局面。

（5）创业启动资金被固定资产占用太多。确实有些创业者拿到启动资金或风险投资后，第一件事就是买车或者是带女朋友旅游、请客吃饭，缺少风险意识。但是购买汽车、场地等固定资产和浪费，导致资金流断裂。

（6）用在公司门面和装修上资金过多，业务开展不起来。

（二）应对财务风险的常用措施

（1）当现金流断裂时，首先应该去寻找帮扶资金，想办法让自己解困。目前我国各级政府和社会上各种创业扶持基金很多，创业者应多留意这些政策和组织的帮扶要求，在困难时，可以去申请资金扶持，以渡难关。

（2）出让部分股份，以换取周转资金。创业者最初对自己的企业股权也许是拥有100%的，也许是部分，在资金遇到困境时，可以采取出让部分股份给企业、机构、个人的方法，吸纳新股东或者合资经营，以维持企业生存。

（3）如果是因为货物销售不畅导致的资金占用，可采取促销手段，加快商品流通和促进销售，具体措施可以采取优惠、促销、打折等营销活动，提高企业知名度和美誉度，增进销售，回笼资金。

（4）如果是因为场地过大造成的房租压力过大，可采取部分分租的形式，出让一部分与自己产品和服务不冲突但是相关的企业，一起来分担房租压力。例如，卖地板的与卖灯具的合租；开饭店的与开停车场的合作；做设计的把一楼分租给广告公司等，这样的战略合作随处可见。

【案例学习 8-1】　　淡季分租，战略合作

众所周知，火锅的旺季是每年10月到第二年5月，淡季是每年6月到第二年9月，而冷饮店的淡旺季恰好与之相反，于是，我们看到火锅店和冷饮店同时租赁同一座两层楼面的经营场地，不同的是，每年天气热时，这里是冷饮店，天气寒冷时，这里是火锅店。

（5）创业初期，不要添置太多的固定资产，有些设备能租就租、能借就借，避免被固定资产占用有限的启动资金。

（6）如果不是公司形象直接与业务有关的话，创业初期，不需要豪华装修，可以等公司业务、客户、盈利模式稳定之后，视企业发展需要再扩大面积和豪华装修。

（7）不要因为是熟人或朋友就不签订合作协议。不论是赊销、铺货还是账期，都应该买卖双方协商后，签订购销合同或合作协议，因为创业者要有自我保护意识，才会把各种风险降到最低。

（8）业务结构上，先做挣钱的生意，再做你理想的产品。创业者首先应保证企业可以生存下去，然后再去追逐你心中理想的但是眼前不挣钱的项目或产品，因为如果企业不能生存，一切想法和计划都会落空。

三、注意企业的现金流

⊙ 企业家提示

现金流是银行关注企业还贷能力的指标。企业现金流是你能否获得银行贷款的关键数字，一个企业的盈利好，不一定现金流大（可能用于购买固定资产或者存货占用过大），因此现金流并不反映企业盈利情况，只反映企业的还贷能力。

在创业初期，一定注意资金不要被固定资产占用太多，进而失去足够的流动资金。如贸易公司，一定注意要采用多品种少数量的进货方式，等找到可以给你带来最多利润的产品后，再逐渐放弃那些不畅销的品种，全力发展和扩大盈利品种。

⊙ 企业家提示

关注现金流，就是关注你的企业的资金周转能力。

四、做好税务筹划

（一）什么是税务筹划

“税务筹划”又称“合理避税”“税收筹划”，它来源于1935年英国的“税务局长诉温斯特大公”案。当时参与此案的英国上议院议员汤姆林爵士对税收筹划作出这样的表述：“任何一个人都有权安排自己的事业。如果依据法律所做的某些安排可以少缴税，那就不能强迫他多缴税。”这一观点得到了法律界的认同。经过半个多世纪的发展，税收筹划的规范化定义得以逐步形成，即“在法律规定许可的范围内，通过对经营、投资、理财活动的事先筹划和安排，尽可能取得节税（Tax Savings）的经济利益”。

（二）做好税务筹划的必要性

从税收筹划的起源和定义可以看出，税收筹划不仅是企业利润最大化的重要途径，也是促进企业经营管理水平的一种方式，更是企业领导决策的重要内容，这也正是税收筹划

活动在西方发达国家迅速发展、普及的根本原因。

⊙ 企业家提示

税收筹划是在经营中寻求企业行为与政府政策意图的最佳结合点，成功的税收筹划往往既能使经营者承担的税收负担最轻，又可以使政府赋予税收法规中的政策意图得以实现。

因此，从某种意义上来看，即使站在政府宏观调控（如产业政策等）的立场看，税收筹划活动也是应该鼓励，至少是不可禁止的。

（三）税收筹划的意义

合法避税是指在尊重税法、依法纳税的前提下，纳税人采取适当的手段对纳税义务的规避，减少税务上的支出。合理避税并不是逃税漏税，它是一种正常合法的活动；合理避税也不仅仅是财务部门的事，还需要市场、商务等各个部门的合作，从合同签订、款项收付等各个方面入手。

避税是企业在遵守税法、依法纳税的前提下，以对法律和税收的详尽研究为基础，对现有税法规定的不同税率、不同纳税方式的灵活利用，使企业创造的利润有更多的部分合法留归企业。它如同法庭上的辩护律师，在法律规定范围内，最大限度地保护当事人的合法权益。

⊙ 企业家提示

避税是合法的，是企业应有的经济权利。必须强调一点：合法规避税收与偷税、漏税以及弄虚作假钻税法空子有本质的区别。

企业在激烈的市场竞争中，不进则退。因此企业发展不能只看眼前，必须放眼未来，居安思危。百度总裁李彦宏说：“永远不要到你的钱花完时再去融资。”应该有风险意识。

第三节　创业初期常用的融资方法与融资阶段

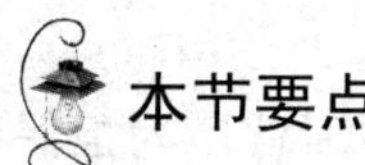

本节要点

通过对中小企业融资知识的介绍，使学生了解融资的必要性、融资的渠道与方法，以及企业不同阶段的融资需求。

一、创业企业为何要融资

创业中的企业永远都是缺钱的，大部分情况下创业者手里的钱不足以把创意变成产品，即使实现了产品，市场的开拓成本、人员成本、竞争对手的干扰、市场的试错风险都需要资金的支持，没有了现金流，公司将面临倒闭，再美好的愿景也是枉然。

更重要的是，一个好的商业思路，尤其是非常赚钱的商业项目，即使有专利保护和技术壁垒，竞争对手模仿跟进的风险也是极高的，由于资金缺乏而采用滚动式慢慢成长，在融资非常便利的今天，一定是一个噩梦。好项目很快就会有一堆模仿者，然后就成了融资的竞赛，先拿到钱者将具有绝对的竞争优势，兼并或消灭其他的对手。

打车软件刚起步的时候，市场上有十几家公司，其中包括上海的大黄蜂。但是滴滴和快的跑在了最前面。在一年时间里，滴滴先拿到 A 轮，半年后是快的，再过了几个月大黄蜂也拿到了投资。几个月的时间差距在市场上还是有影响的，互联网的增长非常快。竞争是残酷的，其他的公司基本都没有活下来，甚至在后面的时间，慢一拍的大黄蜂也被快的收购了。

今日资本的创始人徐新在一次公开演讲中就讲：当品类机会来的时候，一定要舍命狂奔，你要迅速跑到垄断的地位，你一定要占领消费者心智，你的好日子才会很长。

二、创业项目融资的主要途径

对于初创公司而言，最常见的融资途径包括如下四种渠道（见图 8-1）。

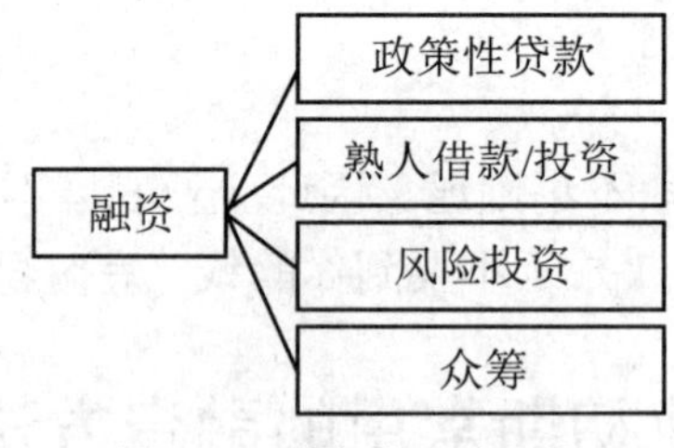

图 8-1　融资的四种渠道

1．政策性贷款

简单理解，就是向政府机构借钱，政策性贷款是根据国家的政策，以政府信用为担保的，政策性银行或其他银行对一定的项目提供的金融支持。主要为低利率甚至无息贷款的形式，其针对性强，发挥金融作用强。政策性贷款适用于符合国家产业政策和鼓励方向的

项目。政策性融资成本低，风险较小。缺点是时间较长，环节众多，手续繁杂，有一定的规模限制。

近两年，国家为支持大学生创业，国家和各级政府出台了许多优惠政策，涉及许多具体的融资政策，为创业者提供了多种途径的免抵押贷款，深受创业者的欢迎。但是免抵押并非不用偿还，创业者依旧需要背负个人信用，要有足够的心理准备，一旦创业失败，是否有能力偿还负债。

2．熟人借款/投资

这是创业者最常见的融资方式，以借款方式或以投资方式通过亲朋好友获得资金的支持，最典型的就是来自父母的资金支持，熟人间的信任基础比较稳固，成功概率较高，但一般资金量较少。

3．风险投资

风险投资（Venture Capital Investment，VC），是指投资家对具有技术优势并具备良好市场发展前景，但缺乏启动、发展资金的初创企业或创业家进行股权投资，企业成长后获取红利或在合适的阶段出售该股权获取投资回报，并承担创业阶段投资失败的风险的投资。

风险投资也叫创业投资，美国全美风险投资协会的定义是：风险投资是由职业金融家投入到新兴的、迅速发展的、具有巨大竞争潜力的企业中的一种权益资本。从投资行为的角度来讲，风险投资是把资本投向蕴藏着失败风险的高新技术及其产品的研究开发领域，旨在促使高新技术成果尽快商品化、产业化，以取得高资本收益的一种投资过程。从运作方式来看，是指由专业化人才管理下的投资中介向特别具有潜能的高新技术企业投入风险资本的过程，也是协调风险投资家、技术专家、投资者的关系，利益共享，风险共担的一种投资方式。

风险投资起源于美国，1946 年，美国哈佛大学教授乔治·多威特和一批新英格兰地区的企业家成立了第一家具有现代意义的风险投资公司——美国研究发展公司（AR&D），开创了现代风险投资业的先河。

20 世纪 70 年代后半期大量小型合伙制风险投资公司出现，美国风险投资业蓬勃兴起。目前，美国的风险投资机构已接近 2 000 家，投资规模高达 600 多亿美元，每年约有 10 000 个高科技项目得到风险资本的支持。

近几年中国创业投资大幅增长，成为社会投资的新热点，2015 年，我国已经成为仅次于美国的第二大创业投资集聚地。到 2015 年年底，全国天使投资、创业投资机构总量接近 3 000 家，管理的资本量超过 1 万亿元。从总量上看，2015 年全国新登记市场主体超过了 1 400 万户，同比增长了 14%以上，创业主体迅猛增长。

风险投资根据不同的融资阶段可以分为如下几种类型（见图 8-2）。

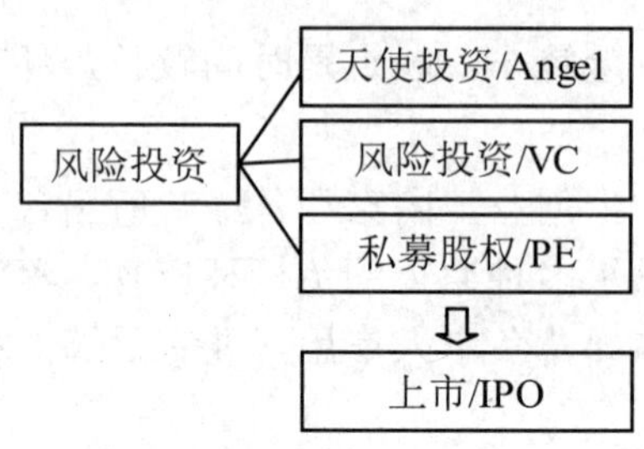

图 8-2　风险投资的几种类型

三者的区别并不仅仅体现于时间的先后，不同阶段的投资往往是由不同的投资者进行的，投资的金额、来源以及投资者的关注点都有差别。

（1）天使投资/Angel

Angel 也称种子资金，项目往往只有一个 Idea 和初始团队，对人的判断风险很大。

早期的天使投资个人投资者居多，很多前互联网公司高管开始成为专业的天使投资人，投入的资金规模以 100 万～200 万元人民币居多，一般不超过 500 万元，释放 15%～30%股权。

天使阶段，商业模式还没有建立，钱是不够烧的，天使投资的钱更主要用来搭建团队，大量试错，为 A 轮较大资金进入，也为具有可复制的商业模式基础作准备，要能证明后续资金可以高效地使用才值得引进新的投资，也才容易拿到后续的风险投资。

天使轮常见的团队融资风险有以下几方面。

① 着急找钱，找了一个麻烦的股东。

② 投资人签约中，不给大钱。

③ 商业创意泄密。

④ 团队内耗解体。

⑤ 商业模式验证失败，无法及时调整。

⑥ 创始团队不敢投钱，或占股很小。

（2）风险投资/VC

VC 是企业战略初步成型以后用以支撑企业去实施战略的投资。此时企业已经初步地验证了商业模式，或者产品已经基本成型，但企业自身的资源不足以启动规模化的市场，需要引进外部的资源。对投资者而言，企业战略所隐含的关键性的假设通过市场已经有所验证，此时可以对项目进行理性的分析，并能够对面临的风险进行相对准确的评估。这就有了机构化投资的基础，也即实际的出资人可以委托专业的投资人士进行操作并对投资人士实施监督，从而在投资领域产生了委托—代理关系；另一方面，这个阶段企业需要的资金量相对比较大，如果由个人投资者投资将很难分散风险，因此投资的机构化也成为必然。

因此，VC 一般都是以基金的方式实行机构化运作的，投资额一般在千万量级。

我们经常可以听到某公司获得了 A 轮、B 轮或者 C 轮投资，一般的理解如下。

A 轮，一般是 100 万～200 万美元。

项目经历过种子期的摸索，探索到有较大可行性，可以建立完整业务区，创建样本。

B 轮，一般是 500 万～1 000 万美元。

区域试点成功后，需要在更大范围甚至全国范围开展业务，或者整合战略性资源，放大成果，占领市场。

C、D、E、F……垄断市场、封杀对手、通过收并购整合资源。

A、B 轮常见的团队融资风险有以下几方面。

① 股东干涉经营。

② 投资人签约中，不给大钱。

③ 创始人股权稀释过快，失去控制权。

④ 受投资计划约束，高效执行了错误的方案，商业模式得不到调整。

⑤ 对赌条件苛刻。

⑥ 团队无法承载。

⑦ 速度太慢，对手复制。

（3）私募股权投资/PE

企业在市场上已经取得了一定程度的成功，企业通过稳定的经营已经能够从市场上可持续地获取经济资源，并已经取得了一定的市场地位，短期内不再面临生存的问题。此时企业融资的需求相对多元化，有些是为了规范上市，为 IPO 作准备，有些是为了实施并购进行产业整合，有些则可能是延伸业务线。PE 更关注的是财务数据、现金流状况，以及各种极限环境下的损失测算，因此 PE 失败的概率较小。

（4）上市/IPO

IPO（**Initial Public Offerings**）是指首次公开向公众募集资金，俗称上市，是指一家企业或公司（股份有限公司）第一次将它的股份向公众出售（首次公开发行，指股份公司首次向社会公众公开招股的发行方式）。

风险投资机构主要通过 IPO、股权转让和破产清算三种方式退出所投资的创业企业，实现投资收益。退出完成后，风险投资机构还需要将投资收益分配给提供风险资本的投资者。除了传统的 A、B 股证券市场外，新三板、上海股交中心、上海战略新兴板都是创业企业向往的上市平台。

① 新三板

新三板是指由中国证监会、科技部发起和组织，并经国务院批准设立的专为国家级科技园区非上市科技公司提供的代办股份转让平台。

② 上海股交中心

Q 版、E 版帮助处于初创阶段中后期和成长阶段初期的中小企业解决资本金筹集、股权流转等问题。

③ 上海战略新兴板

战略新兴板定位于服务规模稍大、已越过成长期、相对成熟的战略新兴产业企业，对战略型企业有较强针对性。

【案例学习 8-2】　　陈秀星和他的叮咚茶饮机

陈秀星是我们一对一导师帮扶的创业青年，2011 年年中时，他在国外发现了雀巢的单杯咖啡机。看到这个产品时，第一感觉是很新奇，比较好玩，商业模式也比较好，做的是可持续性的胶囊的消耗。从国外回来后，做了一轮的市场调研，我们发现，在国外特别是欧洲，单杯咖啡机已经深入到每个家庭和办公场所，基本取代了半自动、全自动的咖啡机。一开始做项目时，想的是，能不能用自己的机器和胶囊，并且不单是做咖啡，还要做各式各样的花果茶、养生茶，因为单做咖啡并不是特别适合中国市场。

陈秀星调研发现中国人喝咖啡的习惯在总体饮品需求中占比是比较小的，大概占 10%的热饮市场，剩余 90%几乎都是茶叶，整个茶叶和咖啡市场加起来有 1 000 亿元人民币的商机。但更大的市场其实是饮品市场，中国的饮品市场差不多有 1 万亿元的商机，并以每年 20%左右的速度在增长。

陈秀星根据市场的潜在需求研发出了叮咚茶饮机，创新性地用单杯的方式去替代年轻人喝饮料的需求，做咖啡以外的养生茶、花果茶以及中药饮片等。在他的爱味饮料体系里面，单纯的红茶和绿茶是没有的，喝传统茶的人可能年长一些，有很长的喝传统茶的历史，这种习惯很难去改变，所以他们一开始最初切入的就是年轻人喝的饮品，通过高压萃取，冲出一杯天然的饮品，比罐装瓶装饮料更新鲜、更健康。

陈秀星凭借产品有着足够的品类创新度和市场容量，以及完整的团队得到徐小平的高度认同，顺利在 2014 年获得真格投资天使投资，紧接着在 2015 年又获得了联创资本 2 000 万元 A 轮投资，前途一片光明。

4．众筹

众筹是除上述三种融资手段外的第四种当下流行的非常适合创业的融资方式。

所谓众筹即大众筹资，由发起人、跟投人、平台构成。具有低门槛、多样性、依靠大众力量、注重创意的特征，是指一种向群众募资，以支持发起的个人或组织的行为。一般而言，是通过网络上的平台连接起赞助者与提案者。群众募资被用来支持各种活动，包含灾害重建、民间集资、竞选活动、创业募资、艺术创作、自由软件、设计发明、科学研究以及公共专案等。

众筹根据诉求的不同可以分为产品众筹和股权众筹，产品众筹本质上是一种团购+预购的形式，向网友募集项目资金，其投资回报是获得预期的产品；股权众筹是指公司出让一定比例的股份，面向普通投资者，投资者通过出资入股公司，获得未来收益。这种基于互联网渠道而进行融资的模式被称作股权众筹。股权众筹的本质就是“私募股权互联网化”。

众筹的组织形式灵活，包括线上和线下以及股权和产品的混合模式，如图 8-3 所示。

图 8-3　众筹的组织形式

众筹的一般规则有以下几项。

（1）筹资项目必须在发起人预设的时间内达到或超过目标金额才算成功。

（2）在设定天数内，达到或者超过目标金额，项目即成功，发起人可获得资金。筹资项目完成后，支持者将得到发起人预先承诺的回报，如果项目筹资失败，那么已获资金全部退还支持者。

（3）众筹不是捐款，支持者的所有支持一定要设有相应的回报。

众筹的一般构成有以下几项。

（1）发起人：有创造能力但缺乏资金的人。

（2）支持者：对筹资者的故事和回报感兴趣的，有能力支持的人。

（3）平台：连接发起人和支持者的互联网终端。

众筹特别适合创意类产品，众筹的资金都是预付的，它能大大降低创意变现的难度。

以下是一些有趣的众筹成功案例。

【案例学习 8-3】　　众筹成功案例——国际篇

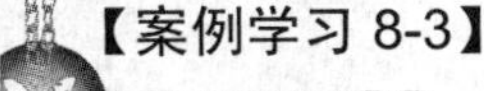

1. 为酒鬼特制的连帽衫（见图 8-4）

连帽衫配备了不少的小机关：隐藏的随身酒壶、带开瓶器的拉链、防滑的袖口、放墨镜的位置、能放下啤酒瓶的口袋等。这件衣服的筹款目标为 5 万美元。而最后筹集到了近 60 万美元（约合人民币 370 万元）。

2. 打水仗必备神器（见图 8-5）

打水仗时，给气球灌水是最无趣的部分。现在，有装置能给气球灌水，使灌水变得更加有效率，1 分钟内最多能同时给 100 个气球灌满水。

该项目原目标是 1 万美元，最终筹集到的资金接近 100 万美元。

图 8-4　专门为酒鬼们设计的连帽衫

图 8-5　打水仗必备神器——1 分钟内给 100 个气球灌水

3. 隐形雨伞（见图 8-6）

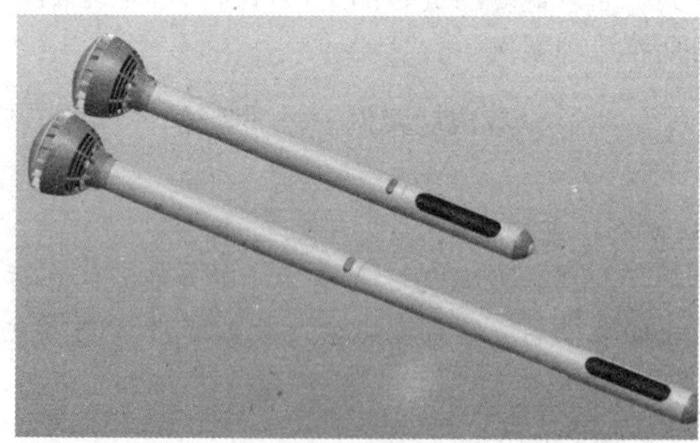

图 8-6　隐形雨伞

一根棍子形状的设备，配备了马达、可充电锂离子电池、风机叶片。

它能通过风机叶片旋转产生的气流来驱赶雨水，无须伞面也能挡雨。这款设备最终筹

集到了超过 10 万美元的资金（约合人民币 62.1 万元），这是其原定目标的 10 倍还多。

【案例学习 8-4】　　众筹的案例——国内篇

上海周边有一个岛屿叫崇明岛，岛内物产丰富，当地的老百姓会自酿一种米酒，深受上海与周边地区人们的喜爱。传统米酒销售方式走的是超市，只有大型酒厂有能力对接，当地的岛民很难把自制的米酒销售出去，在我们的建议下开始尝试在京东的轻众筹平台上进行销售，并在朋友圈同步转发。

为了强化手工酿制的特点，我们采用了视频和大量的现场制作图片突出手工制作的整坛的原浆米酒，以区别超市的塑料桶装的低端米酒。结果在很短时间内很快被抢订一空，酒还没有开酿，资金已经到账，效果非常理想，为当地的创业者找到了全新的营销渠道，如图 8-7 和图 8-8 所示。

图 8-7　传统超市的低端米酒

图 8-8　京东轻众筹自酿米酒

第四节　中小企业如何策划上市

本节要点

通过对中小企业上市知识的介绍，使学生了解上市是一个非常复杂和漫长的经历，还要有很多费用支出，因此不要盲目地确定上市的目标，但是，初创企业上市也并不是一个不可实现的梦想。

企业上市是一种融资渠道，在美国，一个五个人的公司，在成立的第一天，也许就会宣布他们的目标：五年内上市。这在中国的传统的中小企业里，似乎是天方夜谭。但是，随着创业板和中小企业板的出现，中小企业上市也许在不久的将来不再那么遥不可及。

一、公司上市的法定程序

根据《公司法》《证券法》等有关规定，企业公开发行股票应该遵循以下程序。

（一）改制和设立

拟订改制重组方案，聘请中介机构对拟改制的资产进行审计、评估、签署发起人协议和起草公司章程等文件，设置公司内部组织机构，设立股份有限公司。

（二）上市辅导

企业聘请辅导机构对其进行尽职调查、问题诊断、专业培训和业务指导，学习上市公司必备知识，完善组织结构和内部管理，规范企业行为，明确业务发展目标和募集资金投向，对照发行上市条件对存在的问题进行整改，准备首次公开发行申请文件。

（三）申请文件的申报与审核

企业和所聘请的中介机构，按照证监会的要求制作申请文件，保荐机构向证监会推荐并申报申请文件，证监会对申请文件进行初审，提交股票发行审核委员会审核。预审员预审后在 30 天内提出反馈意见，根据证监会的反馈意见修改相关材料或出具补充文件。上交发审会，出席发审会的 7 名委员中的 5 名同意即为核准通过。

（四）发行与上市

发行申请经股票发行审核委员会审核通过后，证监会进行核准，企业在报刊上刊登招股说明书摘要及发行公告，公开发行股票，提交上市申请，办理股份的托管与登记，挂牌上市。

二、公司上市涉及的主要中介机构及其职责

（一）保荐机构

保荐机构在推荐发行人首次公开发行股票前，应当按照证监会的规定对发行人进行辅

导。保荐机构负责证券发行的主承销工作，依法对公开发行募集文件进行核查，向证监会出具保荐意见。保荐机构应当尽职推荐发行人证券发行上市，在发行人证券上市后，保荐机构应当持续督导发行人履行规范运作、信守承诺、信息披露等义务。

（二）律师

企业股票公开发行上市必须依法聘请律师事务所担任法律顾问。律师主要对股票发行与上市的各种文件的合法性进行判断，并对有关发行上市涉及的法律问题出具法律意见。

（三）会计师

股票发行的审计工作必须由具有证券从业资格的会计师事务所承担。该会计师事务所对企业的账目进行检查与审验，工作主要包括审计、验资、盈利预测等，同时也为其提供财务咨询和会计服务。

（四）资产评估师

企业在股票发行之前往往需要对公司的资产进行评估。这一工作通常是由具有证券从业资格的资产评估机构承担，资产评估具有严格的程序，整个过程一般包括申请立项、资产清查、评定估算和出具评估报告。

三、企业上市需要承担的费用

企业上市需要承担的费用如下所述。

（1）改制费用——参照行业标准由双方协商确定。

（2）保荐、辅导费用——参照行业标准由双方协商确定。

（3）承销费用——承销金额 1.5%～3%。

（4）会计师费用——参照行业标准由双方协商确定。

（5）律师费用——参照行业标准由双方协商确定。

（6）评估费用——参照行业标准由双方协商确定。

（7）审核费用。

（8）上网发行费用。

（9）上市初费——3 万元。

（10）股票登记费。

（11）信息披露费。

（12）印刷费。

（13）其他。

【案例学习 8-5】　　淘淘谷建立不到两年，在美国“神奇”上市

一家很少被外界关注的公司，突然变身为“中国 O2O 概念第一股”。2012 年 11 月 27 日，深圳市淘淘谷信息技术有限公司（TTG）在悉尼交易所上市。这家公司招股书披露的平均月营收不过 10 万元，估值却近 40 亿元，业界为此哗然。

淘淘谷不远千里进行海外融资，而出让股份不过区区 0.3%。TTG 创始人熊强为此解释道：“我们不是去融资，费用够（打平）就 OK 了。”

既然目的不是融资，为何公司成立不足两年即上市？熊强的解释是便于规范公司运作，“成为一个公众公司，更开放地接受管理。”银联内部一位不愿具名的人士评论称“不可全信”。而熊强并不认为公司市值被高估了，他甚至说：“我们所有的团队都将股票锁定了，未来 TTG 一定是超百亿美元的公司，现在不愿过多稀释股份。”

谈及自己的商业模式时，熊强说：“金融收单网络是一个封闭的网络，互联网是一个开放的网络，我们实际上是将封闭的网络和开放的网络接通。在全世界没有人把它当成商业模式去做。这完全是中国自己创新的一个互联网玩法和规则。”

很多优惠券公司的困扰之一是支付环节缺失，导致无法确切掌握消费数据、向商家收费成本较高，即“无法闭环”。TTG 则称自己实现了闭环，其最关键因素在于直接将业务嫁接在银联的支付体系上。用户提前将优惠券和银行卡绑定，刷卡消费时直接享受折扣优惠。这一过程中，消费者和商家交易习惯都没有改变，后台系统自动完成商家、平台等参与方的清算、分账。

外界一度传言 TTG 与中国银联签署了排他性协议。事实上，TTG 是与深圳市银联金融网络有限公司（下称深圳银联金融网络）签的独家协议，该公司是银联子公司的子公司。但无论如何，TTG 这个小公司成功打入了金融巨头系统，它有何能耐？

优惠券的演变

熊强曾经创办众恒广告公司，从事移动互联网多媒体内容的开发、制作。2006 年，做过手机通信产品营销顾问的熊强创办播播网。他称播播网做到了年营收 1.8 亿元，是中国最大的手机零售垂直电商网站。后来，他发现很多手机用户看到手机实物才会买，为了让用户去线下看手机，便萌生做优惠券的想法。2009 年，他注册 TTG 商标，意为“可信赖交易圈”（Trustable Trade Group），并在随后一年，把广告、短信、点击、反向团购等几乎所有的主流优惠券模式试了一遍。

传统的优惠券模式有个瓶颈：一旦优惠券合作商家数量达到一定规模，仅向商家收取佣金所需要的人力就是一笔巨大开支。能不能把佣金收取与银行卡结算一体化处理？商家刷卡与清算的系统都由收单机构铺设，而国内最大的收单机构是中国银联旗下子公司银联商务。在深圳，深圳银行金融网络是银联商务旗下从事深圳地区银行卡收单的专业化服务

公司。毕业于江西财经大学货币银行学专业的熊强，找到了深圳银联金融网络。

双方于 2011 年 10 月敲定合作，共同开发“U 联生活”商业模式：用户通过将商户电子优惠券与银联卡关联，在商家消费后直接刷银联卡自动打折，无须预付任何款项。而商户不用像传统团购网站或者电子优惠券网站一样为宣传广告或者优惠券的下载量预付广告费，刷卡交易的同时，佣金自动清算。“U 联生活”前期平台建设过程中，TTG 没有对深圳银联金融网络收费，相当于带资建设。这种情况下，当双方合作到一定程度时，第三方很难插手该平台的维护和运营。

熊强回忆，开发这套系统的最初想法只是为自己完成交易闭环，并没有把它当成一个商业模式去做，“2011 年 9、10 月份，出现了一个问题，做完以后是 TTG 来做，还是变为一个开放平台向全社会来开放？”最终，双方商定将此作为基础设施向第三方开放。“苹果的 iOS 你知道吧？我们就想做一个类似的生态系统。”熊强说，“互联网网站、金融机构、运营商、广电体系、芯片厂商等，只要涉及 O2O 支付部分，都可以在 U 联生活平台上开发自己的应用。”

这类模式在国外并不新鲜。例如，全球最大的在线优惠券网站 RetailMeNot 2012 年即宣布与支付网络平台 Cardspring 合作，让用户把自己的信用卡信息和优惠券集成起来，不用打印任何东西，也不用展示虚拟优惠券，就可以在实体店使用。目前国外模式类似的公司还包括与信用卡组织万事达合作的 Linkable Network、刚获得 1 500 万美元融资的 Edo 等公司。不久前，PayPal 总裁 David Marcus 预测 2013 年移动支付趋势时就认为，支付积分和优惠券会兴起。

“我们只管修路”

2012 年 5 月，TTG 为深圳银联金融网络开发的“U 联生活”平台正式上线。TTG 的主要收入来自与对方分享的商户佣金，熊强称，更准确的说法为服务费。以餐饮行业为例，店铺支付的服务费为实际支付金额的 2%～5%。优惠券公司（交易促成方）拿走 70%，剩下的 30%，“U 联生活”获得 19%，TTG 获得 11%。“U 联生活”上每实现 100 元交易，TTG 将获得 0.22～0.55 元。另据熊强介绍，其他行业的佣金水平较高，美容美发行业 8%～20%，摄像行业为 10%～25%，家居建材行业为 5%～15%，服装行业为 8%～15%。

熊强表示，“U 联生活”开放平台商家超过 1 000 户，集中在深圳市，2012 年 12 月中旬创造的单日最高交易记录为订单 931 笔，金额 60 多万元。参与的商户中，U 联生活带去的订单交易笔数占到店面的 10%，用户绑定优惠券后转化率为 20%。熊强称，除深圳外，北京、杭州、厦门、东莞、惠州等 5 个城市正在或已经调试完毕系统。

一位业内人士分析，TTG 这个模式核心要素包括：（1）商户资源拓展；（2）继优惠券之后其他功能的开发；（3）与银联商务之间的关系；（4）竞争对手没有快速模仿进入，移动支付没有快速形成规模。未来几年，无论是银行、收单机构、银联都会开放自己的交易数据和 POS 终端，与优惠券公司、广告公司、互联网公司一起为消费者打造多种多样的优惠措施，优惠券、积分等模式会大范围出现，银联商务不是收单市场的垄断者，TTG 模式完全可以被模仿。“央行发了 100 多张第三方支付牌照，其中很多公司都有线下 POS 收单资格。银联商务占有的市场份额最大，然后就是通联支付、汇付天下、杉德、快钱等。在 TTG 把商家和用户数量做成一个壁垒之前，如果大众点评联合其余的支付公司来和 TTG 抗衡，市场格局也会有一些变数。”

在商户资源方面，该人士称，团购模式能够提前锁定消费，对商家吸引力大；绑定优惠券模式是消费后打折，会让商家心理上难以接受，价值有待验证。“U 联生活”最直接的合作方是优惠券公司，一位优惠券公司负责人说，TTG 最初和其谈判时称需要更换 POS 机，但大面积更换难度非常大，“他们的产品本身对我们有好处，不用通过商家结算，直接通过银联或者一个单独的第三方。但是要我们帮他们推广，这个就比较难。所以我们持观望态度。”

已经与 TTG 签订合同的交易合作方据称有 60 多家，其中包括新浪微博、手机 QQ（目前仅在深圳可用）、凯立德地图等；之前曾传言其和微信达成合作，不过，腾讯生活服务电商部总经理戴志康予以否认。记者注意到，其和新浪微博的合作参与用户仅 300 多人。“最关键的是，这种方式对商家的价值是什么？不像优惠券可以给商家带来很多客流量。他们这种打折方式，很多银行的信用卡中心已经在做，如招商银行信用卡在很多商家消费直接就可以打折。信用卡有银行方面的投入来做推广，有的是银行购买礼物赠送给用户，或者直接买断商家的产品，这对商家而言是有利可图的，而他们就没有什么价值了。”前述人士补充说，“所以说他们这种方式迎合渠道，但不迎合商家。”

而熊强称，平台搭建好之后如何发展商家和用户并不是 TTG 要考虑的事情。他把 TTG 比作 O2O 的施工单位：“就像修高速公路，我们只管修路，什么样的车在上面跑是别人的事。”

著名天使投资人蔡文胜是 TTG 的投资人之一。2011 年年底到 2012 年 8 月，TTG 曾“闪融”三轮资金，投资方分别为来自香港、新加坡、澳大利亚的投资机构和投资人，融资总额接近 1 000 万澳元（约合 6 463 万元人民币）。

2012 年 11 月 27 日，TTG 在悉尼交易所“神奇”上市，但其出让股份只有 0.3%。为何选择在悉尼上市？熊强称，在美国银联遭 visa 打压严重；在澳大利亚则接受度很高。12 月 18 日，TTG 股价上涨了 3.09%，交易量则为 1 000 股。一个月间，其股价从发行价 0.6 澳元涨到最高 1.2 澳元。

按照熊强规划，2013 年会把网络铺设到所有省份，同时还会开一到两个海外城市，如中国香港、新加坡、马来西亚。“我们未来的目标是银联卡走到哪里，我们的业务就走到哪里。”熊强称，TTG 要做成一个收入规模过百亿美元的公司，这意味着其平台上的交易额需

要数以万亿计，而中国银联2012年在全国的交易额预计也不过6万亿元。

TTG招股书显示，其2012年收入90%以上来自同一客户，即深圳银联金融网络旗下的"U联生活"。业内人士称，此种模式存在极大风险。一旦深圳银联金融网络内部出现变动，双方合作中止，TTG将遭受重大打击。

思考与训练

1．分析下面的案例，思考并回答问题。

中原地产规避经济危机风险的策略

中原地产代理集团创建于1978年，专职代理一、二手房地产买卖及租赁服务，历经28年壮大发展，已名列香港最大的华资地产代理行，现有内地、香港、澳门分公司1 000余家，员工总数为20 000多人。业务遍及建筑设计，营销策划，一手和二手住宅、写字楼、商业、酒店、商铺租赁及买卖，物业估价、地皮买卖等，并以每年100亿元的成交金额、超过10亿港元的营业额和近20亿港元的年佣金收入额，占香港地产代理之实力首位。目前市场占有率已达到香港交易市场50%的业绩，傲视同侪。

公司创始人施永青在接受记者采访时，从这二十几年中原的发展历程说起，就在2008年全球金融危机来临时，他果断地把那时的分店全部关掉，最后只留一家总店，把优秀的人才集中起来，等到经济危机过去之后，每一个人都能成为新店的经理，所以他能在经济好转的时机到来时，一下就开出遍布全国的分店，重现往日的辉煌。

问题：

（1）你怎样理解产品和企业的生命周期？

（2）在产品生命周期的不同阶段，应该设计怎样的财务策略？

（3）如何判定行业或产品目前处在生命周期的哪个阶段？

⊙ 企业家提示

经济周期也与四季一样，无时不在变化之中，创业者要像爱护自己的家一样经营自己的企业，冬天到来时要提前准备好棉衣好过冬，春天到来时要提前准备好种子，在夏天要勤奋浇灌、除虫，耐心等到秋天的收获季节。

2．分组讨论，如何理解以下内容？

（1）作为一个创业者，心中就要对企业运营的各个环节都有全面的了解，知道什么叫经营分析。如果你即将开始你的创业之旅，就要在实践中搞清楚这些概念，虽然不一定要亲自去做，但是作为一个企业的总经理，必须明白。

（2）企业经营的成果最终反映在资产负债表和损益表上，要知道经营的实际情况，自然要看反映在表中的各种数据。弄清“资产负债表”和“损益表”的结构，学会分析表中数字的意义。通常，没有经过处理的数字最能反映客观实际，有不容分说的说服力，这是企业经营者不可忽视的信息。

3．假定你在第六章设计的项目已经成立了公司，参照其他企业的案例，模拟你的企业财务管理制度，以防范资金使用中违纪事件的发生。

⊙ 企业家提示

任何企业内出现贪污等违纪事件，都和企业内部制度不健全或者监管不力有关。因此，必须从源头开始抓，完善制度是加强管理的有力措施。

第九章

创业初期的顾客管理

学习目标

顾客管理本来应该属于市场营销的范畴，但是由于在企业创建初期，顾客管理尤其重要，因此专门列出来，以期引起创业者的重视！创业开始的第一份订单和第一位顾客对企业发展来说，是很关键的一个开端，因此管理好顾客，一切以顾客为中心，让顾客满意，才是企业的生存之道。

现在的市场是一个竞争激烈的市场。如何在竞争中赢得顾客和战胜竞争者，是每一个创业者必须思考的问题。任何企业的盈利都是通过顾客购买企业的产品或服务来实现的。

第一节　以顾客为中心的公司才能获得成功

本节要点

本节阐述了顾客对企业效益的重要性，讲述了提高顾客忠诚度和留住顾客的方法。目的是使学生明白，不论多么好的产品和服务，如果没有顾客的购买，也不能给企业带来利润，有助于学生理解“顾客是上帝”的经营真谛。

要想获得良好的公司效益，只有为顾客提供可以满足顾客某种需要的产品并为公司的目标顾客提供优质服务这一条捷径。

一、吸引顾客不是某一个部门的事

很多公司认为，吸引顾客是营销人员的事和广告的作用，事实上，在公司吸引和留住

顾客的工作中，营销和广告仅占其中的一部分。即使是最优秀的营销人员也无法销售劣质、无人需要的产品，即使是广告投入再多，也无法把顾客感到无用的产品推广出去。所以，只有公司上下从产品质量、售后服务、公司文化以及公司形象上都对顾客给予高度的重视，才会带来顾客的满意和良好的口碑。

如果能够将资源进行有效的组合，就能创造出很好的盈利模式，没钱照样做大生意。那么怎样才能运用好这种盈利模式呢？

关键在于把握好以下两点。

（1）推出的产品或服务必须有社会需求。

（2）分析全局，对资源进行最佳的配比，尽管闲置的资源很多，但并不都是我们所需要的。

⊙ 企业家提示

必须营造共赢的局面，让所有的合作者都能获利。这一点至关重要。既然要借别人的资源，就必须让所有的参与者、合作方都能获得利益，否则，就不可能说服别人和你合作，将自己的资源和你共享。

二、企业经营的重要内容就是灵活性和创造性

（一）加盟特许经营企业比新创企业更容易

目前的市场，没有人可以预知整体经济将会发生什么变化，在经济衰退时，任何坐视都会使企业陷入困境。当企业的现金流中断时，通常都会有员工被裁员。

事实上，这个时候特许加盟企业就显得更有优势了。在经济低谷时，选择特许经营比单独经营要有利得多。那些成熟的特许加盟企业往往有更强的抗风险能力。开办新企业要付出常人所不能付出的艰苦努力，而加盟成熟的特许经营企业就显得省力得多。

但你在选择这类加盟企业时，最好是选择已经有三年以上特许经营历史的成熟企业，因为他们的商品质量和客户服务系统往往比较完善。

（二）谁赢得顾客，谁就赢得了市场

现在已经很难找到空白市场或者独家垄断的市场了。因此，顾客在选择一个产品时，必然面对着众多的产品、品牌、价格和供应商，但是谁将最后赢得顾客呢？

每一个顾客都会对他所要购买的产品有一个期望值，顾客在选择产品时，往往基于以往的购买经验或者朋友和伙伴的意见。因此，很多公司都把提高顾客的满意度作为自己的

追求目标。

【案例学习 9-1】　　施乐产品追求顾客全面满意

施乐公司力求使顾客“全面满意”，提出了：保证在顾客购买的三年里，如有任何不满意和质量问题，公司将为其更换相同或类似的产品，一切费用由公司承担。假如现在恰好有一名顾客正在选择这类产品，而其他同类的产品尚没有施乐公司这样的服务承诺的话，这位正在犹豫中做抉择的顾客，就会在施乐公司“全面满意”的顾客至上的经营宗旨面前，选择他们的产品。

> ⊙ 企业家提示
>
> 施乐公司用让顾客“全面满意”的营销策略，赢得了新的顾客。

三、如何提高顾客的忠诚度

顾客忠诚度往往靠一些小事的积累而形成，忽略这些细节，有可能使已经来过的顾客流失。

【案例学习 9-2】　　快捷旅馆的顾客会员制

在某公园附近有一家快捷旅馆，创业者希望顾客可以记住他们的品牌，并且时常光顾他们的旅馆。他们首先把目标顾客确定为那些个体商务旅行者，然后为这些旅行者设计了一个优惠的形式，以维护与这些顾客的联系。他们从细致体贴的服务入手，与每位会员签署了一个契约：请加入我们顾客会员俱乐部，住满几天可以送一天，而且可以累计，凡此种种，他们都尽力去满足顾客的要求，最后，量变产生了质变。

如今，这家旅馆在商务旅行的顾客中很稳定，而且这个俱乐部的四分之一的顾客都表示不会去其他旅馆，成了他们忠诚的顾客群体。

> ⊙ 企业家提示
>
> 公司的品牌是需要满意的顾客的口头传播来传递的，每一个获得满意服务的顾客，或者对产品感到满意的顾客，都有可能成为你的忠诚顾客，也可能给你带来更多的新顾客，因此，树立品牌，要从服务入手。

四、一味增加服务内容，也会降低利润

尽管公司确立了以顾客为中心的经营宗旨，顾客满意度的提高确实会使客户群得到增长，但是，增加服务内容无疑会增加公司的营运成本，所以在产品定价时，应该把这部分附加的服务费用考虑在内，如果一味地通过降价或者增加服务来提高顾客的满意度，可能会降低公司的利润。因此，在确定公司的某项措施时，首先应该把公司的利润考虑在内，因为任何企业的经营目标都是利润最大化，包括吸引顾客、提高顾客的忠诚度，最终的目标还是为了提高企业的盈利水平。

一个高绩效的公司，不仅要使顾客满意，还应该为员工创造一个满意的环境，为股东带来应有的利益。顾客满意，会成为回头客给公司带来新的利润；员工满意，会生产出高质量的产品；股东满意，也许会追加投资。这是一个良性循环，可以使公司迅速成长壮大起来。

五、留住老顾客的必要性

（一）留住老顾客的重要性和必要性

拓展阅读　美国西北大学教授、当代市场学权威菲利普·科特勒（Philip Kotler）的研究结论

- 获取一个新顾客的成本是留住一个老顾客的5倍。
- 公司每年老顾客的流失率为10%。
- 一个公司如果将其老顾客的流失率降低5%，就可以提高利润25%～85%。
- 转换一个竞争对手的满意顾客，需要付出大量的努力。

（二）避免老顾客流失的方法

1．建立累计消费优惠制度

累计消费优惠制度，即顾客消费达到某个限度就可以享受某种折扣。有的顾客为了不放弃这块价值，就不太愿意离开这个品牌。

2．提高顾客满意度

如果你的服务让你的顾客足够满意，那么，就算你的竞争对手用低价或者其他小手段，也很难拉走你的顾客。

【案例学习 9-3】　　快捷酒店的顾客优惠策略

如今，在一些快捷酒店实行住满十次送一次的方法，就是为了吸引那些老顾客再次光临他们的酒店，同时鼓励顾客买会员卡。这样在每次入住时还可以给予优惠，以留住老顾客、培养客户的忠诚度。

第二节　企业的差别化经营

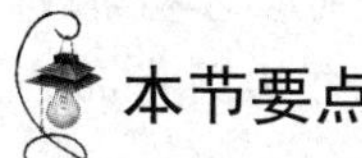

本节要点

使学生明白差异化经营是企业避免同质化竞争的有效策略，理解只有创新和差异化经营才可以真正提升企业的竞争力。

一、差别化竞争经营实例

【案例学习 9-4】　　动物园的差别化经营

同样是动物园，上海西郊动物园是把动物圈进笼子让人观赏，而上海南汇的野生动物园更注重照顾动物的野性，把动物散养，让人坐在笼子样的车内去浏览。野生动物园就是用这样不同于传统的经营模式，出现了差别化竞争，使原来光顾传统动物园的顾客转而关注起野生动物园了。

通常那些成功的公司与一般公司的区别，就在于他们往往更注重培养公司的核心竞争力，核心竞争力通常表现在以下方面。

（一）具有一种竞争优势的资源

如拥有特殊技术的领域和产品专利，这些决定企业的差别化能力，例如耐克公司具有在运动鞋设计和销售的优势。

（二）竞争者模仿难度很大

如微软公司的企业文化，很大程度上与比尔·盖茨的个人风格有关。

二、坚定不移地致力于打造企业的核心竞争力

创业者必须致力于公司始终如一地发展一个核心理念，而且绝不动摇。

【案例学习 9-5】　用对顾客负责的核心理念打造核心竞争力

IBM公司的原则是：尊重个人、顾客满意和永不止步地改进质量。强生公司的原则是：对顾客负责、对员工负责、对社会负责、对股东负责。同时，公司的核心竞争力还体现在公司各部门的协调和合作中。

公司的核心理念要启发式地贯彻到员工中去，表现为不仅要积极做好本部门的工作，同时还要考虑公司的大局，与其他相关部门做好协作，否则，让顾客满意，就会成为一句空话。例如，运输部门送货延迟了，致使顾客等待时间加长，这些会反映到顾客对推销人员的不满上；客服电话接待处理缓慢了，会造成顾客不满，而反映到不再购买产品，使销售部门受到连累。

也就是说，任何一个部门的脱节都会损害公司的形象，进而使给顾客提供的优质服务得不到落实。

【案例学习 9-6】　沃尔玛用高效服务打造核心竞争力

沃尔玛的核心竞争力，取决于它在安排商品从供应商到各家门店时，拥有难于模仿的高效率。当沃尔玛商店在销售商品时，同时就把销售信息流向了沃尔玛总部，还流向供应商，而且这些供应商几乎在他们的商品刚被从货架上买走，就立刻把补充的商品运到沃尔玛商店了。

第三节　顾客满意追踪调查和衡量的方法

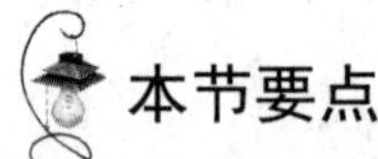

本节要点

本节重点介绍了顾客满意度的调查和衡量方法，操作性强，可以使学生理解，“企业的经营策略和做法，都是为了顾客满意”，其根源是为了企业的生存。

一、建立投诉和建议制度

创业者要致力于给顾客创造一个畅通的投诉通道，一个以顾客为中心的企业应为顾客投诉和建议提供方便。好多服务行业的公司都备有不同的表格，请顾客留下他们的感受和意见。有的公司还开设 800 免费电话、网站和电子邮箱，以便与顾客进行交流。这些信息可以为公司带来大量好的创意，使创业者能更快地采取行动，解决问题。

【案例学习 9-7】　　季琦在顾客的抱怨中寻找灵感

如家快捷酒店、汉庭连锁酒店的创始人季琦就是从一个顾客的意见中得到启发，进而开创了廉价、整洁、便捷的实用性连锁酒店的。那时他看到一个顾客留言里说：如果有又便宜、又干净、又方便的酒店就好了。于是2005年年初，汉庭在中国正式创立，同年8月，第1家门店开业，2006年年底，汉庭连锁酒店第34家门店开业。2007年7月，汉庭以股权融资850万美元，创下中国服务行业首轮融资的新纪录，2007年年底，汉庭连锁酒店第74家门店开业。2008年年初，汉庭在全国签约门店数达到180家，完成了全国主要城市的布局，并重点在长三角、环渤海湾、珠三角和中西部发达城市形成了密布的酒店网络，成为国内成长最快的连锁酒店品牌之一。2008年4月，汉庭已开业酒店超过100家，出租率、经营业绩各项指标均在业内处于领先地位。

二、顾客满意调查

一些调查表明，顾客四次购买中会有一次不满意，而只有不足5%的不满意顾客会抱怨，大多数顾客会少买或者转向其他供应商。所以，公司不能以抱怨水平来衡量顾客的满意度。如有的公司就采取了定向调查、随机抽样来测定顾客的满意度。

在收集有关顾客满意度的信息时，询问一些其他问题，以了解顾客的购买意图，有的还会询问顾客是否愿意向其他人推荐本公司等，好的口碑意味着公司创造了很高的顾客满意度。

⊙ 企业家提示

企业在与顾客接触时，要永远留给顾客一个好印象。只有顾客对产品和服务满意，才会再次光顾成为你的客户；只有顾客不断购买你的产品，你的利润才会滚滚而来。而争取成为顾客不可替代的产品，才是企业追求的目标。

三、安排神秘顾客

为了获得一些来自第一线的信息，创业者也可以雇佣一些人装扮成潜在顾客，收集顾客在购买公司或竞争对手产品的过程中发现的问题。这些神秘顾客甚至可以提出一些问题，以测试本公司销售人员是否可以妥善处理。例如，一些餐馆的神秘顾客可以假装对食品的口味不满，以检验餐馆服务员如何处理这些抱怨。百安居也曾派出神秘顾客，测试其营业员对业务的熟练程度和对购买非自己品牌产品的态度和处理方式。

公司不仅应该雇佣神秘顾客，创业者也应该经常走出办公室，进入他们不熟悉的公司以及竞争者的实地销售场地，以亲身体验作为顾客所受到的待遇。有时还可以给公司接待部门打电话，提出各种不同的问题和抱怨，看公司的员工如何处理这样的电话。

四、分析流失的顾客

对于那些已经停止购买或者转向另一个供应商的顾客，公司应该与他们接触一下以了解发生这种情况的原因。

【案例学习 9-8】　　IBM 认真对待客户流失

当 IBM 公司流失一个顾客时，公司会尽一切努力去了解它在什么地方做错了，以防更多的顾客因为同样的原因流失。公司不仅要和那些流失的顾客谈话，而且还必须控制顾客的流失率，如果流失率不断增加，无疑表明该公司在使顾客满意方面不尽如人意。

【案例学习 9-9】　　一张图读懂海底捞的经营内涵

这是一张对海底捞服务全面解析的流程图（见图 9-1），从顾客到店到顾客离店，9 大服务环节，每一个环节都有详细的服务流程体系。海底捞的员工文化并不高，如何流程化、系统化地驱动管理，值得所有餐饮、零售、物流管理等领域借鉴。

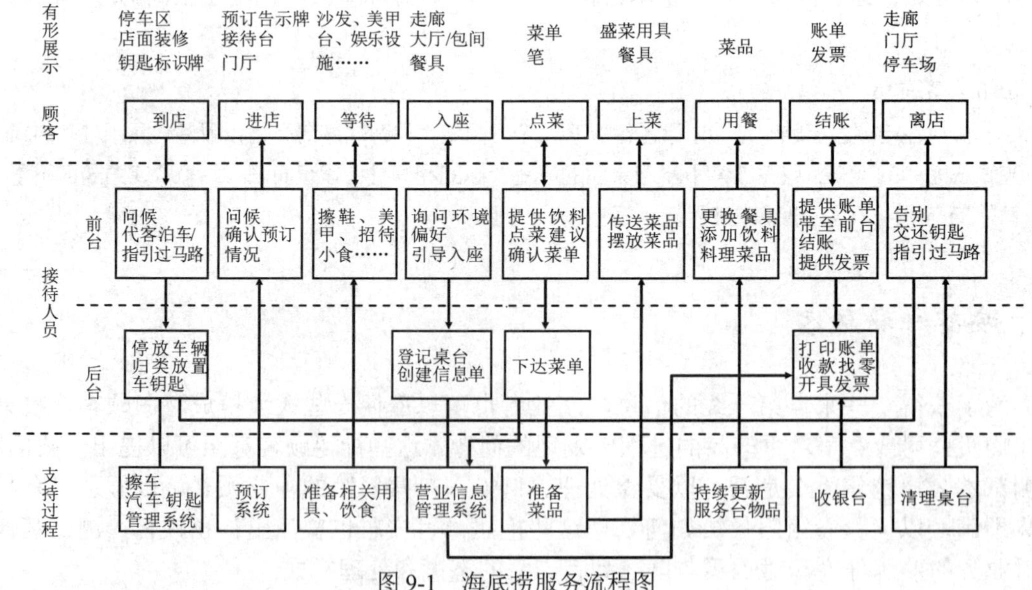

图 9-1　海底捞服务流程图

【案例学习 9-10】　戴尔的经营宗旨是为顾客提供一流服务

戴尔计算机公司之所以在个人电脑业获得快速的发展，部分原因也是因为他们做到了一流的服务，使顾客满意度很高，并且戴尔公司一直把让顾客满意的宗旨在目标客户中广为宣传。

> ⊙ 企业家提示
>
> 对于那些以顾客为导向的公司来说，顾客满意既是目标，也是营销策略。顾客满意度高的公司也一直向自己的目标市场和目标顾客灌输他们的理念。

思考与训练

1．分析下面的案例，并回答问题。

顾客使产品成型——戴尔计算机公司根据顾客的要求制造产品

“为顾客着想”，是在德克萨斯朗德罗克的戴尔计算机公司 3 栋大厦之一的戴尔 3 号大厅的巨大的招牌。这一提示物看上去几乎是多余的，但从 1983 年迈克尔·戴尔在简陋的宿舍里开始创业时，它就成了戴尔计算机公司的标志，以促使计算机中间商调解公司和顾客之间的关系。戴尔创立了一种激进的不同于以往的商业模式：把计算机直接卖给顾客，并为他们提供直接的技术性的支持。“我们有庞大而清晰的商业模式。”年轻的创业者迈克尔·戴尔说。这样的经营思路给戴尔公司带来了惊人的利润。1998 年，戴尔的收入是 123 亿美元。公司以每年 52%的速度增长，已经超过了 IBM，成为美国第二大商业计算机卖主，并正在入侵惠普的领地。

直接面对顾客的商业模式，使戴尔公司可以很快获得市场信息，因为戴尔是先有订单再生产，所以它可以有效地降低存货，并且保持较低的成本，因此，戴尔把它的产品价格降低到比它的竞争者最低价还低 10%～15%。现在，当顾客需要元件时，只要数分钟，戴尔公司就可以把元件送到。在戴尔工厂，一台计算机装入软件，进行测试，8 小时后包装完毕。然而，速度只是戴尔模式的一部分，服务则是另一部分。公司创造了一种“戴尔视野”的服务能力，力求使每一位顾客“必须有一种质量经验，并且必须获得满足，而不仅仅是满意”。

实际上，通过成功的商业模式的转变，公司发现了顾客的重要性。戴尔公司的顾客有两种：企业和个人消费者。个人消费者的购买因素是价格，与此相反，企业购买者需要一种慎重发展的关系。像大多数成功的公司一样，戴尔把大多数资源放在与其最有利可图的顾客建立关系上。

公司的顾客占戴尔业务的 90%，并且公司用高层的销售团队管理企业客户。现在，戴尔也安装定制软件，并追踪企业客户的存货，它已经获得许多大型的客户了。戴尔用于顾客关系最为创新的工具是互联网。作为最早通过在线销售获利的公司之一，戴尔现在把在线业务作为企业增长的一部分。网络销售已经迅速成为公司直接面向顾客的销售模式，迈克尔·戴尔说："而且，这也是使我们和顾客相互联系的最有效的方式。"

问题：

（1）重视顾客和企业的利润有关系吗？为什么？

（2）企业为什么要抓住顾客的需求，并为满足这些需求而努力？

（3）提高企业利润有什么好办法？

2．阅读以下文字，回答问题。

如何维护客户关系

如今，买方市场情况下，产品同质化程度越来越高，同时，由于科学技术的发展，产品本身的生命周期也越来越短，很多企业推出的营销策略和手段也大同小异，消费者已变得相当理智，所以对客户进行维护和售后服务是非常必要的。下面我们具体分析该如何维护客户。

1. 不为难客户

谈合作、谈项目一定要讲究时期。时期不好，好合作也会泡汤。当客户有为难之处时，一定要体谅别人，不要让客户为难。例如，当客户正有事，并且他认为那样做会不合适或不能做时，你就要马上停止你的要求，并告诉他不管怎么样，你都非常感谢他。你的善解人意会让他觉得很抱歉甚至内疚，下次一有机会他就不会忘记补偿你。

2. 替客户着想

与客户合作一定要追求双赢，特别是要让客户也能漂亮地向上司交差。我们是为公司做事，希望自己做出业绩，别人也是为单位做事，也希望自己把事情办得漂亮。

因此，在合作时就要注意，不要把客户没有用或不要的东西卖给他，也不要让客户花多余的钱，尽量减少客户不必要的开支，客户也会节省你的投入。

3. 尊重客户

每个人都需要获得尊重，都需要获得别人的认同。

对于客户给予的合作，我们一定要心怀感激，并对客户表达出自己的感谢。而对于客户的失误甚至过错，则要表示出你的宽容，而不是责备，并立即共同研究探讨，找出补救和解决的方案。这样，你的客户会从心底里感激你。

4. 信守原则

一个信守原则的人最会赢得客户的尊重和信任。

因为客户也知道，满足一种需要并不是无条件的，而必须是在坚持一定原则下的满足。只有这样，客户才有理由相信你在推荐产品给他时同样遵守了一定的原则，他们才能放心地与你合作和交往。

例如，适当地增加某些服务和培训是可以接受的，但损害公司、客户甚至别人利益的要求绝不能答应。因为当你在客户面前可以损害公司或别人的利益时，他会担心他的利益也正在受到威胁。

5. 多做些销售之外的事情

例如，我有客户要找政府的某领导，却找不到好的机会。如果我认识这位领导又有机会，我就会为他引荐。若他们需要某些资料又得不到时，我就会帮他搞到。甚至，他们生活中碰到的一些困难，只要我知道又能做到时，我就一定会帮助他们，这样，我与客户就不再是合作的关系了，更多的就是朋友关系了。这样，一旦有什么机会，他们一定会先想到我。

6. 让朋友推荐你

如果前面的要诀都掌握并运用自如的话，你就会赢得客户和朋友的口碑，你的朋友就会在多数也是他同行的朋友中推荐你。那么你的生意就犹如原子弹爆炸，会迅速在业界扩张起来。你也就达到了做生意的最高境界，让客户来主动找你。

7. 不要忽视让每笔生意来个漂亮的收尾

所有的工作都做完了，你与客户的合作告一段落，是不是就终结了呢？也许这是大部分业务员处理的方式，但事实证明这是一个巨大的错误。事实上，这次生意结束的时候正是创造下一次机会的最好时机。千万别忘了送给客户一些合适的小礼品，如果生意效益确实不错，最好还能给客户一点意外的实惠。让每笔生意有个漂亮的收尾带给你的效益不亚于你重新开发一个新的客户。理由如下。

如果你前面的工作尚欠火候，还不能从合作关系提升到朋友关系的话，这个时候这样做就能很好地实现这个目标。如果前面的合作可能有些不如意的话，这更是个很好的补救方案。因为大部分的人都认为既然合作完了，那么我们与客户的关系也就自然结束了，所以对这种不求回报的最后感谢，他们马上就会把你从合作关系提升到朋友关系上来。那么下次再有需求时肯定就是你的了。

8. 以让步换取客户认同

在与客户进行沟通的过程中，一些销售人员以为自己在每次沟通中都扮演着“进攻者”的角色：为了达成销售目标一步一步地向前迈进，不断地说服客户认可产品或服务的品质、接受产品或服务的价格等。这些销售人员的销售目标是明确的，为了达成目标而努力奋进的勇气也是值得赞扬的，但是他们为了实现目标所采用的方法却不见得高明，至少我们不提倡销售人员对客户进行单一的、“进攻”意图明显的说服。

其实很多销售人员都会在销售沟通过程中有意无意地使用一些让步方式，以期让客户满意。例如，在保证利润的前提下进行价格方面的让步，或者根据双方的诉求提出解决问题的折中方式等。销售沟通中的让步策略如果运用得当，那将有利于实现买卖双方的双赢，同时也有利于长期销售目标的实现。

问题：

（1）谈谈你对客户管理的重要性的认识。

（2）你认为还有什么更好的客户管理方法？

⊙ 企业家提示

著名咨询大师盖洛普发明了一个测量工具，叫做“CE11”。“C”指的是顾客（Customer），“E”指的是忠实（Engagement），“11”就是争取忠实顾客而必须达到的11个情感结果，其最高境界是“激情”。就是通过不仅满足顾客的理性需求，而且满足其情感需求，让顾客“爱你没商量”——“无法想象世界上没有你”。创业者可以参考一下这个测量工具。

3．思考题。

（1）戴尔公司的核心竞争力是什么？

（2）你认为一个公司失败的原因都有什么？

4．情境模拟。

某个酒店董事会提出：如果酒店不能让顾客完全满意，顾客可以不承担住宿费。尽管这一提议是显示酒店对自身服务质量的自信，并会增加酒店竞争力，但是，大多数酒店经理还是持反对态度。

问题：

（1）为什么他们会反对？

（2）顾客对这一保证会是什么反应？

（3）应采取什么措施来减少顾客对这个保证的逆反心理？

参考文献

[1] 秦言．中国小企业[M]．北京：中国计划出版社，1998．

[2] [德]卡斯滕・拉斯讷，卡斯滕・斐济，维尔纳・G．法依克司．创业者手册[M]．胡蔚，译．北京：中信出版社，2000．

[3] [美]伊丽莎白・K.龙斯沃希．新办企业成败手筋[M]．顾海兵，等，译．沈阳：春风文艺出版社，1997．

[4] 王耀辉．开放你的人生[M]．北京：人民出版社，2008．

[5] 东方惠子．终身受益[M]．北京：中国档案出版社，2001．

[6] [美]弗朗西丝・麦古金．小企业创业[M]．杨莉，等，译．深圳：海天出版社，2007．

[7] [美]拉里・法雷尔．创业时代[M]．李政，杨晓非，译．北京：清华大学出版社，2006．

[8] 中国就业培训技术指导中心上海分中心，上海市职业培训指导中心，上海市开业指导中心．创业培训辅导教程[M]．北京：中国劳动社会保障出版社，2004．

[9] 英涛．第一桶金[M]．北京：中国纺织出版社，2009．

[10] 佐秉珊．点燃你的激情[M]．北京：石油工业出版社，2007．

[11] 赵青，曾新．心态决定命运[M]．北京：中国档案出版社，2005．

[12] 共青团中央，中华青年联合会，国际劳工组织．大学生 KAB 创业基础[M]．试用本．北京：高等教育出版社，2007．

[13] 上海青少年活动中心．创业故事[M]．上海：上海三联书店，2007．

[14] 汤和平．独道[M]．北京：中国商业出版社，2008．

[15] 武峻．选择做自己最擅长的事[M]．北京：中国纺织出版社，2008．

[16] [美]菲利普・科特勒．营销管理[M]．梅汝和，梅清豪，周安柱，译．北京：中国人民大学出版社，2001．

[17] [美]约瑟夫・L.鲍尔，克里斯托弗・A.巴特利特，雨果・E.R.犹特侯温，等．企业政策战略过程管理[M]．尹可，尹薇，译．大连：东北财经大学出版社，2001．

[18] 李肖鸣，郑捷．青年创业指南[M]．北京：中国文史出版社，2009．

[19] 郑捷，李肖鸣．青年职前教育培训辅导教材[M]．

[20] 李肖鸣．谁应该为大学生创业成功率低买单[J]．中国教育月刊，总第 166 期．

[21] 李肖鸣．评当前创业教育中的四大恶现象[J]．中国教育月刊，总第 166 期．

[22] 高晓杰，曹胜利．创新创业教育——培养新时代事业的开拓者——中国高等教育学会

创新创业教育研讨会综述[J]．中国高教研究，2007（7）：91-93．

[23] 唐静，朱智广．创业教育对大学生创业影响的实证研究——以广州大学城十所高校为例[J]．常州大学学报：社会科学版，2010（3）：95-99．

[24] 顾剑秀，方鹏．大学生创业教育：现状、问题及有效途径[J]．煤炭高等教育，2012（5）：77-79．

[25] 徐建军．大学生创业教育的有效途径[J]．理论研究，2010（1）：31-36．

[26] 周秋江．大学生创业教育现状调查与实现途径研究[J]．宁波大学学报，2007（4）：64-64．

[27] 邹建芬．大学生创业能力开发与培养的路径探析[J]．高校教育管理，2011（6）：91-95．

[28] 李群如．大学生创新创业教育路径的探索与实践[J]．人力资源管理，2011（6）：73-75．

[29] 曾尔雷．高校创业型人才培养的路径选择[J]．中国大学教学，2011（6）：26-29．

[30] 马玉海，张月．高校创业教育的评价体系及其构建[J]．创新与创业教育，2012（1）：32-35．

[31] 陈浩凯，徐平磊．创业教育质量评价指标体系研究[J]．理工高教研究，2007（5）：67-70．

[32] 雷家骕．国内外创新创业教育发展分析[J]．中国青年科技，2007（2）．

[33] 水延凯，等．社会调查教程[M]．第5版．北京：中国人民大学出版社，2010．

附录　商业计划书模板

什么是商业计划书？

就是你的大纲！

商业计划书是第一印象，如果第一印象不能抓住投资者，就等于失败了一半。写商业计划书的最终目标是要说服投资者，因此要在大纲范围内，有条不紊地呈现创业想法，就是创业必须要做到的事情。

当开始写商业计划书的时候，首先要有大纲，这样的思维模式对创业是很有帮助的。

创业计划书摘要

一句话说明理念由来。（切入点）

一句话说明市场的需要。（市场前景）

一句话说明你们提供了什么需要。（产品）

一句话说明还有谁提供了这些需要。（竞争对手）

一句话说明你们提供的比他们提供的强在哪儿？（优势）

一句话说明你们如何做出这个“强”。（研发）

一句话说明你们如何把“强”弥补到“需要”那里去。（市场运作）

一句话说明你们弥补的需要能赚多少。（盈利模式）

一句话说明你们赚的分给我们多少，要我们提供什么。（回报）

一句话介绍一下你们。（团队优势）

如摘要的思维逻辑，正文就是在这样的思维框架下进行。

还没有注册公司的话则自行换为“团队”，再引用“公司”的思路自行编制计划书，这份思路文案里，可以按照需要来增删。

正文要求：所有一句话能说完的，绝不用两句话。

模板 A　适合提供给风投公司的创业计划书模板

第一章　基本情况篇

公司叫什么。
公司在哪。
公司是什么性质。
公司股东有哪些。
控股结构是怎样的。
公司主要业务是什么。
公司员工组成是怎样的。
公司财务怎样。
公司近期目标和长期目标是什么。

第二章　公 司 管 理

概述。
高层是哪些。
高层简介。
高层怎么分工。
管理体系是什么。
融资后要设立哪些机构及相关的人员配备。
管理层及关键人员将采取怎样的激励机制和奖励措施。
管理层的薪酬，是否有员工持股计划。
公司是否建立人事管理制度。
对有关知识产权、技术秘密和商业秘密采取的保护措施。
公司是否存在关联经营。
公司、公司主要管理人员是否卷入法律诉讼及仲裁事件中，对公司有何影响。

第三章　行 业 情 况

概述。
市场前景怎么样。
谁在使用产品。

使用的目的，为何购买。

列出产品的前三大客户类型，以及他们的购买力。

所投资的产品行业目前所处发展阶段。

是否拥有专门的技术、版权、专利、配方等。

更新换代周期是多久。

说明本产品是否有标准。

产品与同类产品的比较。

本公司产品的新颖性、先进性和独特性。

重点说明在性能、价格、售后服务和技术支持等方面的优势。

本公司与行业内五个主要竞争对手的比较。

影响行业和产品发展的因素。

过去3～5年各年全行业销售情况，列明资料来源。

未来3～5年各年全行业销售收入预测，列明资料来源。

公司未来3～5年的销售收入预测（融资不成功情况下和融资成功情况下）。

第四章 研 发

概述。

产品成品演示。

产品功能表。

依据功能表的研发架构。

已研发成果及其先进性。

未来要研发什么。

公司研发资金总投入是多少。

计划再投入的研发资金是多少。

列表说明每年购置开发设备、开发人员工资、试验检测费用，以及与开发有关的其他费用。

现有技术资源。

研发模式是怎样的。

对研发队伍有怎样的激励机制和措施。

未来3～5年研发资金和人员投入计划，列表说明。

第五章 产品制造（互联网行业则自行替换成产品运营）

概述。

公司目前的年生产能力，厂房面积和生产人员数量（替换成互联网行业即维护人员多少，服务器并非数据量多少，维护效果如何，以下自行替换）。

生产方式。

生产设备先进程度如何，价值是多少，是否投保，最大生产能力是多少，使用寿命。

如需增加设备，采购计划、采购周期及安装调试周期。

产品的生产制造过程和工艺流程。

控制产品的制造成本的措施。

产品质量管理体系。

关键质量检测设备，成品率控制方法和采用的控制标准。

原材料、元器件、配件、零部件等采购情况。

采购渠道。

原材料质量控制手段。

第六章　市 场 方 案

概述。

产品定价方式。

销售成本的构成。

销售价格制订依据和折扣政策。

销售网络、广告促销、设立代理商和售后服务方面的策略和办法。

市场方案的竞争优势与哪些因素有关。

对销售人员采取什么样的激励和约束机制。

竞争对手的销售方案。

你们有哪些优势。

短期销售目标。

长期说明销售目标。

列表营业额预测。

列表说明市场份额的预测。

第七章　财 务 状 况

概述。

列简表说明公司在过去的基本财务数据（主营收入、主营成本、主营利润、管理费用、财务费用、净利润、补贴收入、总资产、总负债和净资产，主营产品的盈亏平衡点、毛利

率和净利率)。

说明财务预测数据编制的依据。

在你们这个依据下，提供融资后未来 3 年项目盈亏平衡表、资产负债表、损益表、现金流量表。

说明与公司业务有关的税种和税率。

公司享受哪些优惠政策，由谁提供。

第八章　风　险

概述。

详细说明创业中可能遇到的政策风险、研发风险、市场开拓风险、运营风险、财务风险、对公司关键人员依赖的风险等。

如何量化这些风险。

这些风险的对策和管理措施。

决策后风险是否降低，程度如何。

最终投资分险有多大。

第九章　融资计划

概述。

融资目的和额度。

说明拟向投资者以什么价格出让多少股权，作价依据是什么。

资金用途和使用计划。

列表说明融资后项目实施计划，包括资金投入进度，效果和起止时间等。

说明投资者可享有哪些监督和管理权力。

参与公司事务方式及参与程度。

说明公司将为投资者提供怎样的报告。(如年度损益表、资产负债表和年度审计报告)

说明投资的变现方式，上市，转让，回购等。

说明融资后未来 3～5 年平均年投资回报率及有关依据。

第十章　进度表

详细列明项目实施计划和进度，注明起止时间，已完成成果，计划完成目标，各项目资金投入，各项目资金产出等。

模板B　常用的参赛计划书模板

商业计划书

公司主营：求职信息咨询与培训服务

目　　录

第一部分　执 行 总 结

1.1　产 业 背 景

高校扩招的影响已经开始显现，就业人数激增，竞争格外激烈：2005 年我国毕业生达 338 万，比 2004 年增长 20%，2013 年则会预计达到 680 万人。毕业生的激增直接导致劳动力供大于求的尖锐矛盾，构成了巨大的就业压力。调查资料表明，大学生初次就业率逐年下降：2003 年为 70%，2004 年为 65%。究其原因，很大程度上是在校学生求职信息与技巧的缺乏：如何准备各行业各公司的面试，如何掌握通向成功职场的诀窍，各行业各公司的相关信息已经成了在校学生最广泛的需求，也自然成为求职过程中最炙手可热的商品。

1.2　公司与产品服务

××××××××××公司（×××××××××× Co., Ltd. 以下简称×××）是一家致力于求职相关的信息与服务提供商。公司的口号是“按图索‘机’”，取“按图索骥”之意。×××愿意为广大求职者提供最有价值、信息量最丰富的求职×××，帮助他们找到通往成功职场的最满意一站。

依据信息时代国际流行的“Tripod”三位一体商业模式，×××以图书出版作为轴心业务，单独出版针对各种行业与公司的求职信息书籍；同时以网络为依托，积极拓展培训与咨询等其他增值服务，所有业务相辅相成，为求职者提供全方位、个性化的专业服务。×××矢志成为面向中国大陆地区大规模的、拥有先进管理技术的求职信息与服务提供商，帮助×××的客户在求职过程中获取最新、最有效的信息，从而顺利踏向职场之路。

1.3　定位与发展战略

- **公司定位**：求职信息与服务提供商（包括出版与培训）。
- **使命**：利用在中国市场本土求职信息服务产业的先行优势，凭借庞大的求职信息收集网络与先进的管理与分析技术，向广大求职者提供高质量的求职信息与服务。
- **远景**：成为跨出版与网络等多媒体的世界一流的求职信息与服务提供商。

×××的发展战略如下。

- 短期目标（2007—2008）：开展图书出版业务，成功推出第一系列书籍，稳定现金流。
- 中期目标（2008—2012）：继续扩展书籍涉及的行业与公司，同时积极开展网络、咨询与培训业务，扩充收入来源。
- 长期目标（2012 以后）：调整商业模式，通过拓展与企业的合作向企业提供增值收费服务，寻求新的利润增长点。

1.4　市场与竞争分析

从实际情况出发，×××将把起始的目标客户定位于高校毕业生。根据有关部门统计，2013 年中国高校毕业生将达到 680 万。而通过×××的细致调查，在受访者中有 40%的人愿意承担平均 20 元的求职书籍，因此×××评估国内求职信息书籍的市场容量在 2013 年将达 8 000 万元。同时通过详细的分析，我们有信心这个市场将以每年 40%左右的速度增长。

与这个巨大市场产生鲜明对比的是市场内高度差异化的竞争，而×××本身独一无二的竞争优势也将确保它的市场份额。

- **单独针对特色化细分行业和公司的求职书籍：**×××将选择求职者最关心的行业与公司进行特色化细分，并单独出版介绍，每本书籍只针对一类行业或公司，对症下药，提供与该行业或公司相关的求职信息。这是×××最大的独特之处。
- **最完善的本土求职信息数据库：**作为先行者的×××会利用 1～2 年的时间收集大量第一手、真实与实用的求职信息，并不断完善，形成庞大的数据库与人际网络。×××的求职信息将全部来自对每年各高校中进入上海各行业工作的×××成员的跟踪采访以及与×××合作的公司人力资源部门的访谈，以保证×××提供信息的实用性与时效性。

相比×××，目前国内的求职培训机构还没有提供和×××类似的求职信息的书籍，而国外求职信息产业的领先者如 VAULT 等还未进入中国市场。在此基础上，我们根据调研结果，预计×××将占有该市场 30%的份额，仅依靠图书出版业务公司年收入就可达约 600 万元。

1.5　营 销 策 略

在确定初期以书籍出版业务为重点的基础上，×××的营销策略将更加着重于公共关系的开发以及与出版商、发行商的战略合作。一方面，×××会通过定期和不定期的校园宣传、校园活动赞助以及校园讲座确立起在这一范围的合作关系，并以此为基础积极拓展校园公共关系，以较低成本迅速提高×××的知名度与收入；另一方面，×××将极力发展与出版商、发行商的战略合作，共享出版商的销售渠道并迅速打开市场。

第二部分　产品与服务

2.1　产品与服务定义

依据信息时代国际流行的“Tripod”商业模式（见图 A-1），×××将以图书出版为轴心业务，出版针对各种求职者最关心的行业与公司的书籍；同时以网络为依托，积极拓展培训以及咨询等其他增值服务，为求职者提供全方位、个性化的专业服务。这也是×××为所有求职者提供价值的途径。

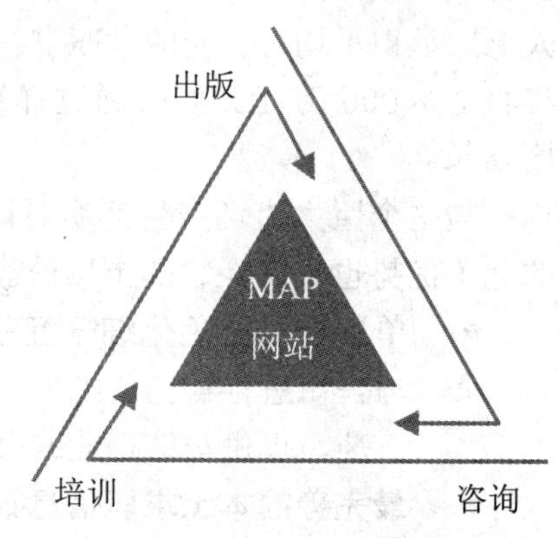

图 A-1　“Tripod”商业模式

- **出版**：出版是×××的核心业务。×××计划出版业内众多顶级畅销书，涉及求职信息、求职技巧、求职面试等年轻人关注的人生规划问题。各类书籍将涉及求职者最关心的行业与公司，并单独出版，每本书籍只针对一个行业或一个公司，对症下药，提供与该行业或公司最全面、最实用的求职信息。
- **咨询**：×××将会建立目前中国最大的求职培训网站 www.×××-career.com.cn，网站会提供我们出版的求职书籍的电子版下载和部分书籍的精华版下载。
- **培训**：×××计划邀请行业内拥有丰富经验的职业培训师为×××服务并努力发展×××自己的专业培训师资源，为求职者提供行业知识、简历制作以及面试技巧等多方面的培训。
- **网站**：×××将会以网站为平台，在提供咨询服务的同时，及时公布×××的书籍与培训信息，并开辟互动社区，了解更多求职者的需求并及时提供个性化的定制服务。

2.2 产品与服务的客户价值

准备找工作的大学生将始终是×××的主要客户群体，×××的主打产品和服务都将为在校大学生量身定制，力求为学生客户提供丰富、及时、有效的求职信息，为广大的求职者创造特有的客户价值。

- **针对需求的分类书籍：**×××的各类书籍涉及求职者最关心的行业与公司，每本书籍只针对一个或几个细分后的行业或公司。根据×××的调查（见图 A-2），我们发现广大求职者对于行业有明显的偏好，对四大会计师事务所（以下简称四大）、投资银行、咨询、消费品以及 IT 行业的关注度占据了前五位，相对于工业及其他行业有巨大的优势。因此×××的书籍出版初期将关注于这五个行业的求职信息，分别详细介绍相应的行业历史、商业模式、职业发展、主要公司以及求职面试流程等重要信息。而这其中我们也会根据广大求职者的需求来确定在书籍中介绍的公司，例如在消费品行业的求职信息书籍中，×××将会着重介绍宝洁、联合利华、欧莱雅以及玛氏等著名企业，以充分满足求职者的需求（见图 A-3）。

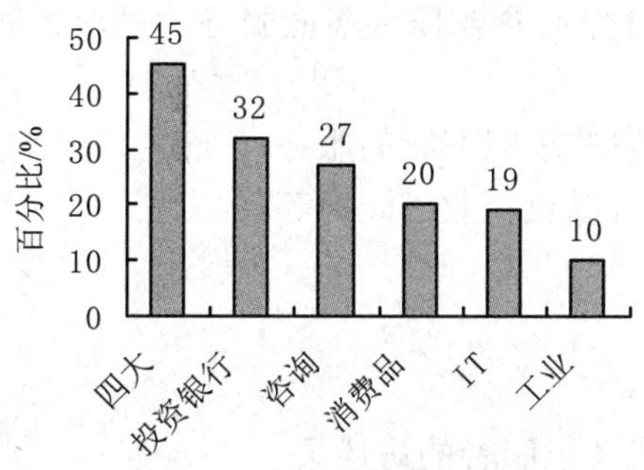

图 A-2 求职者最关注的行业

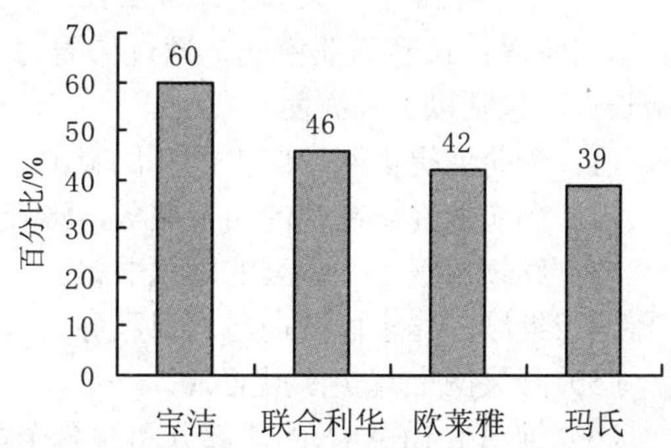

图 A-3 求职者最关注的公司（消费品行业）

- **最完善的本土求职信息数据库：**作为先来者的×××会利用 1～2 年的时间收集大量第一手、真实与实用的求职信息，并不断完善，形成庞大的数据库与人际网络。×××的求职信息将全部来自于对每年各高校中进入上海各行业工作的×××成员的跟踪采访以及与×××合作的公司人力资源部门的访谈，以保证×××提供信息的实用性与时效性。让求职者对于任何一个行业求职信息的搜索都有最实用的收获。
- **人才：**×××的核心团队中有在高校中从事多年就业方面工作的学生，积累了大量的毕业生资源与 HR 采访经验。×××将不断发展进入各行业中著名公司的毕业生成为我们团队的成员或资源。通过这些毕业生和各著名公司的 HR 访谈获取第一手的行业及公司信息。

2.3 发展规划

×××的最终目的是实现产业化，公司按其发展阶段将逐步提供以下服务。

第一阶段：开展图书出版业务，推出第一系列书籍，稳定现金流，包括以下三点。

（1）推出会计师事务所、投资银行、咨询、消费品、IT五个行业的求职信息书籍。

（2）与出版商、发行商达成战略合作，共享销售渠道进行市场拓展。

（3）继续完善信息库的建设，将行业扩展到工业、房地产等其他潜在的热门行业。

第二阶段：继续拓展书籍涉及的行业与公司范围，同时积极开展网络咨询与职场培训业务，扩充收入来源，包括以下几方面。

（1）完成网站的建设并推向市场。

（2）网站开放求职书籍的电子版下载（收费或免费）。

（3）开展职场培训，主题涉及简历写作、面试技巧与职场生涯发展等。

（4）通过与各高校合作的项目（讲座等方式）拓展公关关系。

（5）继续出版下一系列的求职书籍。

第三阶段：调整商业模式，通过拓展与企业的合作向企业提供增值服务，寻求新的利润增长点，包括以下几方面。

（1）为企业提供网站广告以及出版关于公司专辑的求职书籍的服务。

（2）向企业提供高端的增值服务，涉及校园调查以及企业校园行等。

（3）继续出版下一系列的求职书籍。

（4）继续深化求职咨询与培训服务。

（5）开展网上真实模拟面试。

（6）推出E-LEARNING部分和知名企业以及成功求职者的访谈录。

第三部分 市场分析

3.1 市场机会

求职信息咨询产业在国外由来已久，Vault、Wetfeet、Monster等网站是国际上著名的求职咨询信息平台，这些机构从成立之初就高速发展，涉及的书籍购买、注册人数每年都以

指数级增长。这样的产业之所以能够兴起并快速发展，是因为在求职过程中各个行业和公司的基本信息以及求职过程中的指导信息（如简历写作、面试、笔试形式等）都是求职者迫切希望了解的，而他们也非常需要这样一个能有效整合与收集求职信息的平台来提高他们求职的效率与成功率。

同样，这样的市场机会国内也同样存在。一方面，相比国外同等城市，近年，上海每年的就业环境激烈程度有过之而无不及，就业市场已经完全成为买方市场；另一方面，目前很多刚刚走出大学的毕业生们仍然将求职重点放在了知名外企中，而这些行业和公司的求职信息发布呈现分布散、密度小的特点，收集相对困难。因此，综合这两方面的因素以及国外类似机构成功的经验，可以得出结论：目前国内求职信息咨询产业拥有巨大的需求。

而与此巨大的需求市场产生强烈对比的是，国内并没有出现类似国外 Vault、Wetfeet、Monster 等专门提供系统的、完整的、大量的求职信息的咨询机构，ChinaHR、51job 目前关注的领域只在于公司求职信息的发布和人力资源的外包服务，没有提供系统、完整的行业与公司信息。而国外的领先者 Vault 等机构到目前为止尚未专门考虑独自进入中国市场，同时这些国外的求职信息咨询机构所提供的信息都是基于美国和欧洲行业和公司，与中国国内还有较大差异。因此，求职信息咨询产业在国内还处于未被开发的状态。

由此可知，×××所面对的市场有很大的商业机会。按照麦肯锡咨询公司根据所提供产品/服务以及商业模式对产业的分类（见图 A-4），×××处在右上角的新产业中，即拥有新的产品（求职信息咨询服务）与新的商业模式（Tripod），该产业为高增长的投资领域。

图 A-4　根据产品/服务及商业模式对产业的分类

3.2　目标市场定位

从目前这个产业刚刚从国内起步的实际情况出发，目标客户群定位于有就职需要的在读大学生。主要有以下两条理由。

- **高需求**：对应届毕业生来说，求职过程是人生的第一份工作，针对性不足，对行业和公司的求职信息有广泛的需求；而且应届毕业生又缺乏工作经验，本身对于各行业、各公司的求职信息缺少必要的了解。
- **价格承受**：×××主要通过出版物发布信息，因此消费者需要面对的费用主要是出版物价格。根据我们的调查，在校学生与社会求职者的承受能力不会有太大差异。

3.3　市场容量估算与趋势预测

根据相关的调查分析，高校毕业生逐年增长：2001年，104万人；2002年，145万人；2003年，212.2万人；2004年，280万人；2005年毕业生达338万人，而2013年全国普通高校毕业生人数预计会突破680万人（见图A-5）。而×××的求职市场调查表示，在受访者中有40%的人愿意承担平均20元的求职书籍，假设400万人中间一半会前往大城市寻找就业机会，需要买书了解职场信息，因此×××评估国内求职信息书籍的市场容量在2013年将达到8 000万元（8 000万×20元×40%=6 400万元）。同时通过详细的分析，我们有信心这个市场将以每年40%左右的速度增长。

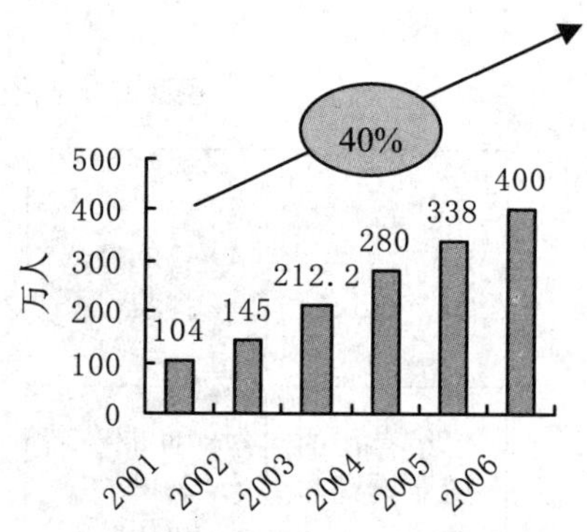

图A-5　近年来全国毕业生人数

同时根据×××的进一步调查显示（见图A-6），被访者（全部为在校大学生）70%以上愿意尝试×××的分类求职书籍。针对最热门的五个行业，我们发现这个比例均超过20%，响应人数最多的四大会计师事务所行业达到了53%。因此在此基础上，我们根据调研结果，预计×××将占有该市场的30%，仅靠出版业务公司每年就可达到600万元以上的收入规模，

并且每年保持30%的增长率。×××相信这个项目对于其雇员和投资者来说一定会盈利。

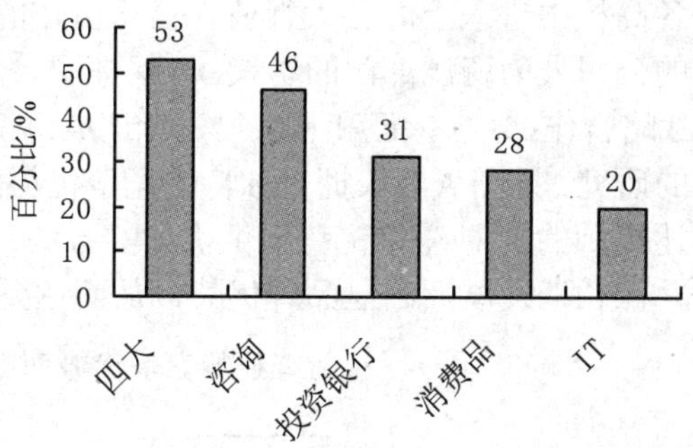

图 A-6　求职者愿意购买 MAP 书籍的百分比

3.4　产业结构分析

求职信息咨询产业的结构分析如图 A-7 所示。

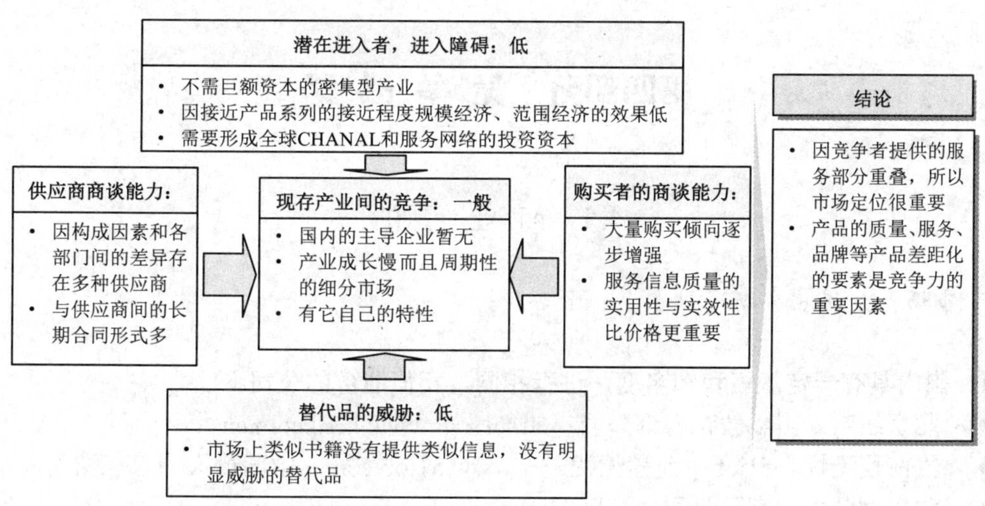

图 A-7　求职信息咨询产业的结构分析

3.5　竞 争 优 势

- **完全针对行业的信息发布**：×××将选择求职者最关心的行业与公司，进行特色化的细分，单独出版各类书籍，对症下药。这是×××最大的独特之处。
- **先导优势**：作为先来者的×××会利用1～2年的时间收集大量第一手、真实与实用的求职信息，并不断完善、形成庞大的数据库与人际网络。而×××的求职信息将全部来自于每年各高校中进入上海各大行业、公司工作的×××成员的跟踪采访以及与×××合作的公司人力资源部门的访谈，以保证了×××提供的信息的实用性。

- **与私人投资者的战略合作：**×××已和私人投资者达成协议，基本业务能够得到保障。

根据麦肯锡咨询公司的研究（见图 A-8），拥有独特的竞争优势的企业往往可以高速增长，而×××完全可以利用上述提到的 3 种竞争优势提供优异的服务，利用先导优势的规模效应降低成本从而降低价格，并在长期发展后凸显品牌优势，从而达到自身独有的竞争优势。

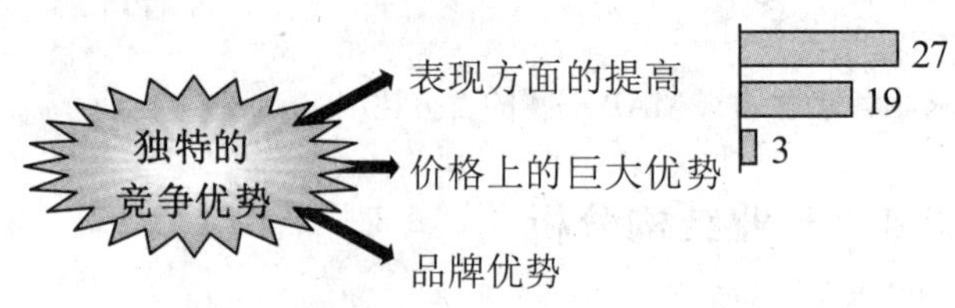

图 A-8　独特竞争优势

第四部分　竞 争 战 略

4.1　商 业 目 的

4.1.1　市场开发现状分析

1．国内具有一定规模和知名度，进行相同、相似业务的公司/网站

- 北京纽哈斯国际教育咨询公司：HiAll——www.hiall.com.cn。
- “前程无忧”51job：前程无忧——www.51job.com，中国最大的求职招聘网站。
- 北京网聘咨询有限公司：智联招聘——www.zhaopin.com。
- 诚迅金融培训公司：诚迅联丰——www.Chainshine.com。
- 各大搜索引擎连带业务。

2．外国具有一定规模，进行相同、相似业务的公司/网站

- Monster, Inc.：Monster——www.monster.com，2005 年 4 月 19 日收购中华英才网 40%股份。
- Vault, Inc.：Vault——www.vault.com。
- Wetfeet, Inc.：Wetfeet——www.wetfeet.com。

3. 国内公司现状与市场竞争分析（见图 A-9）

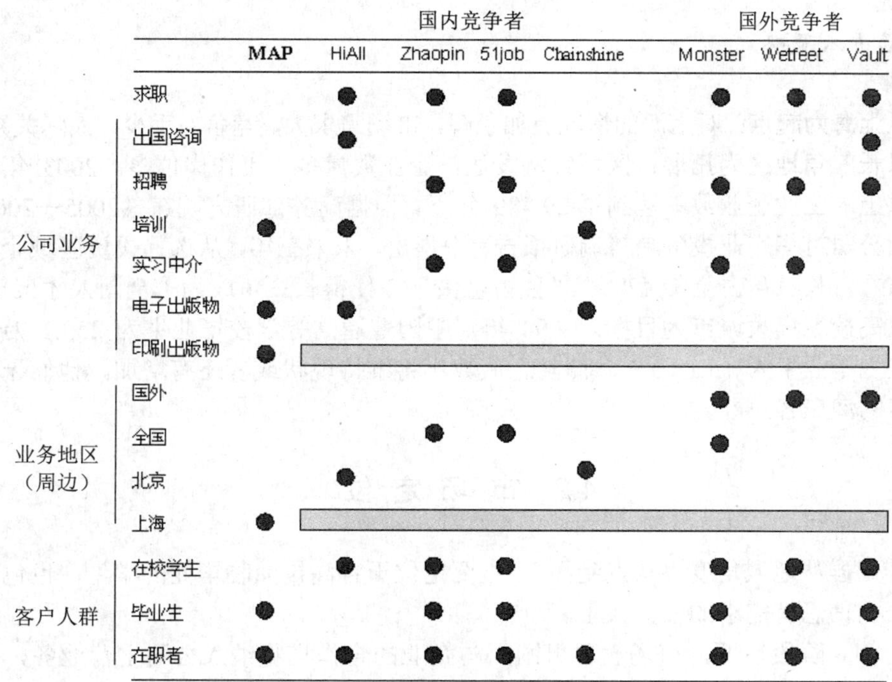

			国内竞争者				国外竞争者		
		MAP	HiAll	Zhaopin	51job	Chainshine	Monster	Wetfeet	Vault
公司业务	求职		●	●	●		●	●	●
	出国咨询		●						●
	招聘			●	●		●	●	●
	培训	●	●			●			
	实习中介			●	●		●	●	
	电子出版物	●	●			●			
	印刷出版物	●							
业务地区（周边）	国外						●	●	●
	全国			●	●		●		
	北京		●			●			
	上海	●							
客户人群	在校学生		●	●	●		●	●	●
	毕业生	●		●	●		●	●	●
	在职者	●	●	●	●	●	●	●	●

图 A-9　国内公司现状与市场竞争分析

（1）求职、招聘类网站

- **竞争激烈**：知名度高、规模较大的网站只有前程无忧、中华英才网、智联招聘、中国人才热线四大门户招聘网站，以及政府相关网站。
- **内容繁杂**：针对群体为所有求职者和需要招聘的企业。据中华英才网总裁张建国介绍，2005 年估计有 130 万家企业在该网上发布过招聘广告，2006 年将达 200 万家。

（2）提供职场培训机构

- **地域性差异**：全国各地的就业情况、人才类型、公司分布差异明显，导致同一培训机构难以靠相同模式拓展各地业务。HiAll 目前在北京的培训初具影响力，而上海本地目前还没有具有一定影响力的机构。
- **学生针对性弱**：针对在职者或实习生的培训计划为主，针对学生干部或优异学生为主，培训资源分配不均，普通在校学生很难得到机会。

（3）提供出版物机构

- **信息资料分散**：企业信息资料以电子版为主，一般位于各大高校 BBS 精华区，内容更新缓慢，时效性低。

- **版权问题**：网站发布的信息版权、著作权难以保障，非法转帖现象严重。

4.1.2 市场进入策略

- **以上海为起点**：对上海的情况更加了解，市场需求大，竞争对手少，人际关系广泛。
- **以长三角地区为拓展**：区域经济发达，企业数量多，工作岗位多。2003 年，规模以上的工业企业数就达到了 29 489 个，而根据商务部研究院在《2005—2007 年跨国公司对华产业投资趋势调研报告》中指出，未来三年，从选择投资区域企业数分布看，长三角占全国 47%，“独占鳌头”，使得长三角成为了全国人才聚集区。
- **以高校聚集大城市为目标**：2004 年，中国普通高等学校毕业生为 239.1 万人，研究生毕业生为 15.1 万人，而且之后数年将维持现状或者还有增加，他们无疑是麦谱的潜在客户群体。

4.2 市 场 定 位

目标客户群从地域角度“从点到面”，主要定位于各高校面临毕业的学生，也包括其他对行业或公司信息有需求的社会人士。

待公司第二阶段后期，市场表现巩固，与企业的合作也将纳入公司主营业务，企业将成为该阶段及其以后公司发展的主要客户群，麦谱将向其提供高层次、个性化的服务。

4.3 ×××发展战略（见图 A-10）

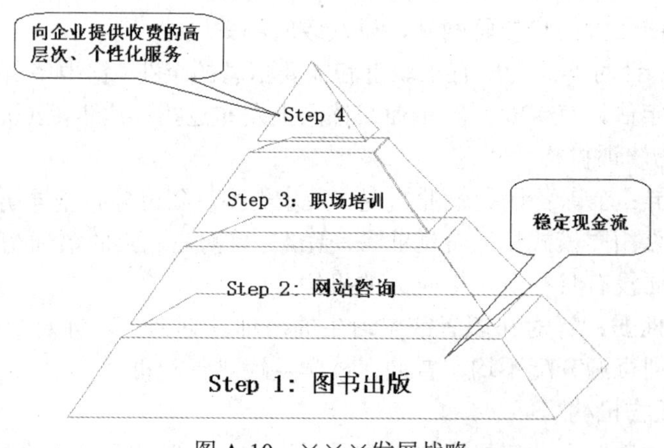

图 A-10 ×××发展战略

4.4　竞争力分析（SWOT）

1．优势（Strength）

- **地域优势**：中国经济发展的最前沿，长江三角洲的中心，随之即硬件配套优势、劳动力优势、需求量优势、信息资源优势、产业链优势等。
- **信息优势**：处于面临毕业的关键时期，身边的信息与资料丰富，最贴切、最准确。创业团队中有本科生，也有研究生，客户的所求所需恰是团队所有成员的所求所需。
- **资本优势**：公司发展阶段不采用风险投资，无撤资压力与资本风险。已与私人投资者进行接触，得到积极响应，愿意投资我们的项目。

2．劣势（Weakness）

- **资金劣势**：公司成立初的 30 万元主要用于图书的出版，剩余资金较少。现金流风险对公司资金产生压力。
- **经验劣势**：学生创业对于公司运营与危机应对的经验需要逐渐积累。

3．机遇（Opportunity）

- **市场机遇**：国内市场尚未充分开发；20 世纪 80 年代出生高峰带来如今毕业生数激增，公司潜在客户群体即迅速增加。

4．威胁（Threat）

- **机遇威胁**：毕业生数量高峰将在 10～20 年后丧失，国外投资对中国的热衷也会降温，公司的未来也许需要进行重新构架。
- **环境威胁**：中国法律仍不完善，不公平的竞争对公司将有致命影响，如盗版问题等。

第五部分　营销策略

5.1　营销目标

以公司网站为依托，图书出版为轴心业务，建立强大的信息数据库，与出版商、发行商进行战略合作，共享销售渠道；凭借网络推广公司品牌。并打出品牌化的求职培训服务和相关的电子书籍，以此作为公司的盈利增长点。

5.2 营销战略和总体规划

- **销售渠道**：与出版商、发行商结为战略伙伴，共享发行销售渠道；进行市场公关。
- **价格**：对求职者采取合理定价（中低）；对企业客户，免费低层次服务升级到收费高层次、个性化专业服务。
- **产品与服务**：图书出版，网站咨询，职场培训，高级客户服务等。
- **推广方案**：书籍促销，校园推介，网站广告，书籍内页、封面广告等。

5.3 销售渠道策略

5.3.1 图书出版销售渠道

- 市场公关，与客户群体积聚场所建立合作关系。
- 与出版商、发行商结为战略伙伴关系，共享销售渠道，也可缓解现金流压力。
- 校园推广与校园促销。

5.3.2 其他产品销售渠道

产品的组合优化带来渠道销售的整合，以及产品推广的影响力共享。

5.4 产品与服务策略

5.4.1 图书出版

- 充分体现公司信息数据库的核心竞争力。
- 进行特色化的行业与公司细分，体现×××书籍的价值，即不同客户能够搜索到共同需要的分类行业或公司信息。
- 免费电子图书与收费电子书籍相结合；收费电子书籍与收费印刷图书相并存。实现内容差异化，渠道多样化。
- 逐步从×××书籍上升为×××丛书，实行品牌化战略。

5.4.2 网站咨询

×××品牌的宣传载体与信息媒介提供了解×××品牌的渠道。

提供即时的电子书籍阅览、下载，与印刷图书进行产品组合的优化。

5.4.3 职场培训

特色化的行业与公司细分的现场阐述，结合×××品牌丛书的核心价值、营销方式共进。

5.4.4 高级客户服务

与企业建立战略伙伴，打通与企业的信息渠道，使特色化的行业与公司细分更合理。

为企业推荐，并且打造适合细分职能的合适人选，树立“榜样式”营销模式。

5.5 市场策略

5.5.1 学生市场

囊括所有准备找工作的在读大学生。

在信息混乱、众说纷纭的环境下，为他们提供真实、个性化的信息分享与职业向导。

5.5.2 社会求职者

指有工作经验的求职者。

按照求职需要，提供特色化行业与公司细分信息，提高就业准度和择业效率。

5.6 价格策略

实行差别定价法。

对个人求职者合理定价（中低）；对企业客户提供高层次专业服务，相对价格略高。

- 兼顾图书出版资金的回笼，即公司现金流的通畅，合理定价。

- 企业客户由免费低层次服务转型为收费高层次服务的过渡需可靠，需市场公关。

5.7 沟通策略

- **求职者**：以网站为实时沟通平台，并以新客户的新要求作为特色细分的新方向。
- **企业**：以走访、面谈为主要沟通方式，交换互有信息。

第六部分 经营管理

6.1 商业模式

1．公司本身模式——“Tripod”模式（采用图书出版、网站咨询、职场培训三大方式）

三大方式在时间上，按出版、咨询、培训分别向市场推出；在投入上，把出版物作为自己的轴心业务以稳定现金流，咨询与培训业务作为公司发展到一定程度以后的收入拓展渠道。

2．与企业合作模式——非固定模式（低层次合作和高层次合作）

公司的业务初期向企业免费提供服务，吸引新进客户，快速开拓市场。等市场占有率达到一定程度，公司业务稳定时，再推出一系列的高端收费服务，增加新的盈利点。

6.2 ×××价值链（见图A-11）

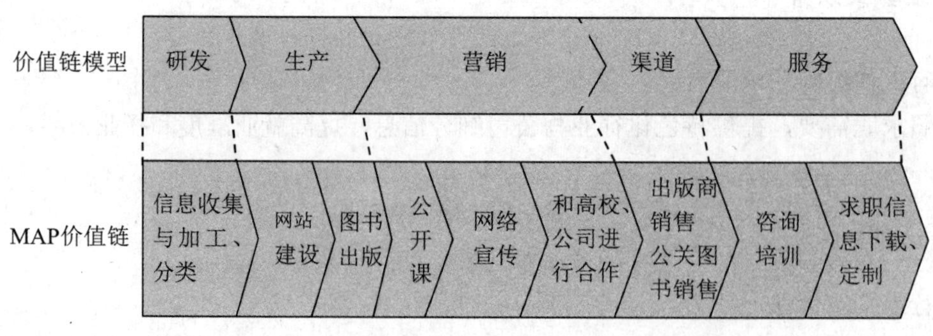

图A-11 ×××价值链

6.3　价值链分析

- **研发**：×××提供服务的基础是各行业与各公司的详细信息。×××通过访谈等形式来获得第一手资料，访谈工作由公司的正式员工完成。
- **生产**：网站是×××“Tripod”商业模式三大业务的平台，提供信息查询与下载功能。网站建设工作由公司首席信息官负责。
- **营销**：×××会通过在各高校 BBS 的宣传以及与高校就业中心的合作来拓展×××的公共关系。同时×××会不定期开展公开课来提高×××的知名度。
- **渠道**：×××主要通过与出版商的战略合作，并利用出版商的渠道来拓展市场。
- **服务**：×××提供高质量的关于各行业、各公司以及求职技能等方面的信息，同时提供关于求职的培训与咨询服务。另外，×××也向企业提供广告以及校园调查等不同层次的服务。

第七部分　团 队 组 成

7.1　团 队 成 员

执行总裁（CEO）：蒋逸明

上海交通大学电子信息与电气工程学院研究生二年级。前任上海交通大学宝洁学生职业发展协会会长。本科毕业于北京大学计算机专业，经济学双学位，曾获北京大学十佳社团负责人称号。有广泛的人际关系基础，善于分析、处理问题。曾在多家知名大企业实习，如博思艾伦咨询公司、麦肯锡（上海）公司、英特尔（上海）科技有限公司等，对公司运营有着深刻的见解。

蒋逸明主要负责日常的生产经营管理活动，使整个企业保持良好的业绩，确保资产保值增值以及每个财政年度末向董事会报告公司的财务状况和盈利能力。

运营总监兼首席信息官（COO&CIO）：周辰

上海交通大学电子信息与电气工程学院本科四年级。国际青年成就组织（JA）资深培训师。曾在多家知名企业实习，如贝恩顾问管理公司、麦肯锡（上海）公司、通用电气（中国）有限公司等，同时，社会活动丰富，曾担任上海人民广播电台记者，现代信息杂志社

《Hello IT》杂志学生主编。

周辰主要负责主持公司日常的运营工作，协调、平衡各部门之间的关系，确保整个企业的良好运作，并维护公司网站的正常运行。

市场总监（CMO）：陈斯佳

上海交通大学管理学院金融学本科三年级，专业成绩优秀。担任学院团委外联部部长，上海交通大学合唱团团长，2005 校园“十大歌手”之一。组织过诸多有影响力的校园活动。曾赴香港作为交换生交流一年。具有极佳的人际交往能力。

陈斯佳主要负责公司的产品推广、品牌建设，保证图书出版销售渠道畅通。

财务总监（CFO）：韩宗佳

上海交通大学管理学院国际经济与贸易本科三年级。校学联人力资源管理中心主任，获英语高级口译证书，上海新长宁教育集团项目经理以及贝恩顾问管理公司项目助理，麦肯锡公司培训生。曾负责刊物的编辑和出版与财务报表的编制。获美国马里兰大学史密斯商学院主办的“中国商业计划大赛”第三名。

韩宗佳主要负责公司财务管理，对公司的财务控制、会计、收受、金融、投资活动负责，并根据各部门的计划预算资金，提出融资方案。定期向董事会递交财务报告。

公共关系主管（CSR）：吕亚佳

上海交通大学管理学院工商管理系本科三年级。极富创新精神，勤于思考，曾在市、全国和国际竞赛中屡屡赢得大奖。2004 年在美国举办的第 55 届国际科学与工程大赛上获得 7 项大奖并拥有国家专利。担任“拜耳国际环境大使”。曾获得上海市“明日科技希望之星”荣誉称号。受邀赴美参加 2006 年哈佛亚洲商业年会以及第 52 届哈佛模拟联合国活动。

吕亚佳主要负责通过公司的各种公关活动，建立公司产品与服务的识别度，提升公司形象。并负责客户对于公司各种需求的响应、整理以及反馈。

7.2 成员技能分析（见图 A-12）

虽然×××的成员专业背景不同，但从图 A-12 可以看到×××的成员无论在专业知识还是软技能上都有很强的互补性，可以成为一支具有强大战斗力的团队。更重要的是×××的团队成员都有共同的理想，为了×××的使命而共同奋斗。

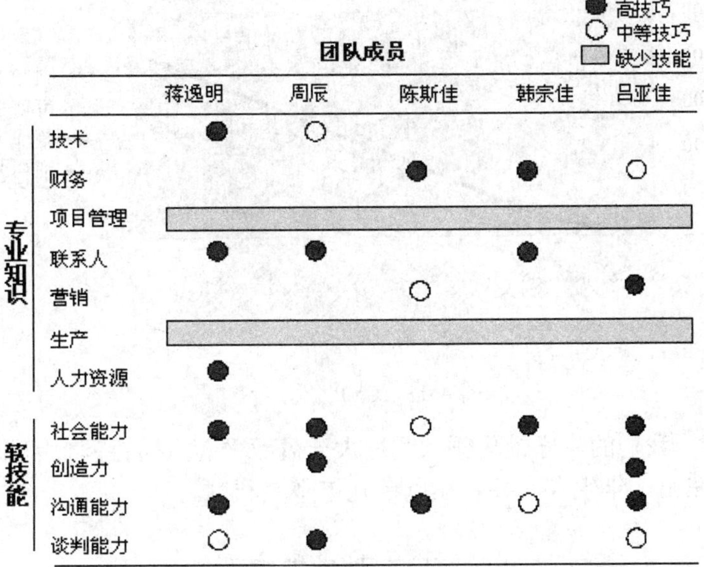

图 A-12　成员技能分析

第八部分　财务分析与融资

8.1　CVP 分析（见表 A-1 及图 A-13）

表 A-1　CVP 分析

固 定 成 本	元/年	可 变 成 本	元/年
管理人员费用	108 000	水电费用	6 000
营销人员费用	120 000	生产租金	36 000
研发人员费用	—	运输成本	11 840
生产人员费用	55 620	促销活动	70 000
租金	18 000	合　计	123 840
水电费	5 400	单位可变成本	2.09
折旧	1 350		
无形资产摊销	1 000	盈亏平衡点销售额	497 600
合　计	309 370	2007 年预测销售额	1 200 000

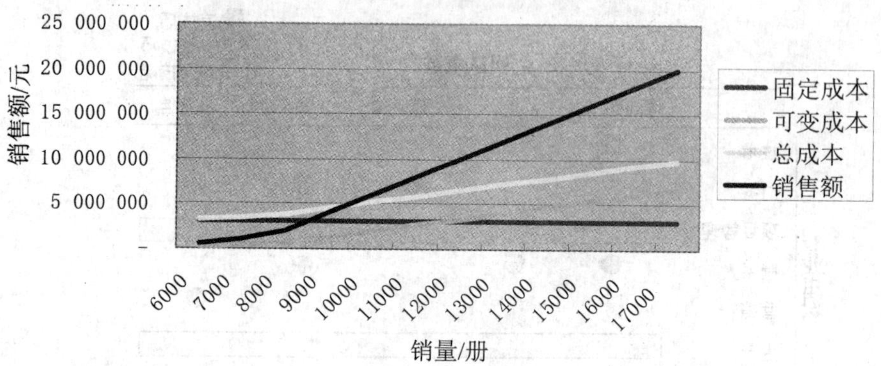

图 A-13　CVP 分析

根据 CVP 分析，我们的保守销售额预测远大于盈亏平衡点销售额。因此，我们的商业模式能够帮助我们在第一年生存，并且在以后几年赚取利润。

8.2　五年财务年报

五年财务年报如表 A-2～表 A-5 所示。

表 A-2　损益表

单位：元

年　　份	2007	2008	2009	2010	2011
一、主营业务收入	621 600	1 302 400	3 404 000	9 590 400	29 870 100
减：主营营业成本	109 460	221 087	565 069	1 562 054	3 973 953
营业费用	190 000	418 000	1 097 800	3 435 960	13 059 552
主营业务税金及附加	49 728	104 192	272 320	767 232	2 389 608
二、主营业务利润	272 412	559 121	1 468 811	3 825 154	10 446 987
减：管理费用	133 750	209 800	316 450	664 400	1 099 750
三、利润总额	138 662	349 321	1 152 361	3 160 754	9 347 237
减：所得税	—	—	190 140	521 524	1 542 294
四、净利润	138 662	349 321	962 221	2 639 230	7 804 943

表 A-3　利润分配表

单位：元

年　　份	2007	2008	2009	2010	2011
一、净利润	138 662	349 321	962 221	2 639 230	7 804 943
加：年初未分配利润	—	76 264	268 391	797 612	2 249 188
二、可供分配的利润	138 662	425 585	1 230 612	3 436 842	10 054 132

续表

年　份	2007	2008	2009	2010	2011
减：提取法定盈余公积	13 866	34 932	96 222	263 923	780 494
提取法定公益金	6 933	17 466	48 111	131 961	390 247
三、可供股东分配利润	117 863	373 187	1 086 278	3 040 957	8 883 390
减：支付现金股利	41 599	104 796	288 666	791 769	2 341 483
四、未分配利润	76 264	268 391	797 612	2 249 188	6 541 907

表 A-4　现金流量表

单位：元

年　份	2007	2008	2009	2010	2011
一、经营现金流					
净利润	138 662	349 321	962 221	2 639 230	7 804 943
加：固定资产折旧	1 350	2 700	6 300	45 100	117 300
无形资产摊销	1 000	1 000	1 000	1 000	1 000
应付账款的增加	819	1 289	5 398	18 624	73 359
现金流入小计	141 831	354 309	974 919	2 703 953	7 996 602
减：存货的增加	39 600	52 214	126 470	369 346	658 044
应收账款的增加	15 570	17 127	46 062	135 592	444 487
现金流出小计	55 170	69 342	172 533	504 938	1 102 531
经营活动产生的现金流量净额	86 661	284 967	802 386	2 199 015	6 894 072
二、投资现金流					
固定资产投资	10 000	10 000	40 000	270 000	330 000
无形资产投资	5 000	—	—	—	—
现金流出小计	15 000	10 000	40 000	270 000	330 000
投资活动的现金流量净额	−15 000	−10 000	−40 000	−270 000	−330 000
三、筹资现金流					
吸收权益性投资	200 000	—	—	—	—
现金流入小计	200 000	—	—	—	—
支付现金股利	41 599	104 796	288 666	791 769	2 341 483
现金流出小计	41 599	104 796	288 666	791 769	2 341 483
筹资活动的现金流量净额	158 401	−104 796	−288 666	−791 769	−2 341 483
现金净增加额	230 062	170 171	473 720	1 137 246	4 222 589
货币资金的期初余额	—	230 062	400 234	873 953	2 011 200
货币资金的期末余额	230 062	400 234	873 953	2 011 200	6 233 789

表 A-5　资产负债表

单位：元

年　份	2007	2008	2009	2010	2011
1．资产					
流动资产：					
货币资金	230 062	400 234	873 953	2 011 200	6 233 789
应收账款	15 570	32 698	78 760	214 353	658 839
存货	39 600	91 814	218 285	587 630	1 245 674
流动资产合计	285 232	524 746	1 170 999	2 813 183	8 138 302
固定资产：					
固定资产原价	10 000	20 000	60 000	330 000	660 000
减：累计折旧	1 350	4 050	10 350	55 450	172 750
固定资产净值	8 650	15 950	49 650	274 550	487 250
固定资产合计	8 650	15 950	49 650	274 550	487 250
无形资产：					
商标权	5 000	4 000	3 000	2 000	1 000
减：商标权摊销	1 000	1 000	1 000	1 000	1 000
商标权净值	4 000	3 000	2 000	1 000	—
无形资产合计：	4 000	3 000	2 000	1 000	—
资产合计	297 882	543 696	1 222 649	3 088 733	8 625 552
2．负债和所有者权益					
负债：					
应付账款	819	2 108	7 506	26 129	99 489
负债合计	819	2 108	7 506	26 129	99 489
所有者权益：					
实收资本	200 000	200 000	200 000	200 000	200 000
盈余公积金	13 866	48 798	145 020	408 943	1 189 438
法定公益金	6 933	24 399	72 510	204 472	594 719
未分配利润	76 264	268 391	797 612	2 249 188	6 541 907
所有者权益合计	297 063	541 588	1 215 143	3 062 604	8 526 064
负债和所有者权益合计	297 882	543 696	1 222 649	3 088 733	8 625 552
净值	297 063	541 588	1 215 143	3 062 604	8 526 064

8.3 财务比率分析

财务比率分析如表 A-6 和图 A-14 所示。

表 A-6 财务比率分析

年 份	2007	2008	2009	2010	2011
获利能力分析指标					
毛利率/%	23.42	29.50	38.93	39.55	39.12
净利率/%	23.42	29.50	32.51	33.02	32.66
资产回报率/%	46.55	83.02	108.95	122.43	133.26
权益报酬率/%	46.68	64.50	79.19	86.18	91.54
资金经营周转能力分析指标					
应收账款周转率/%	38	49	53	55	55
应收账款天数/天	10	7	7	7	7
存货周转率/%	3	3	4	4	4
应付账款周转率/%	134	151	118	93	63
总资产周转率/%	2	3	3	4	4
固定资产周转率/%	68	96	90	49	63
现金销售额率/%	38.86	33.80	29.53	25.17	26.09
资产销售额率/%	50.32	45.92	41.31	38.65	36.10
生产成本销售额率/%	18.49	18.67	19.09	19.55	16.63
营业费用销售额率/%	32.09	35.30	37.09	42.99	54.65
管理费用销售额率/%	22.59	17.72	10.69	8.31	4.60

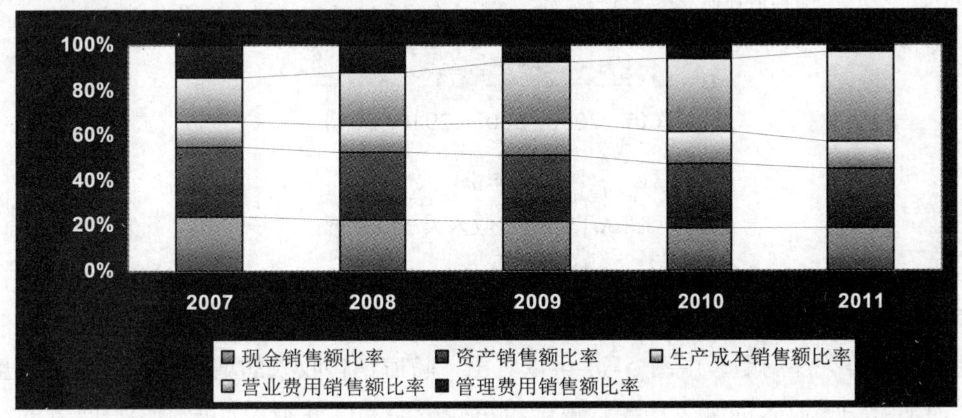

图 A-14 财务比率分析

8.4 IRR、NPV、PP 计算

- 净现值分析（NPV）

以发现项目除去时间影响的现值。按照贴现率 i=15%计算。

本项目的净现值为 19 759 710 元。

- 投资回收期（PP）

投资回收期表明公司可以在多少时间内收回投资。

本项目的投资回收期为 2 年 10 个月左右。

- 内部报酬率（IRR）

假定用 i_1 表示折现率，求得 NPV_1 略大于零；再提高折现率，用 i_2 试算，求得 NPV_2 略小于零，利用插值法计算出本项目的内部报酬率为 66%。

8.5 灵敏度分析

为了更清晰地反映基于销售量的变化所引起的主营业务收入、利润总额、净利润和净资产的变化，特别制作图 A-15～图 A-17 以供对比。

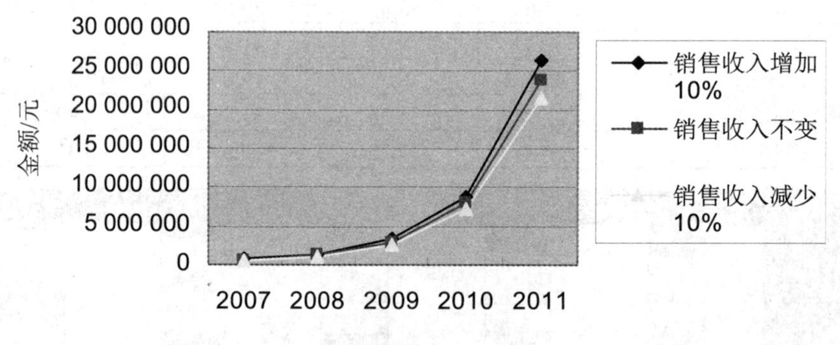

图 A-15 销售收入灵敏度分析

由图 A-15 中看出，销售收入增减 10%，不会引起销售收入、净利润的大幅变化，说明这两项指标对销售量并不敏感，由此也可证明公司的经营状况和获利能力是稳定的。

同时，值得关注的是，由图 A-17 可以看出，随着销售收入的增加，经营现金流量大量增加，而随着销售收入的减少，经营现金流量减少的幅度并不大，说明销售收入的小幅度提高，就可以对整个公司的现金流量状况有很大的帮助。

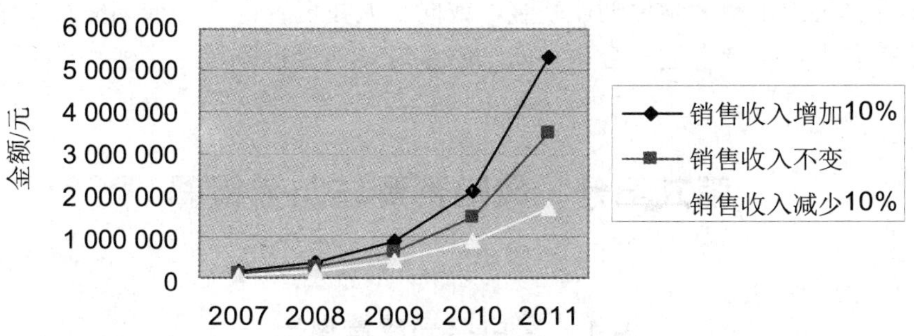

图 A-16　净利润灵敏度分析

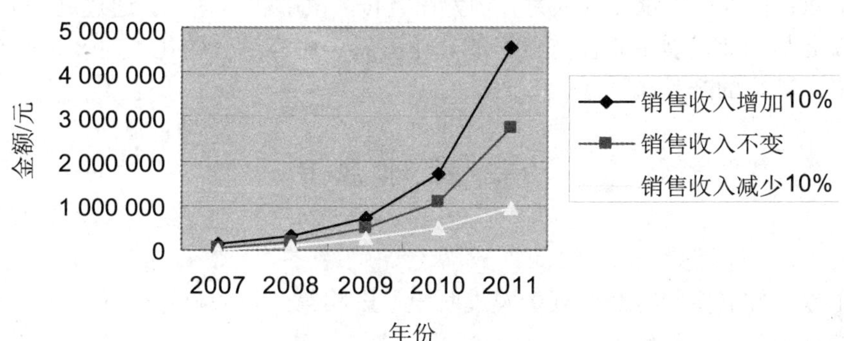

图 A-17　经营现金流量灵敏度分析

8.6　公司资本（见表 A-7）

表 A-7　公司资本

	技术入股	自筹资金	总资本
金额/万元	10	40	50
比例/%	20	80	100

8.7　公司融资

- 本项目前期投资小，只需申请大学生创业基金，再自筹 10 万元即可，无须风险资金介入操作，规避了股权分配以及撤资带来的风险。
- 痛苦压抑期内，由于图书出版的现金回笼周期难以控制，若现金流补充不足，公司将选择再次申请大学生创业基金，或向私人投资者筹资，或向银行申请优惠贷款。

- 已有私人投资者表达出合作意向，愿意对该项目投资。

第九部分　风险预测与防范策略

9.1　客户接受程度风险

- **风险**：部分学生尚未对我们公司的产品和服务理念给予认可，需求尚未形成。
- **对策**：投入可以承受的人力、物力在宣传、试用和培训上。通过这些方式与各高校就业与职业发展中心保持良好的合作关系。这样就会转化为对×××有利的影响，提高客户的产品忠诚度。

9.2　管 理 风 险

风险：

- 形象、知名度等方面还处于发展阶段，影响第一年的财务收入。
- 管理层年轻，经验不足。
- 信息来源的可靠性以及出版物的知识产权等问题面临的风险。

对策：

- 打造产品知名度，树立公司形象，分阶段稳步实施营销策略。
- 管理层注重自身管理能力的提高。
- 注意吸取多方建议，协调部门矛盾，兼顾了解法律事宜。

9.3　竞 争 风 险

风险：

- 调查不够全面，未发现市场上已有与×××相似的同类产品。
- 产品的发展期由于资金、技术等难题，被竞争者先入为主。
- 产品上市后，不乏其他模仿者出现。市场的进入壁垒较低，模式易被复制。
- ×××的电子资料可能会被非法盗用。

对策：

- 加快信息的更新速度，配合相应的价格策略，提升竞争力。
- 丰富网站的功能，以更加人性化服务弥补技术优势不足。
- 加强网站安全，对非法盗用及时用法律手段予以严惩。
- 客户定制电子书后，所寄光盘资料采用 PDF 格式只读形式文件，以防非法复制。

模板 C　创业（商业）计划书

公司名称：______________________

公司主营：______________________

负责人：______________________

______年______月

一、计划摘要

计划摘要列在创业（商业）计划书的最前面，它是浓缩了的创业（商业）计划书的精华。计划摘要涵盖了计划的要点，以求一目了然，方便读者能在最短的时间内评审计划并做出判断。

计划摘要一般包括以下内容：公司介绍；主要产品和业务范围；市场概貌；营销策略；销售计划；生产管理计划；管理者及其组织；财务计划；资金需求状况等。

二、公司介绍

介绍公司的主营产业、产品和服务、公司的竞争优势以及成立地点时间、所处阶段等基本情况。在介绍企业时，首先要说明创办新企业的思路、新思想的形成过程以及企业的目标和发展战略。其次，要交代企业现状、过去的背景和企业的经营范围。在这一部分中，要对企业以往的情况做客观的评述，不要回避失误。

三、战略规划

介绍公司的宗旨和目标、公司的发展规划和策略。

四、创业组织结构

创业者需要一支有战斗力的管理队伍。企业管理得好坏，直接决定了企业经营风险的大小。而高素质的管理人员和良好的组织结构则是管理好企业的重要保证。因此，风险投资家会特别注重对管理队伍的评估。

五、产品（服务）介绍

在进行投资项目评估时，投资人最关心的问题之一，就是风险企业的产品、技术或服务能否以及在多大程度上解决现实生活中的问题，或者风险企业的产品（服务）能否帮助顾客节约开支，增加收入。因此，产品介绍是创业（商业）计划书中必不可少的一项内容。通常，产品介绍应包括以下内容：产品的概念、性能及特性；主要产品介绍；产品的市场竞争力；产品的研究和开发过程；发展新产品的计划和成本分析；产品的市场前景预测；产品的品牌和专利。

在产品（服务）介绍部分，企业家要对产品（服务）做出详细的说明，说明要准确，也要通俗易懂，使不是专业人员的投资者也能明白。

六、市场预测

当企业要开发一种新产品或向新的市场扩展时，首先就要进行市场预测。如果预测的结果并不乐观，或者预测的可信度让人怀疑，那么投资者就要承担更大的风险，这对多数风险投资家来说都是不可接受的。市场预测首先要对需求进行预测：市场是否存在对这种产品的需求？需求程度是否可以给企业带来所期望的利益？新的市场规模有多大？需求发展的未来趋向及其状态如何？影响需求都有哪些因素？其次，市场预测还要包括对市场竞争的情况——企业所面对的竞争格局进行分析：市场中主要的竞争者有哪些？是否存在有利于本企业产品的市场空档？本企业预计的市场占有率是多少？本企业进入市场会引起竞争者怎样的反应？这些反应对企业会有什么影响？如此等等。

在创业（商业）计划书中，市场预测应包括以下内容：市场现状综述；竞争厂商概览；目标顾客和目标市场；本企业产品的市场地位；市场区格和特征等。

七、营销计划

营销是企业经营中最富挑战性的环节，影响营销策略的主要因素包括以下几点。

（1）消费者的特点。

（2）产品的特性。

（3）企业自身的状况。

（4）市场环境方面的因素。最终影响营销策略的则是营销成本和营销效益因素。在创业（商业）计划书中，营销策略应包括以下内容。

① 市场机构和营销渠道的选择。

② 营销队伍和管理。

③ 促销计划和广告策略。

④ 价格决策。

八、生产制造计划

创业（商业）计划书中的生产制造计划应包括以下内容：产品制造和技术设备现状；新产品投产计划；技术提升和设备更新的要求；质量控制和质量改进计划。

九、财务规划

财务规划需要花费较多的精力来做具体分析，其中就包括现金流量表、资产负债表以及损益表的制备。流动资金是企业的生命线，因此企业在初创或扩张时，对流动资金需要有预先周详的计划和进行过程中的严格控制；损益表反映的是企业的盈利状况，它是企业在一段时间运作后的经营结果；资产负债表则反映在某一时刻的企业状况，投资者可以用资产负债表中的数据得到的比率指标来衡量企业的经营状况以及可能的投资回报率。

财务规划一般要包括以下内容。

（1）创业（商业）计划书的条件假设。

（2）预计的资产负债表。

（3）预计的损益表。

（4）现金收支分析。

（5）资金的来源和使用。

十、风险与退出

不是说有人竞争就是风险，风险可能是进出口汇兑的风险、餐厅有火灾的风险等，并注意当风险来临时如何应对；面对企业的风险和未来的成功，作为投资者资本退出的方式和办法以及预期的收益等。

（表格不够可另附纸）